JN098652

Casebook on Private International Law

判例百選で学ぶ
国際私法

道垣内正人　中西康　竹下啓介　中村知里　著

有斐閣

は し が き

　本書は，『国際私法判例百選〔第3版〕』（有斐閣，2021）に掲載された裁判例を素材にした演習書であり，法科大学院や法学部で国際私法を受講した学生が，演習や自習のために用いることを想定している。いくら教科書等でインプットをしたつもりでも，問題について答案を書くというアウトプットをしてみると，うまく文章で表現できず，自分の理解の薄さに気付くことがある。そのような学生のニーズに，判例百選とともに応えようとするのが，本書の趣旨である。

　本書が企画され，問題・解説の作成が始まったのは，判例百選が刊行される前であった。つまり，われわれは，判例百選の解説部分は参照しておらず，刊行後にそれを読んで本書の内容を修正することもしていない。したがって，判例百選の解説部分の記述内容と本書の解説編の記載とが整合しないこともある。

　本書の作成に当たっては，分担を決め，ファースト・ドラフトはそれぞれの担当者が作成した。その上で，できた部分から毎月のオンライン会議の俎上に載せ，議論を行った。一通りの議論を終えた後に，各担当者がセカンド・ドラフトを作成し，それを一つにまとめて再度会議で議論も行い，その後も全体を通して読んで，相互に意見を書き込む作業も行って，完成度を徐々に高めていった。このような作業を続けるうちに，当初のドラフトを作成した担当者の個人的見解とは異なるものとなっているところも多くある。また，繰り返し議論を重ねても，本書の執筆者4名の見解が収斂したわけではない。解説中に複数の見解が並列的に記載されている箇所も少なくない。以上のような作成の経緯から，各執筆者の分担箇所は示していない。

　どのようにすれば法律家らしい考え方が身に付き，法的に説得的な文章を書くことができるか。そのための一つの確立した方法論があるわけでない。とはいえ，おそらく最も効率的な方法の一つは，多くの判決等を読み，それをめぐる法律家の議論を読むことである。それには判例百選はよいツールである。本書が判例百選のそのような効用を少しでも助けることになれば幸いである。

　本書の刊行に至るまでには，有斐閣の藤本依子さんと井植孝之さんに大変に
お世話になった。ここに記して感謝の意を表したい。

2023 年 3 月

執筆者一同

本書の使い方

　本書は，『国際私法判例百選（第3版）』（有斐閣，2021）と一体で使われることを予定している。

　問題編では，判例百選に掲載された110の裁判例それぞれについて，判例百選記載の事実の概要及び判旨を前提として，問題を提示している。問いに必要な事実や判旨の引用が判例百選に記載されていない場合には，問題において補っている。

　読者は，解説編を見る前に，自分で問題について答えを考えて，文章の形で書いてみることが大切である。考える際に，解説が目に入らないようにするために，問題編と解説編を別々に分けている。

　問題編の問いのねらいは，①基本事項を確認すること，②判例についての理解を深めること，③応用的事例を処理できるようにすること，以上の3つに大きく分けられる。

　読者はすでに国際私法の教科書等に基づいて，国際私法の基本や処理枠組みは理解しているはずであるが，①のタイプの問いに対する答案を作成することによって，インプットの段階ではわかったような気がしていたことが，アウトプットしようとすると上手くできないことに気づくことができれば，それはインプットだけを続けているよりはずっと有意義なことである。

　②と③ははっきりと区別されるものではないが，判例百選で取り上げられている重要判例について，②のような問いでは，判例に対して様々な角度から問いを投げかけて検討を求めているので，答案を作成することによって判例の意味や射程についての理解が深まることが期待される。

　おそらく最も答案作成が大変なのは③を目的とする問いであろう。関連する判例についての理解，関連する問題についての学説の考え方，さらには国際私法の基本的な考え方などを総動員して，応用事例について考え，自ら答案を作成し，解説と比較してみることによって，国際私法の理解が深まることであろう。

　本書は，いわゆるケースブック的に利用することもできるし，簡単な事例演習のトレーニング用として役立てることもできる。

本書を学部のゼミナールや法科大学院での双方向・多方向的授業において用いる場合には，本書の使い方は授業における本書の位置付け次第であるので，執筆者が云々すべきことではないであろう。

　学生が何名かで自主ゼミを組んで相互に検討して議論できる場合には，担当者は判例について，判例百選及び本書の解説に加えて，他の判例評釈や解説等を読み，一段と深い報告をしてもらいたい。自ら他の文献を検索し，読み，比較検討し，それを他者に分かりやすく伝える経験を積み重ねることは有意義なことである。

　そのような仲間が周囲にいないために，本書を一人で用いる場合には，すべての判例について自分で上記のような深い検討をすることはできないであろうが，特に関心を引いた判例については，他の判例評釈や解説等を読み，比較検討することをお勧めする。その経験をすることによって，法律家らしくなっていくことが期待されるからである。

　いずれの場合であっても，まずは自分できちんと考えることが大切である。

目　次

問題編

XV　国際民事手続法 ―――――――――――――――――― 46

著者紹介

道垣内正人（どうがうち　まさと）
　早稲田大学教授

中西　康（なかにし　やすし）
　京都大学教授

竹下啓介（たけした　けいすけ）
　一橋大学教授

中村知里（なかむら　ちさと）
　関西大学准教授

本書で用いる主な略語

Ⅰ　法令について

通則法	法の適用に関する通則法
民訴法	民事訴訟法
人訴法	人事訴訟法
子奪取条約	国際的な子の奪取の民事上の側面に関する条約
子奪取条約実施法	国際的な子の奪取の民事上の側面に関する条約の実施に関する法律
外国倒産承認援助法	外国倒産処理手続の承認援助に関する法律
送達条約	民事又は商事に関する裁判上及び裁判外の文書の外国における送達及び告知に関する条約
対外国民事裁判権法	外国等に対する我が国の民事裁判権に関する法律

Ⅱ　判例について

［裁判所］

最大判（決）	最高裁判所大法廷判決（決定）
最判（決）	最高裁判所判決（決定）
高判（決）	高等裁判所判決（決定）
地判（決）	地方裁判所判決（決定）
家判（審）	家庭裁判所判決（審判）
支判（審）	支部判決（審判）

［判例集］

民（刑）集	最高裁判所民事（刑事）判例集
高民（刑）集	高等裁判所民事（刑事）判例集
下民（刑）集	下級裁判所民事（刑事）裁判例集
労民集	労働関係民事判例集
交民集	交通事故民事裁判例集

家 月	家庭裁判月報
訟 月	訟務月報
判 時	判例時報
判 タ	判例タイムズ
家 判	家庭の法と裁判
金 判	金融・商事判例
新 聞	法律新聞

問 題 編

Ⅰ　総　論

(1)　法律関係の性質決定

1事件　法律関係の性質決定

Q1　原審判決と本判決とにおける法律関係の性質決定

　原審判決（東京高判平成 2 年 6 月 28 日民集 48 巻 3 号 848 頁）は次の通り判示していた。

　「本件においては，本件不動産の相続人による承継が直接問題とされているのではなく，相続人に承継された本件不動産の持分を相続人が第三者に処分した行為の効力が問題とされている。相続に関する準拠法により不動産を共同相続した相続人が，分割前に他の共同相続人の承諾なく，当該不動産に対する自己の持分のみを有効に処分できるか否かは，共同相続人相互間の関係に関する問題であるとともに，不動産に関する物権の得喪を目的とする法律行為の効力問題の一環として判断されうる事柄である。そこでは，相続関係者の立場にとどまらず，取引の安全すなわち第三者の利益の保護が考慮されなければならない。相続財産の取引であることから，相続問題にあたるとして，相続関係者の内部的法律関係を規律することを主眼とした法例 25 条〔通則法 36 条〕を適用することは，右の要請に適切に応えうるものではない。

　ところで，法例 10 条〔通則法 13 条〕は，物権問題については，目的物の所在地法によると定める。その根拠は，物権関係はもともと物の直接的・物質的利用に関する権利関係であるから，それに対しては目的物の現実的所在地の法を適用するのが自然であり，これにより権利関係の目的を最も円滑かつ確実に達成できること，また，物権はもともと物に対する排他的支配たる本質をもつものであるから，第三者の利害関係に影響を及ぼすことが極めて大きく，第三者の利益を保護するという要請は，目的物の現実的所在地の法を適用するときに最も簡単かつ確実に満足せしめられること，以上の 2 点にあると解されている。

　法例 25 条〔通則法 36 条〕が適用される相続問題の範囲は，前記のように相続関係者の内部問題であり，他方，法例 10 条〔通則法 13 条〕が物権問題については所在地法によると定めている右の趣旨を考えると，<u>本件のように相続財産が第三者に処分された場合の効力が問題とされているときには，前提となる相続人の処分権の有無も含めて全体が物権問題に該当するものとして，法例 25 条〔通則法 36 条〕ではなく，法例 10 条〔通則法 13 条〕が適用されるものと解するのが相当である</u>。

　そうだとすると，本件不動産の所在地法である日本民法の規定により，相続人は，遺

産分割前であっても，他の共同相続人の承諾を要せずに各自の相続持分を売買すること
ができるのであるから，本件売買契約は有効というべきである。」（下線追加）

これに対して，最高裁は，相続人の処分権の有無についてどのように性質決
定したか。

Q2 本件の事実関係とは異なる場合の処理

本件とは異なり，Xらがその持分をYに売却しようとしていることを察知
した他の共同相続人が，Xらに対して処分禁止を求める裁判を提起したような
場合に，この請求は認められるか。

Q3 物権準拠法としての日本法の適用

本判決は，判旨3段落目において，「日本法上，共同相続人が分割前の遺産
を共同所有する法律関係は，基本的には民法249条以下に規定する共有として
の性質を有するものとされ」と，日本の相続に関するルールに言及している。
これは妥当か。

2事件　先決問題

Q1 最高裁が否定した考え方

最高裁は，①「本問題の準拠法による」との考え方（本問題準拠実質法説）と
②「本問題の準拠法が所属する国の国際私法が指定する準拠法による」との考
え方（本問題準拠法所属国国際私法説）とを否定し，③「法廷地である我が国の
国際私法により定まる準拠法によ」るとの考え方（法廷地国際私法説）を採用す
る旨判示しているが，その理由を述べていない。①・②はどういう根拠に基づ
いて主張されたのか，それらによるとどのような問題が生じてしまうのかを明
らかにするとともに，③を採用する積極的な理由を述べよ。

Q2 折 衷 説

学説上，Q1の②と③とを場合によって使い分けるという折衷説（④）があ
る。これは，原則としては上記③によりつつ，例外的に②によるとし，その使
い分けについて次のように述べている。

「先決問題に含まれる事実関係が法廷地との牽連をほとんどないしは全く欠く場合，

本問題につき法廷地国と準拠法所属国の間で裁判の国際的調和が得られる場合，法廷地国において裁判の国内調和の乱されるおそれのない場合，本問題たる法律関係の性質に照らし当事者の利益保護，取引の安全等の見地から合理性が認められる場合に，……先決問題について例外の認められることが考えられる。」（山田鏡一『国際私法〔第3版〕』〔有斐閣，2004年〕163頁）

④によるとした場合，本件の事案は②と③のいずれを採用すべき場合と考えられるか。

(2) 連結点

3事件　本国法と分裂国家

Q1　本国法の基礎となる国籍の決定
当事者の本国が連結点とされている場合，その基礎として，いずれの国の国籍を有するかはどのようにして決定するか。

Q2　重国籍者の本国法
被相続人は，日本において外国人である両親から出生し，父母の国籍を取得して複数の外国籍を有するようになったが，その後死亡時まで生活の本拠が日本にあった場合に，通則法38条1項本文における「当事者に最も密接な関係がある国」が日本であるとして，被相続人の本国法が日本法となる可能性はあるか。

Q3　未承認国家法の適用
日本が国際法上の国家承認を行っていない朝鮮民主主義人民共和国（北朝鮮）の法は，準拠法として適用されるか。また，中華民国（台湾）の法はどうか。

Q4　分裂国家の取り扱い
(1) 本判決によれば，被相続人であるBの本国法はどのようにして決定されているか。
(2) 本件におけるBの本国法の決定に関し，「Bの死亡時及び過去の住所，

常居所，親族の住所，常居所，居所や，本人の意思等を考慮」したのはなぜか。

⑶　外国人登録原票上の国籍が「朝鮮」であるにもかかわらず，Bの死亡時の本国法を韓国法とした判断は妥当か。

4事件　常居所⑴──離婚・親子関係の場合

Q1　本件における常居所の認定

⑴　本件審判は，Yは1983年3月から1990年5月までヨットで世界を転々とする生活を送っていたにもかかわらず日本に常居所があると判断したが，そのような認定は妥当か。

⑵　本件審判は，Xの常居所は日本にないと認定したが，そのような認定は妥当か。特に，XがYとの離婚後に，引き続き日本に居住し，日本人Bと結婚する予定であることは，常居所の認定において考慮されるべき事情か。

Q2　基本通達における常居所の認定

戸籍実務における常居所の認定では，平成元年10月2日法務省民二第3900号民事局長通達（基本通達）に基づく認定が行われている。同通達の認定基準はどのようなものか。また，それは妥当な基準であるか。

5事件　常居所⑵──名誉・信用毀損の場合

Q1　複数の常居所の可能性

⑴　本件において，X_2は日本とニューヨークの双方に常居所があると認定することはあり得るか。

⑵　仮に，本件におけるX_1が米国人であったとすると，X_1とX_2が日本で離婚をする場合，通則法27条により離婚の準拠法を判断する際のX_2の常居所は，どのように決定されるか。この認定は，通則法19条により，名誉・信用毀損による不法行為の準拠法を決定する際の常居所の認定と異なる可能性はあるか。

(3)　準拠法の特定

6事件　反　致 ─────────────

Q1　反　致

(1)　通則法 41 条が当事者の本国法によるべき場合に限定して反致を定めているのは，属人法の決定基準について住所地法主義を採用している国の国際私法による準拠法決定との一致を図ることにあるとの説明がされることがあるが，被相続人の属人法とはいえない不動産所在地法としての日本法への反致を認めることは妥当か。

(2)　不動産の相続に関する部分についてのみ反致を認める部分反致に問題はないか。

Q2　従うべき外国国際私法

　本件では，中国の国際私法は改正がされており，相続開始時（被相続人の死亡時）のものと，本判決に至る裁判手続の口頭弁論終結時のものが異なる。本判決が後者の中国の国際私法を適用して，反致が認められるか否かを判断したのはなぜか。

7事件　隠れた反致 ─────────────

Q1　「隠れた反致」という考え方

(1)　本件当事者の本国法であるテネシー州法の養子縁組に関する国際私法ルールは，通則法 31 条と比べて，どのように違うか。

(2)　本件において，日本で準拠法とされるテネシー州法からの反致が成立すると判断したプロセスはどのようなものか。

Q2　「隠れた反致」に対する評価

(1)　仮に，本件における X_1 及び X_2 がテネシー州に居住していたとすると，本審判の考え方によれば隠れた反致は成立するか。

(2)　通則法 41 条のもとでは，隠れた反致は認めるべきでないとする見解も有力に主張されている。この見解はどのような理由に基づいているのか。

これに対して，隠れた反致を肯定する裁判例が多いのはなぜか。

8事件　地域的不統一法国

Q1　地域的不統一法国における「その国の規則」

本件においては，法例28条3項（通則法38条3項）における「その国の規則」をどのような規則として理解しているか。また，本判決では，なぜ米国には「その国の規則」がないと判断されたのか。

Q2　本国法の意義

本件の事実関係に鑑みると，Aに最も密接に関係する法域は日本であるようにも思われる。本判決のように，米国に「その国の規則」がないとすると，法例28条3項（通則法38条3項）の適用上，「当事者に最も密接な関係がある地域の法」としてAの本国法を日本法とすることは可能か。

9事件　人的不統一法国

Q1　人的不統一法国における「その国の規則」の意義

(1)　通則法40条1項における「その国の規則」とはどのような規則を指すのか。

(2)　「その国の規則」はないとする本審判の判断は妥当か。

Q2　同一本国法の判断

通則法32条の段階的連結の第1段階である，親（Y）と子（Z）の同一本国法の判断においてその本国が人的不統一法国の場合，各人につき本国法を，本国のいずれの人的集団の法秩序かを通則法40条1項で絞り込んでからそれが同一かを判断する見解と，絞り込まずに同一かを判断する見解とに分かれる。本審判はどちらの立場か。いずれが妥当か。

Q3　通則法40条と41条との適用関係

本国法によるべき場合に，その本国が人的不統一法国であることが判明したとき，先に通則法41条を適用して反致の成否を判断すべきか，それとも，先に40条1項を適用して，その者が属する人的集団の法を特定し，これを本国

法とした上で 41 条を適用すべきか。

(4) 公 序

10 事件　公 序 (1)──異教徒間婚姻を禁止するエジプト法 ───

Q1　公序則の審査対象

　本判決は，異教徒間の婚姻を禁止するエジプトの法令の内容ではなく，本件でXとYの婚姻を無効とすることが日本「の法体系のもとにおいては，公序良俗に反するものと解さざるを得ない」と判示している。外国法の内容ではなく，その適用結果を公序則の審査の対象とする理由は何か。

Q2　適用結果が公序に反する理由

　本判決は，どのような理由で公序違反としたか。本件では予備的請求である離婚請求が認容されており，結局はXとYの夫婦関係の解消を認めていることになる。それでもなお，エジプト法に基づく婚姻の無効という適用結果が公序に反すると判断したのはなぜか。

11 事件　公 序 (2)──複数の実母を認める韓国法 ───

Q1　公序則の発動の要件

　一般的に，公序則の発動においては，外国法の適用結果の異常性と事案と日本との関連性（内国関連性）を考慮要素として判断すべきと解されているが，本判決でも同様の理解が採られているといえるか。

Q2　公序則の発動と外国法の内容

　本判決が問題とした韓国法 865 条 2 項は，「実親子関係存否確認の訴えについて，当事者の一方の死亡を知った日から 2 年間という比較的短い期間内に訴えの提起をしなければならない」という内容であった。これについて，本判決は「立法政策として一応の合理性を有する」と評価している。にもかかわらず，公序則が発動されて韓国法の適用結果が排除されたのはなぜか。

Q3 公序良俗に反する外国法の適用結果

本件において，日本の法制度上許容されない二重の母子関係を解決するために，XC 間の親子関係を残し，XB 間の実親子関係を否定することはできるか。

12 事件　公 序 ⑶——賭博契約を有効とするネヴァダ州法——

Q1 前提的な問題の判断と公序則

本判決の判断対象は，X の Y に対する不当利得返還請求であって，ネヴァダ州法を準拠法とする賭博契約の有効・無効は前提となる問題に過ぎない。判決は主文について既判力が生じるのであって，判決理由中の判断は直接に日本の秩序に対して影響を与えることはないところ，このような前提問題に対しても公序則が適用される可能性はあるか。

Q2 前提的な問題であることと内国関連性

本判決では，X と日本人客との間の信用による賭博に係る契約関係（ジャンケット契約）は，「内国社会との牽連関係において間接的かつ希薄であるものといわなければならない」と判示しているが，この判断は妥当か。特に，本判決は，本件の「本問題」は Y に対する不当利得返還請求等であり，ジャンケット契約の有効性は本問題でないことから内国関連性が「間接的かつ希薄である」と判断していると解されるが，このような判断は妥当か。

13 事件　公 序 ⑷——離婚の際の財産分与を認めない韓国法——

Q1 公序則の審査

本件では，韓国の離婚法の内容が離婚に伴う財産分与請求権を認めない点で日本法の内容と大きく異なるにもかかわらず，本判決は，公序則を発動すべきではないと判示している。このような判断は妥当か。

Q2 外国法の適用の排除後の処理

本判決は，傍論として，仮に，公序則により韓国法の適用結果を排除した後には，日本法を適用して財産分与の額及び方法を定めるべきであると判示している。これに対しては，外国法の適用を排除した際に用いた日本法秩序としての許容限度そのものが外国法排除後の結論になるはずであるとの見解がある。

外国法の適用結果が請求の認容・棄却という二者択一である場合には，公序則によって外国法の適用を排除することによって唯一の結論が残るので，いずれにしても違いはないが，本件のような離婚給付額が問題となる場合，いずれによる処理をすることが妥当か。

(5) そ の 他

14事件　内国の労働法の適用

Q1　絶対的強行法規の意義

本決定は，「属地的に限定された効力を有する公序としての労働法」によって当事者自治による労働契約についての準拠法選択は制約されると判示している。この「公序としての労働法」と，民法等の規定の中にある通常の強行法規とは，どのような点で違うか。

Q2　絶対的強行法規の適用の条件

本決定は，現実の労務給付が継続して日本国内で行われるようになった場合，「準拠法選定自由の原則は属地的に限定された効力を有する公序としての労働法」による制約を受けるとして，日本の労働法を適用した。本件のように法廷地である日本の労働法を直接適用する場合に，労務の給付地が日本であることに言及しているのはなぜか。労務の給付地が外国である場合にも，日本の労働法を直接適用することも考えられるか。

15事件　第三国の強行法規の適用・考慮

Q1　第三国の絶対的強行法規の適用の可能性

本件において，Y（アルゼンチン）の公的債務の支払期限繰り延べ措置を実現するための国家緊急事態法及び予算法は適用されなかったのはなぜか。適用しなかったことは妥当か。

Q2　第三国の絶対的強行法規の考慮

第三国の絶対的強行法規について「事実上の考慮」をすることとは，どのよ

うにすることか。「適用」することとどのように違うのか。

16 事件　外国における国有化の効力 ─────────

Q1　外国における国有化と国際法

外国における他国民の財産の国有化の効力が日本の裁判所で問題となる場合に，当該国有化の国際法上の有効性がなぜ問題となるのか。また，外国における国有化について，日本の裁判所において，その国際法上の有効・無効を判断することができるか。

Q2　外国における国有化と国際私法

(1)　一般に外国公法を日本の裁判所で適用することはないという，「外国公法不適用」原則があるといわれているが，この原則の根拠は何か。

(2)　イラン石油国有化法の効力によって X の権利の喪失を認定することは，外国公法不適用原則に反するか。

(3)　外国の国有化法の日本における効力については，本判決のように国際私法によって準拠法を選択した上で，準拠法上の効力として認める考え方のほか，外国の国家行為の承認の枠組みで捉える考え方もある。いずれによるべきか。

17 事件　統一法と国際私法 ─────────

Q1　統一法と国際私法

統一法と呼ばれる民事実体法に関する条約には，国際私法を通さず直接適用されるものと，日本の国際私法によって選択された準拠法の所属国が締約国である場合に当該準拠法の一部として間接的に適用されるものの 2 つがある。一般的に，国際条約と日本の国際私法との関係は，どのようにして決まるのか。本判決では，何を根拠として旧ワルソー条約が日本の国際私法による準拠法選択に優先して直接適用されると判断しているか。

Q2　統一条約の解釈

日本の裁判所において，ある条約が国際私法による準拠法選択を介して選択された準拠外国法の一部として間接的に適用される場合，当該準拠法所属国に

における同条約の解釈に基づいて適用されるべきであるという考え方は妥当か。

18事件　国際私法の適用範囲——国家賠償

Q1　国際私法の適用範囲と国家賠償

本判決は，第二次世界大戦中の日本軍の行為によって受けた損害の賠償請求について，XとYの法律関係は，国家の権力的作用に基づく公法的行為に係る関係であり，国際的私法関係でないことから，準拠法を定める法例の適用を否定した。国際私法による準拠法決定は，なぜ国際的私法関係に限定されるのか。

Q2　日本国に対する損害賠償請求と国際私法

日本国に対する損害賠償請求を行う場合には，常に準拠法選択を定める国際私法の適用は否定されることとなるか。例えば，外国にある日本大使館の塀が崩落して，通行人がけがをした場合において，当該通行人が日本国に損害賠償を求める場合，その判断に適用される法規は何か。

Ⅱ　自然人・法人

19事件　法人の従属法

Q1　法人の従属法

(1)　現在の国際私法においては，自然人について，人の身分及び能力といった概括的な単位について適用される属人法を考えることに対しては疑問が示されている。にもかかわらず，法人について，法人をめぐる諸々の問題について適用される単一の法である従属法を考えるのはなぜか。

(2)　法人の従属法について，本判決は設立準拠法であると判示しており，これが我が国では一般的な立場である。その根拠は何か。会社法2条2号は設立準拠法主義を採用している根拠になるか。法人の従属法は本拠地法であるとする本拠地法主義も唱えられているところ，この立場にはどのような不都合があるか。

(3)　本件において，A社の代表としてBらがXとの間で締結した金銭消費

貸借契約に基づく債務を A 社が負うかについて，本判決はどのように処理しているか。法人代表の場合と代理の場合の比較も考慮すると，本判決の処理は妥当か。

20 事件　法人格否認の法理

Q1　法人格否認の法理の準拠法

(1)　法人格否認の法理が渉外的事案で問題となる場合，当該法人の従属法によるとする見解が一見素直であるにもかかわらず，学説における有力な見解から支持されていないのはなぜか。

(2)　学説上は，場合分けして準拠法を考える説が有力である。どのような場合分けがされているか。この有力説によれば，本件事案は法人格否認の法理が問題となるどのような類型に該当し，準拠法はなにか。

Q2　消費者契約の準拠法

X らと Y₂ の契約は，通則法 11 条 1 項の消費者契約にあたると考えられる。本判決は，日本法の法人格否認の法理の適用を否定したが，同項の「強行規定」として適用すべきではなかったか。

21 事件　擬似外国会社

Q1　会社法の下での処理

(1)　仮に現在の会社法が適用されるとして，A は擬似外国会社であるから有効に成立しておらず，したがって A が設置した営業所は法律上不存在であるとの X の主張は認められるか。

(2)　Y は，A の代表取締役及び日本における代表者として，A の名において取得された商品の売却，債権の取立て等，継続的取引行為を行ってきた。仮に現在の会社法が適用されるとして，これに関して Y はどのような責任を負うか。

(3)　会社法立法時の議論においては，擬似外国会社規制は不要であるとの主張も有力であった。もし会社法 821 条を削除していたら，どのような事態が生じるだろうか。

Ⅲ　代　理

22事件　任 意 代 理 ──────────────────

Q1　任意代理における代理人と本人の間の準拠法

　本件 XA 間で代理権の授与があったか否かにつき適用される準拠法はどのように定められるか。これは XA 間の基本関係の準拠法と異なるか。

Q2　任意代理における本人と相手方の間の準拠法

⑴　本決定は，A が Y との間で締結した金銭消費貸借契約から生じる債務を X が負うかという問題に適用される準拠法につき，いかなる判断をしているか。

⑵　本決定は代理につき法例 3 条 2 項を類推適用しているところ，この規定が本来的に適用される場面とどのような点が同様であり，どのような点が異なっているか。

⑶　通則法 4 条 2 項は，本決定が類推適用する法例 3 条 2 項とどのような点で異なるか。

⑷　本人・相手方間の外部関係については，代理行為地法を準拠法とする説が多数説である。この見解において，本人及び相手方の保護は十分になされていると考えられるか。

Q3　法定代理の準拠法

　本件とは異なり，法定代理において代理人がした行為が本人に帰属するか否かが問題となる場合，準拠法はどのように定められるか。

Ⅳ　物　権

23事件　自動車の所有権 ──────────────────

Q1　自動車の所在地

⑴　本判決は，法例 10 条 2 項（通則法 13 条 2 項）の適用にあたり，自動車の

「所在地」をどのように解しているか。原審の判断と比較して，いずれが妥当か。

(2)　本判決は，本件自動車が「運行の用に供し得る」状態にあるか否かの区別につき，どのように判断しているか。本件自動車はドイツにおいて登録されていたが，この事実は考慮されているか。また，外国のナンバープレートをつけたまま日本に自動車が持ち込まれたものの，日本と当該外国との間にそのまま公道を走行することを認める条約がない場合，本判決の考え方によれば，運行の用に供し得るか。

Q2　原因事実の完成時

(1)　本判決は，即時取得における所有権取得の原因事実の完成時をいつとしているか。また，それは妥当か。

(2)　本件とは異なり，時効取得が問題となる場合，原因事実の完成時をどのように解するべきか。

Q3　運送中の物

本件とは異なり，ドイツの工場から出荷されて自動車運搬船に載せられた新車（ドイツでは未登録）が，日本へと輸送されている途中で譲渡されたとすると，その物権変動につき適用される法はどのようになるか。

24 事件　船舶の所有権 ─────────

Q1　船舶の所有権に関する準拠法

本判決は，船舶の物権変動の準拠法につき，どのように判断しているか。それはなぜか。本件とは異なり，登録を要しない小型のボートの物権変動の場合はどうか。

Q2　売買契約に基づく所有権取得

本件のように，売買契約に基づく所有権の移転が問題となる場合，契約準拠法と物権準拠法はそれぞれどのように適用されるか。例えば，売買契約が無効である場合に所有権移転の効果が維持されるか否かが問題となったとすると，どのように準拠法が適用されるか。

25 事件　船舶先取特権

Q1　法定担保物権と約定担保物権

(1)　本判決は，船舶先取特権の成立の準拠法につきどのように解しているか。

(2)　約定担保物権の成立については，物権準拠法のみが適用されるとする立場が一般的である。他方，法定担保物権につき，これと別異に解する見解はいかなる理由に基づいているか。それは妥当か。

Q2　船舶先取特権における目的物所在地法

本判決は，百選 24 とは異なり，船舶を目的とする物権問題について，現実の所在地法を準拠法としている。船舶先取特権が問題となる場合に，このように解することは妥当か。また，本判決の理由は，船舶抵当権の準拠法にも妥当するか。

Q3　船舶先取特権と船舶抵当権との優劣

仮に，本船につき船舶抵当権を有する Z がいるとした場合，Y の有する船舶先取特権と Z の有する船舶抵当権との優劣を定める準拠法はどのようになるか。

Ⅴ　契　約

26 事件　当事者自治

Q1　当事者自治の原則

契約につき当事者自治が認められている理由として，どのようなことが考えられるか。

Q2　黙示の意思による準拠法選択

(1)　本判決においては，どのような事情に基づいて，本件各売買契約の当事者間に日本法を準拠法とする旨の黙示の合意があったとされたか。それは妥当か。

(2)　仮に，日本法を準拠法とすることについて黙示の意思が現実にあったとまでは認められないものの，契約締結当時の客観的状況から，その状況に置かれた合理的な者であれば日本法を準拠法としていたであろうと認められる場合，通則法 7 条に基づき日本法を準拠法とすべきか。

Q3　準拠法選択行為の有効性

準拠法条項が置かれている場合において，その合意の意思表示に瑕疵があったと主張されるとき，その条項の有効性はどこの法により判断されるべきか。

27 事件　分 割 指 定

Q1　実質法的指定と抵触法的指定

本判決は，本件における英国法準拠条項を実質法的指定と解しているか，それとも抵触法的指定と解しているか。

Q2　分 割 指 定

本判決が準拠法の分割指定を認めたことは妥当か。

28 事件　当事者による法選択がない場合

Q1　特徴的給付の理論

(1)　本判決において，本件各売買契約の準拠法はどのような流れで判断されたか。

(2)　特徴的給付を行う当事者の常居所地法が最密接関係地法と推定されるのはなぜか。

(3)　本件とは異なり，当事者間で締結されていた契約が金銭消費貸借契約である場合，特徴的給付はどのような給付となるか。また，預金契約の場合はどうか。特徴的給付はいかなる契約にも存在するか。

Q2　不動産を目的物とする法律行為

本件事案において，X 社が Y 社に売り渡したのが日本所在の不動産であった場合，当該売買契約の準拠法はどのように判断されるか。

Q3　売買契約に対する CISG（ウィーン売買条約）の適用

　本件売買契約には，CISG（ウィーン売買条約）の適用がないか。また，CISG
が適用されるとすると，準拠法とされた中国法は本件売買契約に一切適用され
ないことになるか。

29 事件　準拠法の事後的変更 ─────────────────

Q1　黙示の意思による準拠法の事後的変更

　本判決は，どのような事情に基づいて準拠法の変更を認めたか。それは妥当
か。

Q2　準拠法の事後的変更の効果

(1)　準拠法を事後的に変更した場合，当該準拠法は契約に遡及的に適用され
　　るか。本件ではどのように考えられるべきか。

(2)　本件立替払契約が有効に成立しており，当該契約に基づく債務について
　　保証契約が締結されていたとする。このとき，準拠法の変更を保証人に対
　　して対抗することができるか。旧準拠法による場合よりも，新準拠法によ
　　る場合の方が，債務額が低くなる場合はどうか。

30 事件　消費者契約 ─────────────────────

Q1　消費者契約の準拠法

　本判決は，本件各出資契約の準拠法につき，どのように判断しているか。民
法96条1項及び消費者契約法4条1項1号が適用されているのはなぜか。

Q2　能動的消費者と勧誘

　仮に，日本に居住する消費者が，米国に所在する事業者の店舗へと赴き消費
者契約を締結した場合，当該契約に対し，民法96条1項及び消費者契約法4
条1項1号を適用できるか。当該事業者が日本語のウェブサイトを作成してお
り，それを日本で見た消費者が，米国に赴き，米国の店頭で契約を締結した場
合はどうか。

31事件　労 働 契 約

Q1　労働契約の準拠法
(1)　通則法12条2項において，労務提供地法が当該労働契約の最密接関係地法と推定されているのはなぜか。
(2)　本判決において，最密接関係地法はどのように判断されているか。本件において，Xは英国から日本に出向しており，賃金の支払や雇用管理は英国でなされていたが，この点はどのように考慮されているか。
(3)　労務提供地が変更された場合，通則法12条2項及び3項により推定される最密接関係地法も変更すべきか。

Q2　強行法規の適用
(1)　最密接関係地法中の強行規定が適用されるために必要な労働者の意思表示はどのようなものか。本件において，Xが法律名やその中の特定の規定を明示することなく，単に日本法によれば有期労働契約が更新されると主張した場合，裁判所は労働契約法19条を適用できるか。
(2)　本判決は，雇用の終了という一つの場面について複数の法が適用されることに否定的な立場をとっているが，これは妥当か。

Ⅵ　法 定 債 権

32事件　事 務 管 理——海難救助

Q1　海難救助における原因事実発生地
(1)　事務管理によって生ずる債権について，通則法14条（法例11条1項）における「その原因となる事実が発生した地」とはどこを指すか。本判決においては，どのように認定されているか。
(2)　本件とは異なり，被救助船が外国の領海から日本へと曳航された場合，海難救助に関する準拠法はどのように判断されるか。
(3)　海難救助が公海上でなされた場合，その準拠法はどのように判断されるか。

Q2 例外条項

本件において，救助船と被救助船の旗国が同一であった場合，海難救助に関する準拠法はどのようになるか。

33事件　不当利得 —————————————————————————

Q1　不当利得の準拠法

(1) 本件において問題となっている不当利得はどのようなものであり，不当利得返還請求権の「原因となる事実が発生した地」はどこか。

(2) 国境を越えた誤振込みのように，不当利得の利得が発生する国と損失が発生する国が異なる場合もある。この場合，「原因となる事実が発生した地」はどこか。

Q2　例外条項

本判決において，英国法が準拠法とされたのはなぜか。それは妥当か。

34事件　不法行為(1)——投資に関する虚偽説明 ————————————

Q1　不法行為の結果発生地

(1) 本判決は，通則法17条本文の結果発生地につき，派生的に生じた損害の発生地とは異なる概念であるとの立場を採るが，その理由はなにか。

(2) 本判決は，本件における結果とはなにであり，その発生地をどのように解していると考えられるか。それは妥当か。

Q2　準拠法の事後的選択・特別留保条項

本件不法行為につき，仮に，ⅩとⅤらの間で準拠法を香港法と合意することは可能か。このように準拠法を外国法と合意した場合，日本法上不法でない行為も不法行為となるか。

35事件　不法行為(2)——不正競争 ————————————————————

Q1　不正競争行為の準拠法

(1) 本判決は，不正競争行為（商品形態模倣行為）の準拠法の決定方法につき，どのような立場をとっているか。これにより外国法が準拠法となる場合で

あっても，不正競争防止法2条1項3号が適用されるか。

(2)　本件とは異なり，不正競争の態様がノウハウ侵害であった場合，準拠法の決定方法は本件と異なるか。

Q2　例 外 条 項

本判決は，Yによる外国での模倣品販売につき日本法を適用しているが，それはなぜか。日本法の適用は妥当か。

36事件　名 誉 毀 損

Q1　名誉毀損の準拠法

(1)　名誉・信用毀損の準拠法について，通則法19条が被害者の常居所地法を準拠法としているのはなぜか。

(2)　仮に，被害者が常居所を有する日本では全く無名であり，外国において非常に著名であるとすれば，名誉毀損の準拠法はどのようになると考えられるか。

Q2　プライバシー侵害の準拠法

本判決は，プライバシー侵害について通則法17条を適用している。仮に，本件 X_1 が世界的な著名人であり，世界中で生じたプライバシー侵害を問題としていたとすれば，その準拠法はどのようになると考えられるか。

VII　債権債務関係

37事件　債 権 質

Q1　債権譲渡の準拠法

(1)　$X_1 X_2$ 間では，Y銀行に対する定期預金債権が譲渡されている。この債権譲渡の成立及び $X_1 X_2$ 間での債権譲渡の効力の準拠法はどのように定められるか。

(2)　$X_1 X_2$ 間でなされた債権譲渡のY銀行や第三者に対する効力の準拠法はどこの国の法になるか。

Q2 債権質の準拠法

(1) 本判決が検討しているのは，質権設定者と質権者の間の契約の問題ではなく，第三者（差押債権者）との関係における債権質の効力の問題である。これについて，本判決は，債権質をどのように性質決定しているか。

(2) 本判決は，債権質の第三者に対する効力についての準拠法をどのように定めているか。それは妥当か。

38 事件　保険金先取特権 ─────────────────

Q1 保険金先取特権の準拠法

(1) 本決定は，保険金先取特権の準拠法についていかなる判断をしているか。有体物に対する先取特権が問題となる場合（百選 25 参照）と同様の立場に立つものと考えられるが，これは妥当か。

(2) 本決定は，債権質に関する百選 37 における判断を踏襲していると考えられるが，それはなぜか。

Q2 公海上での不法行為の準拠法

本件事故は公海上で生じているが，これを理由とする不法行為の準拠法につき，本決定はいかなる判断をしているか。それは妥当か。

39 事件　弁済の通貨 ─────────────────────

Q1 代用給付権

本判決は民法 403 条の解釈について判示しているが，この規定が代用給付権につき適用されるのはどのような場合か。例えば，債権準拠法が外国法であっても適用され得るか。

Q2 弁済による代位の準拠法

本件における Y は，A が X に対して負う債務につき X との間で保証契約を締結している。Y が当該契約に基づいて支払をした場合に，弁済による代位が認められるか否かについて，準拠法はどのように定められるか。

Ⅷ　知的財産権

40 事件　属 地 主 義

Q1　属 地 主 義

(1)　**通則法 13 条 1 項と刑法 1 条 1 項**　　日本に所在する動産・不動産の物権問題は,「動産又は不動産に関する物権及びその他の登記をすべき権利は, その目的物の所在地法による」と定める通則法 13 条 1 項により日本法が準拠法とされ, 日本国内で罪を犯した場合には,「この法律は, 日本国内において罪を犯したすべての者に適用する」と定める刑法 1 条 1 項により日本法により処罰される。両者はどう違うか。

(2)　**特許権についての属地主義**　　本判決及び百選 41 の判決において最高裁は, 特許権については「属地主義」が採用されていると判示している。この「属地主義」は, (1)の 2 つの規定とどのような関係に立っているか。

41 事件　特許権の侵害

Q1　米国特許権侵害に基づく製造差止請求等

(1)　**「特許権の効力」**　　本判決のいう「特許権の効力」はいかなる内容のものか。

(2)　**特許権の効力の準拠法**　　本判決は,「特許権の効力」の準拠法は登録国法であるとしているが, 妥当であろうか。最高裁は, この点を論じ始める最初のところで,「米国特許権に基づく差止め及び廃棄請求は, 正義や公平の観念から被害者に生じた過去の損害のてん補を図ることを目的とする不法行為に基づく請求とは趣旨も性格も異にするものであり, 米国特許権の独占的排他的効力に基づくものというべきである。」(下線追加) と判示した上で,「特許権の効力の準拠法に関しては……条理に基づいて, 当該特許権と最も密接な関係がある国である当該特許権が登録された国の法律によると解するのが相当である。」とし,「本件差止請求及び本件廃棄請求については, 本件米国特許権が登録された国であるアメリカ合衆国の法律が準拠法となる。」(下線追加) との結論に至っている。これでは, 最初から結論が示されていることにならないのか。また, これによれば, 仮に本

件 X が本件についてドイツ特許権も有する場合に，ドイツ特許法に基づ
く請求をすれば，裁判所は，ドイツ特許権に基づく差止め及び廃棄請求は，
と問題設定をして，結論としてドイツ特許法に基づく判断をすることにな
るのであろうか。

(3)　**特許権の効力の準拠法とした米国法の適用は属地主義に反し，日本の公序に
反するとした判断**　　本判決は，(2)で見たように国際私法による準拠法決
定というアプローチに基づいて日本での製造差止請求等について米国法を
準拠法とした上で，米国法を適用すること自体が日本の採用している属地
主義に反し，米国法により製造差止等を命ずることは法例 33 条（通則法
42 条）の公序に反するので，米国法は適用しないと判示している。このよ
うに，日本として準拠法が米国法であると判断していながら，そのような
準拠法の決定に基づく同国法の適用が域外適用になってしまうので認めら
れないと判断をすることは妥当か。

Q2　米国特許権侵害を理由とする損害賠償請求

(1)　**特許権侵害による損害賠償請求の準拠法決定**　　本判決は，特許権の効力
としての製造差止請求等と特許権侵害による損害賠償請求とを区別し，後
者については法例 11 条 1 項（通則法 17 条）を適用して準拠法を定めてい
る。通則法 17 条を適用すると，例外条項（20 条），準拠法の事後的変更
（21 条）も適用されることになるが，これらの規定を特許権侵害による損
害賠償請求の準拠法決定において適用することになる。これは妥当か。

(2)　**法例 11 条 2 項（通則法 22 条 1 項）の適用**　　本判決は，不法行為の
成立について日本法を累積適用することを定める法例 11 条 2 項（通則法
22 条 1 項）により，本件の損害賠償請求権の成立を否定した。これは妥当
か。

42 事件　特許法上の職務発明 ───────────

Q1　職 務 発 明

(1)　**特許を受ける権利の譲渡の可否**　　本件の発明については，アメリカ，
カナダ，イギリス，フランス及びオランダの各国における特許を受ける権
利が問題となっている。本件では問題となっていないが，そもそも職務発

明に係る各国の特許を受ける権利を譲渡することができるか否かはいずれの国の法によるか。

⑵ 対価に関する契約の準拠法を日本法とする合意がある場合　本判決は，職務発明に係るある国の特許を受ける権利を譲渡することができることを前提として，これに伴って譲渡人が譲受人に対して対価請求をすることができるかどうか，その対価はいくらかという問題は，譲渡当事者間の債権的法律行為の問題であると解されるので，第1次的には，法例7条1項（通則法7条）により準拠法を定めるべきであると判示した。そして，本件では日本法による旨の黙示の意思が認められるとした。その理由はなにか。そのような判断は妥当か。

⑶ 対価に関する契約の準拠法を外国法とする合意がある場合　本判決に従うと，職務発明に係る日本特許を含む複数国の特許を受ける権利の譲渡について，譲渡当事者間の明示の合意によりA国法としていれば，特許法35条は適用されないことになるが，それで問題はないか。

⑷ 対価に関する契約の準拠法の合意がない場合　仮に各国の特許を受ける権利の譲渡を約する契約の準拠法について当事者の黙示の意思も見出し得ないとされた場合，本判決に従えば，通則法のもとでは，いずれの国の法が準拠法となるか。

43事件　著作権侵害

Q1　ベルヌ条約の規定

ベルヌ条約5条2項第3文の「保護の範囲及び著作者の権利を保全するため著作者に保障される救済の方法は，この条約の規定によるほか，専ら，保護が要求される同盟国の法令の定めるところによる。」という規定の解釈について学説上異論もあるものの，これは準拠法を定めるものであると解するのが下級審裁判例であり，学説も一般にこれを支持している。この立場をとる場合，「保護が要求される同盟国」とはどの国を指すか。

Q2　通則法17条以下による場合

本判決は，著作権侵害による損害賠償請求の問題は，ベルヌ条約5条2項第3文の「保護の範囲及び著作者の権利を保全するため著作者に保障される救済

の方法」に含まれないとし，通則法 17 条以下の規定により準拠法を定めると判示している。この考え方による場合，通則法 17 条の「加害行為の結果が発生した地の法」は，ベルヌ条約 5 条 2 項第 3 文の「保護が要求される同盟国」の法と同一か。また，当事者が合意すれば，結果発生地の著作権侵害があった事件であっても，異なる国の著作権法を適用することになるが，それでよいか。

44 事件　著作権の譲渡

Q1　債権的法律行為と物権的法律行為

　本判決は，著作権譲渡を当事者間で約する契約の準拠法は通則法 7 条以下により定め，「著作権という物権類似の支配関係の変動については，保護国の法令が準拠法となる」と判示している。この「保護国」とはいずれの国を指すか。

Ⅸ　婚　姻

(1)　婚姻の成立

45 事件　婚 姻 意 思

Q1　婚姻意思の扱い

(1)　通則法 24 条 1 項の婚姻の実質的成立要件は，当事者の一方のみに関係する一方的要件と，双方に関係する双方的要件に分けられる。婚姻意思を一方的要件とする本判決の立場に問題はないか。

(2)　Y の本国法である韓国法上，Y が婚姻意思を有しているかを検討するまでもなく，本件婚姻は無効とした本判決の処理に問題はないか。

Q2　強 制 婚

　外国から戦火を避けて来日した甲国籍の A 男と乙国籍の B 女の夫婦につき，B から婚姻無効を求める訴えが提起されたとする。B は，この婚姻は A から強制されたもので，婚姻意思が欠けるため無効であると主張している。B の婚姻意思につき，甲国法に照らすと問題があるが，乙国法から見ると問題はない場合，この婚姻は無効となるか。また，日本法に照らすと婚姻意思に問題があ

るとすればどうか。

46 事件　婚 姻 無 効 ────────────────────

Q1　重婚による後婚の有効性についての性質決定

　本件では，Y_1X 間の婚姻（前婚）が存在しているにもかかわらず締結された Y_1Y_2 間の婚姻（後婚）が有効であるかが問題となっている。これを，本判決はどのような問題と捉えて性質決定しているか。本判決とは異なり，Y_1X 間の婚姻（前婚）の効力の問題と性質決定する考え方には，どのような問題があるか。

Q2　婚姻成立要件欠缺の場合の効果

　本判決の立場を前提とすれば，準拠法上の要件を満たさない場合，婚姻が無効となるか，取り消しうるものとなるかにつき，本判決の処理とその理由について説明せよ。

47 事件　婚姻届出の意思 ────────────────────

Q1　婚姻届出意思の性質決定

⑴　婚姻の方式が教会での儀式である国の場合，当事者が，実質的に婚姻する意思はあるが，方式を具備する意思はないということはありうるだろうか。教会での儀式でなく，行政機関での民事の儀式である場合はどうか。日本民法の婚姻届出意思という議論は国際私法上どのように評価されるのであろうか。

⑵　婚姻の方式について，方式の準拠法上，方式を履践するのに必要な要件を欠いていても，方式は履践されたと言えるだろうか。日本法上，届出意思を欠く届出で，方式上婚姻は成立しているだろうか。

⑶　方式の準拠法が，方式履践の要件として法律上の婚姻を実質的に成立させる意思を求めていて，それがないと方式上有効ではないとしているとする。そのような意思の存否は，婚姻の方式の問題か。

Q2　追認の準拠法

本判決は，追認の準拠法について，方式の問題か実質的成立要件の問題か，

どちらの可能性も考えて，日本法と韓国法の両方に照らして判断している。もっとも本判決は，その前の部分では，婚姻届出意思を婚姻の方式と性質決定している。これを前提とし，追認について方式か実質的成立要件かいずれの問題かを特定するとすれば，どちらと考えるべきか。

⑵　夫婦財産制

48 事件　夫婦財産制

Q1　通則法における処理

通則法のもとでは，本件事案の以下の点についてどのように処理されるか。
⑴　ＸとＹが婚姻締結時に，通則法 26 条 2 項により夫婦財産制の準拠法として選択することができるのはいずれの国の法か。また，本件不動産について，選択できる準拠法はいずれの国の法か。
⑵　準拠法の選択がない場合，本件不動産についての夫婦財産制の準拠法はいずれの国の法か。

⑶　離　婚　等

49 事件　協　議　離　婚

Q1　各国の協議離婚の方法

⑴　中国法の協議離婚において，婚姻登記機関はどのような審査，判断をしているのだろうか。本件で問題となっている中国法の協議離婚の成立に必要な，婚姻登記機関に出頭しての離婚登記の申請は，法律行為の方式の問題か。
⑵　仮に，中国の行政機関が当事者を離婚させる決定をしているとした場合，そのような決定を日本ではどのように扱うべきか。
⑶　韓国法の協議離婚は，日本法と異なり，事前に家庭法院に夫婦が出頭して離婚意思の確認を受けた後に，協議離婚届を行うことで成立する。このような韓国法の協議離婚の成立に必要な家庭法院での事前の意思確認は，

法律行為の方式の問題か。

50 事件　審 判 離 婚 ─────────────────

Q1　離婚の方法

　本審判によると，ハワイ州法では，当事者間に離婚の合意ができている場合であっても裁判によらなければ離婚は認められないとされている。離婚の裁判が必要かという問題について，本審判は離婚の実質的成立要件と方式のいずれと性質決定しているか。

Q2　本件離婚の成立につき日本でいずれの方法によるべきか

(1)　本審判は，調停に代わる審判（当時の家事審判法 24 条，現在の家事事件手続法 284 条）ではなく，合意に相当する審判（当時の家事審判法 23 条，現在の家事事件手続法 277 条）によることが，最もハワイ州法の方式に沿うことになるとした。いずれの審判によるべきか，あるいはそもそも審判離婚ではなく裁判離婚によるべきかは，どのような基準で選択すべきか。

(2)　本審判は合意に相当する審判によったが，現行の家事事件手続法 277 条1 項には「離婚及び離縁の訴えを除く」との定めがある。これは，合意に相当する審判を選択する妨げにならないか。

(3)　本件で，調停離婚によることは許されるか。また，離婚調停の申立てをすることなく，原告がただちに離婚の訴えを提起した場合には，裁判所はどのようにすべきか。

51 事件　タラーク離婚 ─────────────────

Q1　タラーク離婚

(1)　本判決が，ミャンマーイスラム法による本件タラーク離婚を公序違反としたのは，適用結果のどの点が，公序に反するからか。本件において，妻が離婚に同意している場合でも公序違反とされるか。

(2)　ミャンマーイスラム法の適用結果を排除して本件タラーク離婚を無効としつつ，X の離婚請求についてミャンマーイスラム法を準拠法として適用することに問題はあるか。

Q2　離婚の効果

離婚に伴う様々な金銭給付について適用される準拠法について，どのように考えるべきか。本件で問題となっている，養育費と離婚慰謝料についてはどうか。

52事件　婚約の破棄 ——————————————————————

Q1　婚約の破棄

本判決は当事者の本国法であるアルゼンチン法と日本法を累積適用している。累積適用により2つの国の法律がともに認める場合にだけ請求を認めるという扱いをすることに実質的理由はあるか。

53事件　内縁の解消 ——————————————————————

Q1　内縁の国際私法上の扱い

(1)　本判決と異なり，学説の多数説は，内縁の成立，効力，解消につき，婚姻に関する通則法25条以下を参照しつつも独立の抵触規則を設定して処理を行うべきであるとしている。そのような学説によれば単位法律関係としての「内縁」とはなにか。また，百選52の事案は，この「内縁」に当たるか。

(2)　本判決は内縁の不当破棄に基づく損害賠償を不法行為として処理している。その場合の準拠法は，通則法の下ではどのようになるか。

(3)　近時いくつかの国で導入されている登録パートナーシップ制度について，学説の多数説の考え方による場合，どのような問題点があり得るか。

X　親 子 関 係

(1)　実親子関係の成立

54事件　親子関係の成立 ——————————————————————

Q1　通則法28条と29条の適用順序

(1)　親子関係の成立が問題となった本判決は，平成元年改正前法例17条と

18条の適用関係につき，まず嫡出親子関係の成否を検討し，成立しなかった場合には次に，非嫡出親子関係の成立を検討すると判断している。このように判断したのはなぜか。

(2)　本判決の立場は，通則法の下では，まず28条を適用し，嫡出親子関係が認められなければ29条を適用するということになるが，これは支持されるべきか。

Q2　嫡母庶子関係及び継母子関係の成立の準拠法

(1)　本判決は，平成元年改正前法例17条は出生により嫡出親子関係が成立する場合であるとし，出生以外の事由により嫡出性を取得する場合の嫡出親子関係の成立については規定を欠くとしつつも，同条の類推適用により処理している。通則法の下でも，本判決と同様に，通則法28条を類推適用すべきか。通則法には，出生以外の事由により成立する嫡出親子関係に関する規定はないか。

(2)　Y_1及びY_2とDとの間に嫡出以外の親子関係が成立するかについて，本判決は，平成元年改正前法例18条は認知による非嫡出親子関係の成立に関する規定であるから，その他の事由による場合については規定を欠くとしている。これに対して，通則法の下では，通則法29条は認知による場合以外についても規定しているから，同条1項により処理することは適切か。

(3)　Y_1からY_5とDとの間には血縁関係がないから，その間の親子関係が問題となるとすれば養子縁組であるとして通則法31条によるという処理はあり得るか。

55事件　嫡出否認 ────────────

Q1　嫡 出 否 認

(1)　通則法28条1項は，嫡出親子関係の成立につき，夫婦それぞれの本国法，すなわち子の父の本国法と母の本国法との選択的連結を定めている。これは具体的にはどのように嫡出親子関係の成立を判断するということか。

(2)　嫡出否認の準拠法についての本審判の処理を理論的に説明せよ。

Q2　選択的連結と反致

　本件のように選択的連結を採用している規定において，準拠外国法から日本法への反致は認めるべきか。選択的連結の趣旨及び通則法 41 条の文言を考慮して検討せよ。

56 事件　認　知 ─────────────────────

Q1　XY 間の非嫡出親子関係の成立について

(1)　非嫡出親子関係の成立について事実主義の場合も含めて必ず準拠法となるのは，本件ではいずれの国の法か。そして，それによれば，父子関係は成立しているか。

(2)　認知による場合には，いずれの国の法が準拠法となるか。本件の非嫡出親子関係の成立につき検討すべきなのは，いずれの国の法による認知の成否か。

(3)　X と A（Y の母）は婚姻しているので，準正が成立することにより，XY 間の親子関係は成立すると考えられないか。

Q2　BY 間の非嫡出親子関係の成立

(1)　Y の実父 B と Y の間の非嫡出親子関係について適用される準拠法はいずれの国の法か。それにより親子関係は成立していないか。

(2)　BY 間の非嫡出親子関係がすでに成立しているから，その後の認知による XY 間の非嫡出親子関係の成立は問題となり得ないと解釈するべきか。それとも，BY 間の親子関係の成立と，XY 間の親子関係の成立は，別個に準拠法を指定して検討すべきか。

(3)　別個に準拠法を指定して検討すべきという立場による場合，もし，BY 間の親子関係も XY 間の親子関係も成立するとの結論になれば，それを放置してよいか。

57 事件　生殖補助医療と親子関係 ─────────────

Q1　ネバダ州裁判の効力

(1)　本件のネバダ州裁判所の裁判は，X らが本件子らの法律上の父母であることを確認する旨の判断のほか，子らが出生する病院及び出生証明書を作

成する責任を有する関係機関に，Ｘらを子らの父母とする出生証明書を準
備し発行すること，及び，関係する州及び地域の登記官に出生証明書を受
理し，記録保管することも命じていた。本件裁判のこの後半部分は，我が
国でどのような効力があるか。

(2)　民訴法 118 条 3 号の実体的公序は，国内法における強行規定や民法 90
条の公序と同一ではなく，内国法秩序の中核部分に限られると一般に考え
られている。これを前提とすると，「民法が実親子関係を認めていない者
の間にその成立を認める内容」であることを理由に同号の公序違反とする
本決定の判断に問題はないか。

　　他方で，「出生した子を懐胎し出産した女性をその子の母」とすること
は，内国法秩序の中核部分か。そのことは，「生殖補助医療の提供等及び
これにより出生した子の親子関係に関する民法の特例に関する法律」（令
和 2 年法律第 76 号）の下でも変わりはないか。

(3)　本件の原審の東京高決平成 18 年 9 月 29 日判時 1957 号 20 頁は，民訴法
118 条 3 号の公序違反の判断において，本件事案について，「個別的かつ
具体的内容に即した検討をしたうえで，本件裁判の効力を承認することが
実質的に公序良俗に反するかどうかを判断すべきである」の立場に立つ。
その上で，我が国の民法の諸制度は生殖補助医療制度の発達する以前のも
のであること，子と X_1X_2 との間に血縁関係があることなど諸種の事情を
挙げて，公序違反にならないと判示した。原審は，本件代理出産契約はＸ
らが代理母に手数料を支払う有償契約であるが，その手数料は，代理母に
よって提供された働き及びこれに関する経費に関する最低限の支払（ネバ
ダ州修正法において認められているもの）であり，子の対価でないことが認め
られる，などの事情も挙げている。このような事情は，最高裁の立場にお
いては，公序違反の判断に影響するか。また原審の立場においては，代理
母が高額の謝礼を受け取った場合であれば，公序違反となったであろうか。

(4)　本件と異なり，Ｘらが，子らの出生前から 10 年ほどネバダ州に居住し
ており，出生後も 10 年ほど同州に居住していたが，その後日本に帰国し
て本件子らとの親子関係が問題となっている場合でも，本件外国裁判の効
力についての結論は変わらないか。

(5)　本決定後に，Ｘらが本件子らと特別養子縁組することは認められるか。

Q2 準拠法に照らした判断

(1) 本決定は，ネバダ州裁判の承認を拒絶した結果，準拠法に照らして，X らと本件子らとの嫡出親子関係の成立を判断して，成立していないと判断している。本件子らを出産した米国人女性及び（同女は婚姻していたので）その夫である米国人男性と本件子らの嫡出親子関係についてはどのように判断されるべきか。また，これらの判断において，通則法 28 条 1 項の「夫婦」は誰か。あるいはより具体的に言えば，同条の適用において子の母は誰か。

(2) 本件と異なり，X らが，本件子らの出生前から 10 年ほどネバダ州に居住しており，出生後も 10 年ほど同州に居住しており，また，甲国では判決によらず法律上，代理懐胎で生まれた子の親は，親となる意思がある依頼者である X らであるとの法制であるとする。その後 X らが日本に帰国して本件子らとの親子関係が日本の裁判所で問題となった場合には，X らと本件子の親子関係の成立の有無はどのように判断されるか。

(2) 養親子関係の成立

58 事件　夫婦共同養子縁組 ─────────────────

Q1 夫婦共同養子縁組

(1) C を AB 夫婦が共同で養子縁組する本件につき，本審判は養子縁組をどのように捉えて準拠法を決定しているか。

(2) 夫婦共同養子縁組の準拠法について本審判のような処理による場合，例えば，いずれか一方の養子縁組が断絶型であるが，他方の養子縁組はそうでない場合，養子とその実方血族との関係が断絶するかという問題はどのように処理すべきか。

Q2 養子縁組の成立方法

(1) 昭和 63 年に特別養子縁組（民法 817 条の 2 以下）が導入されるまでは，日本民法には普通養子縁組しかなかった。普通養子縁組は，どのように成立するか。未成年養子の場合の許可（民法 798 条）は，養子縁組を成立さ

せるものか。

(2)　諸外国には，裁判所の決定により養子縁組を成立させる決定型の養子縁組がある。日本民法に普通養子縁組しかなかった時代，養子縁組の準拠法である外国法がこのような決定型の養子縁組制度である場合，家庭裁判所が直面した問題はなにか。

(3)　上記(2)の問題に対処するため，かつて裁判実務及び戸籍実務では，いわゆる「分解理論」が用いられた。これは，決定型の外国法上の養子決定の裁判を，養子縁組の実質的成立要件として公的機関の関与を必要とする部分と，養子縁組を創設させる方式の部分に分解し，前者については家庭裁判所の許可審判で代行させ，後者については法律関係の方式として行為地法（通則法 34 条 2 項）である我が国の方式である縁組届の届出によるとするものである。

①　この分解理論により，決定型養子縁組を家庭裁判所で処理することが本当にできるのだろうか。

②　分解理論は，その前提として，日本の家庭裁判所は，外国法上の，養子決定そのものは，権限がないからできないと考えていた。しかし，昭和 63 年に特別養子縁組制度が導入された後も，家庭裁判所に，養子決定をする権限はないのだろうか。

(4)　「未成年者を申立人両名の養子とすることを許可する」というのが，本件審判の主文である。

①　これは，本審判により養子縁組が成立しているという趣旨か。

②　本件のように，夫婦共同養子縁組の場合には，現在でも実務上，分解理論が用いられる例がある。それはなぜか。

Q3　養子縁組の成立に必要なケース・スタディ及び試験監護

　本審判が言及するフィリピン養子法は，「養子縁組の申立ては，本省の認定を受けた社会福祉士，地方自治体の社会福祉事務所または児童養護施設が，養子，実親及び養親のケース・スタディを実施し，当該申立ての係属する裁判所に報告書及び提言書を提出した後でなければ，審理を開始してはならない」（フィリピン国内養子縁組法 11 条 1 項），「養子縁組の申立てについては，養親が裁判所の監査を受けて，6 か月以上の試験監護を実施することにより，当事者

が互いに心理的及び情緒的に適合し，親子の絆を築くことが確認されるまでは，最終的な決定をしてはならない。試験監護の期間中は，養親に対して暫定的な親権が付与される」（同法12条1項）と規定している。本審判は，この要件をどのようにして満たしているか。それでよいか。

59事件　養子縁組の効果 ──────────────

Q1　本件の中国での養子縁組の成立及び効果

⑴　本審判による養子縁組の成立の準拠法の決定・適用に問題はないか。

⑵　通則法31条2項が，養子とその実方の血族との親族関係の終了及び離縁について，同条1項前段により適用すべき法によると規定している趣旨はなにか。

⑶　中国法上の養子縁組は断絶型であるにもかかわらず，本審判は，本件の中国での養子縁組は普通養子縁組であると判断した。これは妥当か。

Q2　外国裁判所の決定により成立した養子縁組の評価

本件と異なり，外国で裁判所の決定により養子縁組が成立していた場合，その成立及び効果について，平成30年人訴法等の改正（平成30年法律第20号）後の現在，どのようなアプローチで評価すべきか。また，本件でも中国司法部が関与して中国で養子縁組が成立しているが，外国で裁判所の決定により養子縁組が成立していた場合と同様のアプローチで評価しなくてもよいだろうか。

60事件　セーフガード条項 ──────────────

Q1　通則法31条1項後段の解釈

⑴　養子の本国法のフィリピン法の定める要件のうち，養親の嫡出子で10歳以上の者の同意について，本審判は通則法31条1項後段のセーフガード条項に該当するとしているが，該当しないとする見解も有力である。該当しないとする見解が，そのように解釈する実質的理由にはどのようなものがあるか。また，同項の「第三者」をどのように解釈すれば，該当しないとすることができるだろうか。

⑵　X_1の嫡出子の同意は得られなかったにもかかわらず，本審判が養子縁組の成立を認めたのはどのような理由に基づくものであり，その判断は妥

当か。

(3)　百選 58 の審判では，養子の実父の同意について，どのように処理しているか。

Q2　セーフガード条項の実効性

(1)　養親の本国法に従って断絶型の養子縁組を成立させるにあたって，養子の本国法が以下の内容である場合，セーフガード条項の適用はどうなるか。①そもそも養子縁組制度を有しない場合。②非断絶型の養子縁組しかない場合。③日本法のように，断絶型と非断絶型の2つの養子縁組制度を有している場合。

(2)　(1)の検討結果に照らして，そもそも，養子「若しくは第三者の承諾若しくは同意」につき，養子の本国法を累積適用することで，十分な養子の保護になっているだろうか。

(3)　養子の本国法が，そもそも養子制度を有しない場合（カファーラしかないイスラム法系諸国など）や，一定の要件を満たす場合でなければ養子を国外での養子縁組のために出国することを許可しない場合は，このような外国法の態度は考慮すべきだろうか。また，セーフガード条項によるのが適切だろうか。

(3)　親子間の法律関係

61 事件　分割身上監護 ──────────

Q1　分割身上監護

(1)　本件で問題となっているカナダにつき，本決定は地域的不統一法国とみてノバスコシア州法を当事者の本国法としている。しかし実際には，カナダでは婚姻・離婚の問題は連邦の管轄とされ，子の監護が離婚に際して問題となる場合には連邦法が規律している。カナダという一国について，問題ごとに地域的不統一法国かそうでないか，扱いを変えることに問題はないか。

(2)　子らの旅券につき，受領権限とは別にして，当面 Y が保管するとした

のは，どのような配慮からだろうか。

62事件　子奪取条約の適用

Q1　変更前決定の判断

(1)　子らのうちCとDにつき，変更前決定が，子奪取条約実施法28条1項5号の返還拒否事由に当たらないとしたのはなぜか。

(2)　AとBにつき，変更前決定が，子奪取条約実施法28条1項5号の返還拒否事由があるにもかかわらず，返還を命じたのはなぜか。その根拠となる規定はどれか。

Q2　本決定の判断

(1)　変更前決定後のどのような事情変更が，AとBにつき，返還を拒否する判断への変更をもたらしたか。またその判断の変更は妥当か。

(2)　CとDにつき，いかなる返還拒否事由に基づいて返還を拒否する判断に変更されたのか。

(3)　かりに変更前決定を変更すべきでないとのXの主張が認められたとしても，Xの求めるように，子らを米国に返還する見込みはあるだろうか。

63事件　子奪取条約と人身保護請求

Q1　人身保護請求

(1)　人身保護請求が認められるための要件の一つは，身体の自由を拘束されていることである（人身保護法2条1項）。現在13歳のCが，自由意思に基づいてYの下にとどまっているとはいえない特段の事情があるから，拘束にあたるとした本判決に問題はないか。

(2)　人身保護請求が認められるためには，拘束が「法律上正当な手続によらないで」なされたものであること（人身保護法2条1項），すなわち拘束の違法性が要件の一つとされている。そして，「拘束又は拘束に関する裁判若しくは処分がその権限なしにされ又は法令の定める方式若しくは手続に著しく違反していること」（人身保護規則4条）が必要とされ，違法性が顕著であることが要件とされている。

　　国内事案における子の奪い合いにおいて，判例は拘束に顕著な違法性が

あるかにつき，どのように考えているかを，本件のように監護権者同士の
奪い合いの場合と，監護権者と非監護権者の間の奪い合いの場合に分けて
整理せよ。その上で，本判決が顕著な違法性があると判断したのは，どの
ような事情を考慮したからか。

Q2　子奪取条約と我が国の社会

(1)　本判決後，民事執行法及び国際的な子の奪取の民事上の側面に関する条
約の実施に関する法律の一部を改正する法律（令和元年法律第2号）が成立
し，翌年施行された。改正前の実施法では，子の返還の代替執行の前に間
接強制を行う必要があったが，改正法では，一定の要件を満たすときは間
接強制を経ずに代替執行ができるようになっている（子奪取条約実施法136
条2号・3号）。また，改正前は，代替執行を行う場所に，子とともに債務
者がいる必要があったが，改正法では，債務者の同伴を不要とした。この
改正は，返還決定の執行の実効性をはかるものであると説明されている。
かりに，この改正法の下であれば，本件返還決定は執行できていただろう
か。

(2)　かりに，Xに無断でのCの連れ去りが日本国内で行われた場合には，X
はYに対してCを元に戻すように求めることができるか。渉外事案と国
内事案との間の不均衡はないか。

XI　扶　養

64事件　扶　養

Q1　準拠法の決定

(1)　XのYに対する婚姻費用分担請求について，本決定はどのように性質
決定しているか。その判断は妥当か。

(2)　本件と異なり，XがCの法定代理人として，Yに対する扶養を請求す
る場合は，どのように処理されるか。

XII 後 見

65事件　親権と後見

Q1　親権と後見

(1) 後見については日本法への反致を検討する必要があるが（通則法41条），中国の国際私法である渉外民事関係法律適用法30条は，「監護については，一方の当事者の常居所地法又は本国法のうち被監護者の権益の保護に有利な法を適用する」と規定している。中国法から日本法への反致は成立するか。

(2) 本件では，親権の準拠法は中国法とされ，また未成年者後見について，後見人の本国法から日本法への反致は成立しないとされ，後見の準拠法も中国法とされた。しかし，事案によっては，両者の準拠法が異なる場合もある。仮に，①後見の準拠法では親権者が欠けていれば後見が開始し，その法によれば親権者は欠けていないとされる場合であるが，親権の準拠法上は親権者が欠けているとされるとき，どうすればよいか。②逆に，後見の準拠法では親権者が欠け後見が開始する場合であるにもかかわらず，親権の準拠法ではなお親権者が存在するとされる場合には，どうすればよいか。

66事件　後　見

Q1　後　見

(1) XがZに対する監護権者としての権限を有するかについて，現行法の下で考えるとすれば，どのような枠組みで判断すべきか。通則法35条1項の指定する準拠法により判断すべきか，それとも，家事事件手続法79条の2によりストックホルム市裁判所の裁判が我が国で効力を持つかという形で判断すべきか。

(2) (1)でXがZに対する監護権者としての権限を有することが認められるとした場合，XのZの引渡請求の可否について適用されるのはいずれの国の法か。また，この請求は認められるべきか。

(3) (1)でXがZに対する監護権者としての権限を有することが否定された

場合に，日本の裁判所はいずれの国の法を準拠法としてＺの後見人を選任するか。

XⅢ　相続・遺言

(1)　相　続

67事件　損害賠償債務の相続

Q1　通則法のもとでの不法行為の準拠法
本件の不法行為準拠法は，通則法の下ではどうなるか。

Q2　二重の性質決定
(1)　不法行為に基づく損害賠償債務が相続されるかについて，本判決は，相続準拠法と不法行為準拠法をどのように適用しているか。
(2)　「個別準拠法は包括準拠法を破る」という原則から，本判決の立場を正当化する見解があるが，我が国の国際私法上，このような原則は認められるべきか。
(3)　本判決は二重の性質決定を行っているが，法律関係の性質決定においては二重の性質決定は許されないとの批判がある。これはどのような理由からか。

Q3　個別準拠法のみによる説
本件のような問題については，損害賠償債務の準拠法のみによりその相続性を判断すればよいとの個別準拠法説も少数説であるが主張されている。そもそも，債権債務の法律上の移転の場合に，債権債務の移転可能性を判断する準拠法はどのように考えられているか。相続の場合も，債権債務の法律上の移転の一場合であるとすれば，個別準拠法説によることにはならないか。この説に対して，Q2やQ4記載の両説のように，相続準拠法も考慮する理由として考えられるものはなにか。

Q4　2つの問題があるとみる見解

　本件のような場合の相続準拠法と不法行為準拠法の適用関係について，ここには2つの問題があると理解して，それぞれの問題に相続準拠法と不法行為準拠法を適用するとの見解が有力となっている。

　この有力説も2つに分かれるがそのうちの1つによれば，被相続人に帰属していた権利義務のうちどのような属性を持つものが相続の対象となるか（①）は相続準拠法によるが，ある権利義務がそのような属性を持つか（②）は当該権利義務自体の準拠法によるとされる。

　⑴　この有力説に基づく場合，①につき，本件の相続準拠法である日本法では，相続の対象となる権利義務はどのような属性を持つものか。

　⑵　不法行為準拠法であるカリフォルニア州法によれば，本件の損害賠償債務は一般に移転可能性を有しているか。本件で，A死亡後にカリフォルニア州でどのような手続が行われたかに注意せよ。

　⑶　上記⑴，⑵の検討から，本件損害賠償債務の相続が認められるとの結論になるとすれば，被告側の弁護士の立場から，本件原告の請求の棄却を求めるためにどのような主張が考えられるか。また，その主張に適用される準拠法はどうなるか。

68事件　相続財産の範囲

Q1　遺言の準拠法と相続の準拠法との関係

　⑴　本件遺言は，相続させる金融資産として，いくつかの預金債権を挙げていた。この遺言の内容の解釈はいずれの準拠法によるか。

　⑵　仮にAが，自己の財産である現金5000万円を死亡前に，本件のようなジョイント・アカウントにA・Y共同名義で預金し，その後死亡したとする。Xが遺留分の侵害があると主張できるか否かの問題の準拠法はいずれの国の法か。

Q2　本判決の立場

　本件の問題が仮に「相続財産の構成」の問題とすれば，本判決は，67事件のQ2からQ4記載のいずれの立場を採用しているか。

69 事件　相続財産の管理 ───────────────

Q1　包括承継主義と清算主義

(1)　我が国を含む大陸法系諸国では，相続財産について包括承継主義が採用
されているのに対して，英米法系諸国では清算主義が採用されている。と
ころで日本法でも，相続人のあることが明らかでない場合，相続財産の管
理人が選任されて，相続財産の管理が行われるが（民法951条以下），これ
と英米法系の遺産管理とはどのように異なるか。

(2)　本審判は，相続財産の管理の準拠法をどのように考えているか。そのよ
うに考える理由はなんであり，それは妥当か。

(3)　相続財産の管理は相続準拠法によるという通説に従った場合，被相続人
の本国法上の遺産管理人を日本で選任すべき場合が生じる。しかし，例え
ば被相続人の本国法が英米法系の場合を考えると，そこでの遺産管理人と，
我が国の相続財産管理人の性格は異なる（上記(1)参照）。我が国の手続法に
は，我が国の民法上の相続財産管理人の選任手続は定められているが，そ
れと異なる英米法系の遺産管理人を選任する手続は用意されていない。こ
のことから，どのような問題が生じるか。それにどのように対処すればよ
いか。

Q2　相続人不存在の財産の国庫帰属

　相続人が存在しない場合，民法959条は，相続人不存在の財産は国庫に帰属
すると定める。では，本件において相続財産管理手続を行った結果，相続人不
存在の場合，相続財産の帰属は相続準拠法によるべきか。もしそうであるなら
ば，外国に所在する動産・不動産であっても，相続準拠法が日本法であれば，
日本の国庫に帰属することになるがそれでよいか。

70 事件　特別縁故者 ───────────────

Q1　特別縁故者への財産分与

(1)　本審判は，特別縁故者への財産分与は相続の問題ではなく，財産所在地
法によると判示しており，多数説もこの立場である。このように解する理
由はなにか。

⑵ これに対して，特別縁故者への財産分与の問題を，相続の問題として相続準拠法によるとの少数説もある。多数説に対して，この少数説はどのように，この問題も相続の問題であると反論しているか。

⑶ 比較実質法上，特別縁故者への財産分与制度は日本法のほかにはあまり存在しないとされている。そのため，本件のように外国人 A が，長期にわたって内縁関係にあった X と日本で生活し，日本に財産を残して死亡した場合，その財産の承継について専ら相続準拠法が適用されると，X への財産分与が認めらないことになってしまう。したがって本審判のように性質決定をすることは，X のような者の利益を保護することに繋がる。このような配慮を，準拠法の決定の際に考慮することは適切か。

⑵ 遺 言

71 事件 遺言の検認 ─────────────

Q1 遺言準拠法の適用範囲

遺言の準拠法（通則法 37 条）と，遺言の内容（遺贈，認知，後見人指定など）についての準拠法は，それぞれどのような問題に適用されると一般に考えられているか。

Q2 遺言の検認

日本法上の遺言の検認は遺言書の偽造・変造を防止し，その保存を確実にする，証拠保全のための裁判所における検証手続である。これに対して，英米法上の検認（probate）は，人格代表者による遺産管理手続の一過程であり，遺言の有効性を確定する実体的効果を伴う手続である。そのような違いを前提とした上で，遺言の検認の要否・効果についての準拠法についてどのように考えるべきか。その見解に照らして，本審判の見解は適切か。

XIV　氏　名

72事件　氏の変更

Q1　氏の変更

⑴　氏の変更には一般に，要件として「やむを得ない事由」，手続として家庭裁判所の許可が，それぞれ必要である（戸籍法107条1項）。帰化をしたという事情がなければ，本件のようなXの氏の変更許可の申立ては認められるだろうか。本件決定は渉外的要素を考慮に入れて，同じ戸籍法の規定について純粋国内事案におけるのと異なる解釈をしているようであるが，このような事例は他にないか。

⑵　本件と異なり，外国人Aと婚姻した日本人Xが，Aの称している氏に変更したい場合の，手続と要件はどのようなものか。またそのようにして氏を変更したXが，その後Aと離婚した場合，変更前に称していた氏にどのようにすれば戻すことができるか。

73事件　嫡出子の氏

Q1　父母の氏

⑴　氏名についても国際私法上の問題とする学説の多数説（A説）は，身分変動による氏の変動はその身分変動の効果としてその準拠法によるとの説（A1説）と身分変動による氏の変動の場合もその者の本国法によるとの説（A2説）とに分かれる。子A・Bの氏を考える前提として，父母X_1・X_2の氏が婚姻によりどうなっているかにつき，A1説によれば，X_1とX_2の氏はどうなるか。A2説によれば，X_1とX_2の氏はどうなるか。

⑵　戸籍実務と同じく，氏名の有する公法的側面から氏名を捉える学説（B説）によれば，X_2の氏はX_1との婚姻によって変動しているか。

Q2　子の氏

⑴　本件の子の氏はQ1のA説ではその本国法である日本法が準拠法となるが，民法790条によるとAの氏はどうなるか。

⑵　Q1のB説によれば，子の氏はどうなるか。

74事件　夫婦の氏

Q1　外国人の氏

(1)　戸籍は日本人の身分登録簿であるが，外国人の氏名が戸籍に記載される
のはどのような場合か。

(2)　戸籍実務によれば本件のスイス人女性の姓は戸籍にどのように記載され
ることになるか。その際に，その本国であるスイスでの扱いはどのような
意味を持つか。その本国法としてスイス法を準拠法とする本審判の立場と
の違いはどこにあるか。

Q2　氏名変更事件の国際裁判管轄

外国人が身分変動とは無関係に氏名の変更を日本の裁判所に申し立てたとす
れば，日本の裁判所はどのような場合にその申立てにつき判断するか。73事
件のA説とB説の違いに注意して検討せよ。

XV　国際民事手続法

(1)　裁判権免除

75事件　裁判権免除

Q1　裁判権免除の意義

外国国家等に対して民事裁判権行使を免除する理由はなにか。

Q2　私法的・業務管理的行為と裁判権免除

(1)　本判決における外国国家の行為はなにか。

(2)　本判決は，「私法的ないし業務管理的な行為」であるか否を，いかなる
基準により判断しているか。本件売買契約の目的物であるコンピュータが
弾道計算のためにパキスタン軍で使用されるものであった場合はどうか。
また，この判断基準は，対外国民事裁判権法の下でも同様か。

Q3　裁判権免除の放棄

(1)　裁判権免除の放棄は書面によりする必要があるか。この点につき，本判決と対外国民事裁判権法とで違いがあるか。

(2)　外国国家との間で，日本の裁判所を管轄裁判所とする旨の合意をしていた場合，当該外国国家は裁判権免除を放棄しているといえるか。また，日本法を準拠法とする旨の合意をしていた場合はどうか。

(2)　国際裁判管轄

76事件　法人に対する訴え

Q1　裁判権と国際裁判管轄

本判決で登場する「裁判権」と「国際裁判管轄」の意味の違いについて説明せよ。また，民訴法3条の2から3条の12で登場する「管轄権」，3条の7第4項における「裁判権を行うこと」や同法118条1号で登場する「裁判権が認められること」，さらに対外国民事裁判権法における「裁判権」の文言が何を意味するかについても説明せよ。

Q2　国際裁判管轄を基礎付ける理念

本判決では，国際裁判管轄について，「当事者間の公平，裁判の適正・迅速を期するという理念により条理に従って決定するのが相当」とされたが，現在の民訴法中の国際裁判管轄規定についても，これらの理念が考慮された内容となっているか。また，他の考え方が背景にある規定はないか。

Q3　現行民訴法中の国際裁判管轄規定との関係

仮に本件事案に対して現行の民訴法中の国際裁判管轄規定を適用したならば，以下の場合，国際裁判管轄についてはどのように判断されるか。

(1)　Yの日本における営業所が東京にあることを理由として，本件訴えについて国際裁判管轄は認められるか。

(2)　仮に，Aが消費者としてYと旅客運送契約を締結していたとすれば，本件訴えについて国際裁判管轄は認められるか。

(3) 本件では，X 等は Y に対して合計で約 4000 万円の損害賠償を請求して
いた。仮に，Y が (i) 日本の営業所の賃貸借契約で差し入れた敷金の返
還請求権（1 億円）を有していた場合，(ii) 日本の営業所に備品（500 万円）
を有していた場合のそれぞれについて，本件における Y に対する損害賠
償請求の訴えについて，国際裁判管轄が認められるか。

77 事件　契約債務履行地管轄

Q1　売買契約中の代金支払方法の合意

本件では，紛争が発生した後に X が Y に対して送付した請求書に，代金の
振込先として東京に所在する銀行の支店の口座が記載されていたが，仮に，売
買契約中に被告の原告に対する代金の支払方法として，当該口座への振込みに
よることが規定されていたとすると，本件訴えについて民訴法 3 条の 3 第 1 号
に基づいて国際裁判管轄が認められるか。

Q2　Y による X に対する損害賠償請求

本件では，X が Y に対する商品供給義務を怠ったことによる損害等につい
て，Y が X に対して米国の裁判所で賠償を求めていた。仮にこの米国訴訟で
Y が勝訴し，X に対して損害賠償等の支払を命ずる判決が下されて確定した場
合，当該外国判決について間接管轄（民訴法 118 条 1 号）は認められるか。なお，
契約において，「X の Y に対する飲料水の引渡しは，X が Y の米国内の Y の
倉庫に納入した製品を Y が転売した時点で行われることとされ」ていたこと
を前提とせよ。

78 事件　事業活動地管轄

Q1　個別労働関係民事紛争

本件訴えは雇用契約上の地位確認等を求めるものであるが，民訴法 3 条の 4
第 2 項について検討がされなかったのはなぜか。

Q2　事業活動地管轄

民訴法 3 条の 3 第 5 号における日本における「事業」に，Y の人事業務（A
の日本語のホームページ上で Y の従業員募集を行い，採用面接等も日本で行っていたこ

と）は含まれるか。この点についての本判決の判断は妥当か。

79 事件　不法行為地管轄⑴── 警告書の送付 ────────────

Q1　本件における客観的事実関係

(1)　本判決によれば，警告書の送付による損害の賠償請求について，不法行為地管轄が認められるために証明が必要となる「被告が我が国においてした行為により原告の法益について損害が生じたとの客観的事実関係」（以下「客観的事実関係」という）は，いかなる事実に基づいて認定されているか。この「客観的事実関係は明らか」とされたか。日本の民法の適用における不法行為の要件事実と比較した場合における共通点と相違点がどこにあるか。

(2)　(1)の請求との関係で，本件契約書の真偽（契約の成立の真正性）については客観的事実関係の認定において問題となっていない。それはなぜか。また，それは妥当か。

(3)　仮に，本案判断（実体判断）としての不法行為の準拠法が外国法となるとすると，当該外国法上の要件に基づいて不法行為地判管轄の判断をすべきか。

Q2　プライバシー権の侵害・名誉毀損に関する訴えの場合の客観的事実関係

東京地判平成 28 年 11 月 30 日判タ 1438 号 186 頁（百選 36）では，インターネットウェブサイト上での X_1 等に関する情報の記載について，プライバシー権の侵害及び名誉毀損に基づく損害賠償等が求められた。そして，民訴法 3 条の 3 第 8 号に規定される不法行為地管轄に関し，プライバシー権の侵害については「プライバシー権侵害が認められるためには，公開された内容が私生活上の事実又は私生活上の事実らしく受け取られるおそれのある事柄であり，一般人の感受性を基準にして当該私人の立場に立った場合公開を欲しないと認められるであろう事柄であること，かつ一般の人々に未だ知られていないものであることを要する」とした上で，各要素を審理してプライバシー権の侵害を認めて不法行為地管轄を肯定した。他方で，名誉毀損については「本件記事等の摘示事実を読んだ一般の読者においては，本件建物の経済的価値が平均的国民の

財産規模とはかけ離れているなどとの印象を受けることは考えられるものの，著名な資産家である X_1 がそのような財産を有していること自体は特段不自然なことではなく，これについて否定的な評価を持つことになるとは考え難い」とした上で，「一般の読者が，上記の程度を超えて X_2 は会社の収益を代表者ばかりに還元する企業であり，X_1 は贅沢三昧に耽る人物であるとの印象を受けるなどとは到底考え難い」として名誉権の侵害を否定し，不法行為地管轄を否定した。不法行為地管轄の判断における客観的事実関係の証明において，このようなプライバシー権侵害や名誉毀損の認定までも行う必要があると考えられるか。

Q3　契約債務履行地管轄における客観的事実関係

民訴法3条の3第1号の契約債務履行地管轄についても，契約の成立という本案の判断対象が管轄判断でも問題となり得るが，管轄判断においてはどのように判断すべきか。

Q4　管轄原因としての加害行為地・結果発生地

本判決は，不法行為地管轄を認めるためには，原則として「被告が我が国においてした行為により原告の法益について損害が生じたとの客観的事実関係」の証明が必要であるとしているが，被告がした行為により原告の法益について日本国内で損害が生じた場合にも，不法行為地管轄は認められるか。

Q5　併　合　請　求

本判決では，請求③から⑥について，請求①及び②と併合されており，「両請求間に密接な関係が認められる」として国際裁判管轄を肯定している。また，併合請求であることに基づく国際裁判管轄を定める民訴法3条の6でも，国内管轄についての民訴法7条と異なり，請求間に「密接な関連がある」ことを要件としている。このように密接な関係又は関連が要件とされているのはなぜか。

80事件　不法行為地管轄(2)── 特許権侵害 ─────

Q1　不法行為地管轄と差止請求

(1)　本判決では差止請求について「不法行為に関する訴え」に含まれると判

断しているが，このような判断は妥当か。

⑵　特許権が侵害されたことを理由とする差止請求の訴えについて，「不法行為があった」ことを基礎付ける客観的事実関係はなにか。

Q2　インターネットにおける不法行為

インターネットを介して行われた被告の行為とその結果について，それぞれなにを意味し，どこで生じたと解するのが妥当か。

81事件　合意管轄 ─────────────────────

Q1　国際裁判管轄に関する管轄合意の方式

⑴　管轄合意の方式について，本判決が判旨Ⅰのように判断した理由はなにか。

⑵　判旨Ⅰの判断は民訴法3条の7第2項の解釈においても妥当するか。

Q2　管轄合意の実質的成立要件

⑴　民訴法3条の7第2項において，管轄合意は「一定の法律関係に基づく訴えに関し」てのものでなければならないとされているのはなぜか。本判決の管轄合意はこれを満たすか。

⑵　管轄合意の意思表示の瑕疵が争われた場合，現在の民訴法3条の7のもとで，問題はどのように判断されることとなるか。

⑶　実質的成立要件に関し，本判決においては，「合意がはなはだしく不合理で公序法に違反するとき等」について，合意を公序法に違反する無効なものと解する余地を残している。このような公序法要件については，現在の民訴法3条の7のもとでも管轄合意が有効となるために満たす必要があるか。

⑷　本判決においては，外国裁判所を専属管轄裁判所とする管轄合意が効力を生じるためには，「当該事件がわが国の裁判権に専属的に服するものではな」いことを要件としているが，この要件を満たす必要があるのはなぜか。また，現行の民訴法の規定においても，この要件を満たす必要があるか。

Q3　外国裁判所についての専属的管轄合意の効力

本判決においては,「指定された外国の裁判所が,その外国法上,当該事件につき管轄権を有すること」を満たす必要があるとしている。この要件を満たす必要があるのはなぜか。また,現行の民訴法の規定においても,この要件を満たす必要があるか。

Q4　専属的管轄合意と付加的管轄合意

専属的管轄合意か付加的管轄合意かはどのように判断されるべきか。

82 事件　消費者事件の合意管轄 ─────────────────

Q1　消費者契約における管轄合意の効力

現行の民訴法の下では,本件はどのように判断されたか。

Q2　公序法要件の意義

本件における管轄合意を「はなはだしく不合理であり,公序法に違反する」と判断したことは妥当か。なお,この例外的扱いを傍論として示した最判昭和50 年 11 月 28 日民集 29 巻 10 号 1554 頁（百選 81）の事案において,第一審の神戸地判昭和 38 年 7 月 18 日民集 29 巻 10 号 1571 頁では公序法として「船荷証券統一条約またはその国内法化された法律」が想定されており（なお,控訴審の大阪高判昭和 44 年 12 月 15 日民集 29 巻 10 号 1585 頁でもこれは維持されている),その適用を免れることを目的としているかが問題となっていたが,本件ではそのような特定の公序法が想定されていないようであるが,それでよいか。

83 事件　特別の事情の考慮(1)── 預託金の返還 ───────────

Q1　「特段の事情」と「特別の事情」

(1)　本件につき,現行の民訴法の下では,本件の預託金請求の訴えに関する国際裁判管轄はどのように判断されるか。

(2)　本判決においては「特段の事情がある」場合には日本の「国際裁判管轄を否定すべき」とされているが,民訴法 3 条の 9 も管轄を否定するものと理解すべきか。それとも,管轄は認められるけれども,裁判所が裁量的に管轄権の行使を差し控えることを認めるものと理解すべきか。

Q2　緊急管轄

　民訴法の国際裁判管轄規定の中には，いわゆる緊急管轄を認める規定（日本国内に管轄原因が認められず，国際裁判管轄が否定されることが原則であるが，本来であれば裁判がされるはずの外国で裁判ができないといった事情に基づいて，裁判を受ける権利を実現するために例外的に日本に国際裁判管轄を認める規定）はないが，これを認める余地はあるか。

84事件　特別の事情の考慮(2)
── ウェブサイト上での名誉・信用毀損 ──

Q1　国際裁判管轄を肯定する管轄原因と特別の事情

　本判決では，原則として不法行為地管轄（民訴法3条の3第8号）が認められることを前提として特別の事情の有無が問題となったが，被告の住所・主たる営業所（民訴法3条の2）が日本にあることから国際裁判管轄が認められる場合にも3条の9のチェックはされるのか。3条の9の適用が除外される場合はあるか。

Q2　外国訴訟係属と特別の事情

　本判決のように，外国での訴訟係属を民訴法3条の9により考慮することは妥当か。また，内外訴訟での審理対象が同一である国際訴訟競合の場合とを比較して，双方の審理対象が同一ではなく，関連している本件のような場合については，どのように外国訴訟係属を扱うことが妥当か。

85事件　民事保全事件

Q1　民事保全事件と管轄合意・仲裁合意
　(1)　民事保全法11条が適用されたとすると，本事案で日本の裁判所に管轄は認められるか。
　(2)　本決定が，本案についての外国の裁判所の判決が日本で執行される可能性が認められることを日本の裁判所の国際裁判管轄を認めるための要件としたことは妥当か。
　(3)　仮に，契約中で，韓国のプサンの地方法院を指定する管轄合意ではなく，韓国のプサンを仲裁地とする仲裁合意がされており，それが有効なもので

あったとすると，本件における保全事件について，日本の裁判所の国際裁判管轄は認められるか。

Q2 民事保全事件と本案管轄

本件とは異なり，当事者間に本案の審理について日本の裁判所を専属管轄裁判所とする合意があるが，仮差押えの対象となる船舶が日本に所在していない場合，当該船舶に対する仮差押命令申立事件の国際裁判管轄は日本に認められるか。仮差押命令が発せられても，日本に船舶が所在していないとその執行はできないが，それでもよいか。

86 事件　離婚事件(1)── 被告が行方不明の場合 ─────────

Q1　人事訴訟事件の国際裁判管轄

本判決の判示する国際裁判管轄のルールと，現行人訴法中の国際裁判管轄ルールを比較せよ。特に，人訴法3条の2第7号と本判決とを比較すると，「原告が遺棄された場合」が人訴法には規定されていないが，これはなぜか。

Q2　被告が行方不明の場合

被告が行方不明であるときに，原告が住所を有する日本に国際裁判管轄を認めるのはなぜか。

87 事件　離婚事件(2)── 被告住所地国の判決が承認できない場合 ─

Q1　日本で効力を有しない確定した外国離婚判決の存在

(1)　本件では，被告の住所地国であるドイツにおいて日本で効力が認められない確定した離婚判決があることから，日本の裁判所の国際裁判管轄は認められたが，このような事情に基づいて日本の裁判所に国際裁判管轄が認められるのはなぜか。

(2)　人訴法3条の2の下では，本件の訴えについての管轄はどのように判断されることとなるか。

Q2　緊 急 管 轄

本判決は緊急管轄を認めたものと解する見解があった。現行の人訴法の下で

も，同法中の国際裁判管轄規定によれば日本の国際裁判管轄が認められないにもかかわらず緊急管轄を認めることは解釈論として可能か。

Q3　離婚に伴う親権者の指定の裁判の国際裁判管轄

離婚に伴う親権者指定の裁判については，子の住所地の裁判所が子の利益を判断するのに相応しいと考えられるが，子の住所がない場合であっても管轄を認めるべき場合はあるか。

88 事件　離婚無効確認事件

Q1　国際裁判管轄を認める特別の事情

仮に本件に現行の人訴法が適用されるとすると，人訴法3条の2第1号から第6号までの管轄原因は日本国内にはなく，第7号の「特別の事情」の有無が問題となると考えられるが，本判決で考慮されている国際裁判管轄があるという判断を補強する諸事情は，同号の判断のためにも考慮すべき事情といえるか。

Q2　本 国 管 轄

仮に，AとXが米国カリフォルニア州に移住して現地に住所を取得した後であって，米国籍を取得する前に，日本の裁判所でAがXに対して離婚の訴えを提起したとすると，現行法に照らして管轄は認められるか。

89 事件　親権者指定申立事件

Q1　親権者の指定の家事事件の国際裁判管轄

仮に本件の申立てに対して，現行の家事事件手続法が適用されたとすると，管轄は認められるか。

90 事件　養子縁組事件

Q1　特別養子縁組申立事件の国際裁判管轄

本件審判要旨では「相当期間日本に滞在し，……日本に居所を有していると解することができる」としている。仮に，本件申立てに現行の家事事件手続法が適用されるとすると，Xらの居所が日本にあることに基づいて管轄が認められるか。

Q2　本件のあるべき処理方法

⑴　ベトナムで成立したとされる断絶型養子縁組を日本で承認することはできるか。

⑵　現行法の下で，本件の申立てについて緊急管轄を認める可能性はあるか。

⑶　当　事　者

91 事件　当事者適格 ────────────────────

Q1　当事者適格の準拠法

⑴　本判決は，当事者適格の準拠法についていかなる立場を採っているか。当事者能力，訴訟能力の準拠法についても同様に考えられるか。

⑵　X_1 の当事者適格が認められたのはなぜか。当事者適格の判断において，国内での任意的訴訟担当に関する最大判昭和 45 年 11 月 11 日民集 24 巻 12 号 1854 頁の基準を用いていることは妥当か。

⑶　本件とは異なり，アメリカにおけるクラス・アクション（同一の債務者に対する同種の原因に基づく多数の損害賠償請求権者のうち，他の構成員の利益を適切に代表すると認められる者が，他の構成員のうち反対の意思表示をした者を除き，全構成員のための訴訟担当をし，判決効がそれらの構成員に及ぶ制度）によってされた判決の日本での効力が問題となる場合，どのように判断されるか。

⑷　外国判決の承認執行

92 事件　間接管轄⑴── 営業秘密侵害 ────────────

Q1　間接管轄の判断基準

⑴　民訴法 118 条 1 号の間接管轄は，我が国の基準に照らして判断するのか，それとも判決国の基準によるのか。

⑵　間接管轄の判断の際には「基本的に我が国の民訴法の定める国際裁判管轄に関する規定」に準拠することになるが，ここに民訴法 3 条の 9 の規定

は含まれるか。

(3)　EU の規則によれば，日本の民訴法 3 条の 3 第 1 号とは異なり，売買契約に基づく代金の支払を求める訴えの国際裁判管轄が，当該売買の目的物引渡債務の履行地に認められる（当該債務の履行地とされていない）。このような管轄原因に基づいて下された EU 構成国の一つの国の判決を日本で承認する場合，間接管轄は認められるか。

Q2　営業秘密侵害における間接管轄

(1)　本判決は，差止請求に関する訴えが民訴法 3 条の 3 第 8 号の不法行為地管轄の適用範囲に含まれると判示しているが，その理由は示していない。どのような理由が考えられるか。

(2)　本判決によれば，予防的差止訴訟の国際裁判管轄が問題となる場合，民訴法 3 条の 3 第 8 号の「不法行為があった地」はどのように解されているか。それは妥当か。

(3)　予防的差止めに関する判決の承認の場合，間接管轄の判断基準をどうすべきか。この点，本判決は，最判平成 13 年 6 月 8 日民集 55 巻 4 号 727 頁（百選 79）と同じ立場を採用しているか。

(4)　本件第一審判決（東京地判平成 22 年 4 月 15 日判時 2101 号 67 頁）は，間接管轄の判断において，「営業秘密の不正使用・開示による原告事業の妨害等の不法行為の事実」という客観的事実の証明を必要とした上で，以下のように判断し，間接管轄を否定している。このように判断することは妥当か。

　「前記認定事実及び弁論の全趣旨によれば，米国判決で詳細を定義された本件原告技術の内容は，顧客の顔の特定の部位における特徴や形状を類型化した上で，当該類型ごとに合わせて作成された原告のステンシル……を選択して，これを顧客の特定の部位に当てて眉の形状を決定しトリートメントを実施することとされており，原告のステンシルを特定の部位に当てて使用することを前提としているものであることが認められるところ，前記大阪高裁判決〔A 社が被告らに対し，本件 A 社技術の使用差止め等を求めて提起した訴訟に関する判決〕によれば，被告 Y₁ らが A 社で習得した本件 A 技術も原告のステンシルを日本人の骨格に合わせて施術することに焦点を当てて理解すべき一連の技術とされ，それ以外は眉トリートメント施術社であれば容易に習得できる技術であるから，被告会社において原告のステンシ

ルを用いずに眉の施術をするにあたり，本件 A 社技術ひいては本件原告技術を使用していない旨が認定されているところであるし，顧客の顔のいかなる部位ないし形状を基準に眉の形状を決定するかについては様々な手法が提唱されて広く公表されているものであって，被告会社において採用されている眉の形状の決定方法が本件原告技術と同様の基準によっているとか本件原告技術を盗用しているものとはにわかに認められないものと解するのが相当である。」

93 事件　間接管轄(2)──専属管轄

Q1　知的財産権の登録に関する訴えを専属管轄としている理由

　本判決は，特許権のような知的財産権の登録に関する訴えが民訴法 3 条の 5 第 2 項により専属管轄とされた理由を挙げているが，それはどのようなものか。それらの理由は十分に説得的か。

Q2　民訴法 3 条の 5 第 3 項の「存否又は効力」

　民訴法 3 条の 5 第 3 項の「存否又は効力」とはどのような問題か。最判平成 14 年 9 月 26 日民集 56 巻 7 号 155 頁（百選41）も「効力」という語を使っているが，同じ意味か。

Q3　知的財産権の登録をすべき地が外国にある場合

　民訴法 3 条の 5 第 2 項は，日本国内において登録すべき知的財産権の登録に関する訴えが日本の裁判所に専属することを規定しているが，これは，ある外国において登録すべき知的財産権に関する同様の訴えについて，仮に被告の住所が日本にあるとしても，日本の裁判所に国際裁判管轄が認められないことまで含意していると考えられるか。

94 事件　送　達

Q1　送達要件における条約遵守性

　本判決において，民訴法 118 条 2 号の送達が，判決国と我が国との間で締結されている条約に定められた方法を遵守しなければならないとされている理由はなにか。

Q2　送達条約 10 条(a)の留保

　日本は，「民事又は商事に関する裁判上及び裁判外の文書の外国における送達及び告知に関する条約」（昭和 45 年条約第 7 号。送達条約）10 条(b)・(c)については，同条約が日本について発効した当初から留保をしていたが，(a)については留保をしていなかったところ，2018（平成 30）年 12 月 21 日に(a)を留保した。このことは，外国判決の承認においてどのような意義を有するか。なお，同条約は下記の通り定めている。

第 10 条

　この条約は，名あて国が拒否を宣言しない限り，次の権能の行使を妨げるものではない。

(a)　外国にいる者に対して直接に裁判上の文書を郵送する権能

(b)　嘱託国の裁判所附属吏，官吏その他権限のある者が直接名あて国の裁判所附属吏，官吏その他権限のある者に裁判上の文書の送達又は告知を行なわせる権能

(c)　裁判手続の利害関係人が直接名あて国の裁判所附属吏，官吏その他権限のある者に裁判上の文書の送達又は告知を行なわせる権能

Q3　送達要件における了知可能性・防御可能性

　(1)　民訴法 118 条 2 号の送達が，被告が現実に訴訟手続の開始を了知することができ，かつ，その防御権の行使に支障のないものでなければならないとされる理由はなにか。これらの要件を満たさない送達としてはどのようなものが考えられるか。

　(2)　送達方法について，条約を遵守しているか否かだけではなく，判決国法に定められた送達方法によっているか否かまで審査すべきか。

Q4　公 示 送 達

　日本でも，一定の要件の下で，日本に居住していない者に対して公示送達をすることがある（民訴法 110 条 1 項 3 号・4 号）。にもかかわらず，民訴法 118 条 2 号が，公示送達を用いていれば，日本法上許容されるのと同様の状況の下でされた場合か否かを問わず，直ちに送達要件を欠くとしているのはなぜか。

Q5　送達要件における「応訴」

　本件事案において，被告らは，訴訟費用負担に関するノーティス・オブ・モ

ーションにつき，香港在住の弁護士を代理人に選任しており，この代理人は香港に国際裁判管轄がないと主張していた。本判決によると，民訴法118条2号における被告が「応訴したこと」とはいかなることを意味するか。これは応訴管轄（民訴法3条の8）を肯定するための応訴とは異なるとされているが，どのような点で異なり，そのような違いがある理由はどのようなものか。

Q6　日本から外国への送達

　日本から米国在住の被告に対して訴状の送達を行う場合，いかなる方法があるか。このとき，公示送達によることも可能か。

95事件　公序 (1)——　子の引渡し

Q1　外国判決承認要件の審査の基準時

　本判決は，「少なくとも外国においてされた非訟事件の裁判について執行判決をするか否かを判断する場合には，右裁判の後に生じた事情をも考慮することができると解するのが相当である」と判示している。また，その理由として，「外国裁判が公序良俗に反するか否かの調査は，外国裁判の法的当否を審査するのではなく，これを承認，執行することがわが国で認められるか否かを判断するのであるから，その判断の基準時は，わが国の裁判所が外国裁判の承認，執行について判断をする時と解すべきだからである」と判示している。これは，自動承認の原則から問題はないか。

Q2　外国判決確定後に生じた事情の考慮

(1)　本件において，外国判決確定後に生じた事情として考慮されているのはどのようなものか。

(2)　外国判決確定後に生じた事情が公序判断の枠組みにおいては考慮されないとする場合，当該事情は外国判決の承認執行にあたり全く考慮されないことになるか。考慮されるとすれば，それはどのような枠組みにおいてなされるか。

96 事件　公 序 (2)── 懲罰的損害賠償 ─────────

Q1　懲罰的損害賠償を命ずる外国判決の承認適格性

懲罰的損害賠償を命ずる外国判決が承認の対象となる民事判決であるか否かにつき，本判決はいかなる立場をとっているか。

Q2　懲罰的損害賠償を命ずる外国判決と公序

(1)　本判決によれば，懲罰的損害賠償が公序違反となるのはなぜか。仮に，懲罰的損害賠償の額が法外なものとはいえない場合，公序違反にならないこともあるか。

(2)　本判決は，内国関連性につきいかなる判断をしているか。仮に，内国関連性がほとんど認められないような事案において懲罰的損害賠償を命ずる判決が下された場合，公序違反にならないことになるか。

(3)　仮に，我が国に懲罰的損害賠償制度が導入された後であれば，本判決の判断は変化するか。

Q3　懲罰的損害賠償を命ずる外国判決と一部弁済

懲罰的損害賠償と補償的損害賠償の支払を命ずる外国判決が下され，当該外国においてその一部につき弁済がなされた事案につき，最判令和 3 年 5 月 25 日民集 75 巻 6 号 2935 頁は次のように判示している。

「民訴法 118 条 3 号の要件を具備しない懲罰的損害賠償としての金員の支払を命じた部分（以下「懲罰的損害賠償部分」という。）が含まれる外国裁判所の判決に係る債権について弁済がされた場合，その弁済が上記外国裁判所の強制執行手続においてされたものであっても，これが懲罰的損害賠償部分に係る債権に充当されたものとして上記判決についての執行判決をすることはできないというべきである。なぜなら，上記の場合，懲罰的損害賠償部分は我が国において効力を有しないのであり，そうである以上，上記弁済の効力を判断するに当たり懲罰的損害賠償部分に係る債権が存在するとみることはできず，上記弁済が懲罰的損害賠償部分に係る債権に充当されることはないというべきであって，上記弁済が上記外国裁判所の強制執行手続においてされたものであっても，これと別異に解すべき理由はないからである。」

懲罰的損害賠償 5 万ドルと補償的損害賠償 10 万ドルの支払を命ずる外国判決が下され，その一部につき当該外国で弁済がなされたが，いずれの債権に充

当されたかは不明であるとする。上記最高裁判決を踏まえると，我が国におい
て，当該一部弁済はどのように扱われると考えられるか。一部弁済の額が6万
ドルであった場合と12万ドルであった場合のそれぞれについて答えなさい。

97事件　公　序 (3)── 手続的公序

Q1　判決書の不送達と手続的公序違反

(1)　本判決によれば，判決書の不送達に関連する「我が国の法秩序の基本原
則ないし基本理念」とはいかなるもので，判決書の不送達が公序違反とさ
れるのはいかなる場合か。

(2)　第一審限りで完結し，上訴の機会がない手続法の下でされた外国判決は，
本判決の基準によれば，常に手続的公序違反になると考えられるか。

98事件　相互の保証(1)── ワシントンD.C.の場合

Q1　相互の保証の判断基準

大判昭和8年12月5日新聞3670号16頁は，判決国が，民訴法200条（現
118条）の規定と同等又はこれより寛大な条件のもとに我が国の裁判所の判決
を承認する場合に，相互の保証があるとしていたが，本判決はこれを変更して
いる。その理由はなにか。

Q2　部分的承認理論

本判決は，「同種類の判決」を基準として相互の保証の有無を判断している。
これは妥当か。

Q3　人事・家事事件判決の承認要件としての相互の保証

外国裁判所の人事訴訟事件や家事事件についての裁判の承認にも，相互の保
証の要件が課されるか。

99事件　相互の保証(2)── 中国の場合

Q1　本判決における相互の保証

(1)　本判決によれば，中国では，外国判決が承認されるためには，判決国が
中国との間で判決の承認に関する条約を締結しているか，中国とともにそ

のような条約に加盟していることが必要であり，そうでない判決国との関
係では，互恵の原則による審査において同原則に適合すると認められるこ
とを要するとされる。これは，我が国における相互の保証の要件と重要な
点で異ならないものといえるか。
(2)　本判決の結論を踏まえると，日中間において相互の保証要件の趣旨は達
成できているといえるか。

Q2　中国の離婚判決の承認可能性

　本件とは異なり，承認が問題となっている判決が中国の裁判所で下された離
婚判決である場合，日本で承認されることはあり得るか。ちなみに，中国では，
外国離婚判決の承認について，①法的効力を生じたこと，②間接管轄があるこ
と，③欠席判決において合法的な呼出がなされたこと，④国内訴訟，裁判，既
に承認された第三国裁判との抵触がないこと，⑤公序に反しないことが要件と
され，互恵の原則による審査は要件とされていない。

100 事件　執行判決訴訟における相殺の抗弁 ——————

Q1　外国判決の執行

　外国裁判所の判決を執行するにあたり，執行判決を要するのはなぜか。

Q2　執行判決訴訟における請求異議事由の主張

　本判決においては，執行判決訴訟の中での相殺の抗弁の主張が認められてい
るが，その理由はなにか。

Q3　専属的国際裁判管轄合意と相殺の抗弁

(1)　本判決によれば，相殺の自働債権について外国裁判所を専属的管轄裁判
　所とする旨の合意がある場合にも，当該相殺を日本の裁判所において主張
　することができるが，それは妥当か。
(2)　本件とは異なり，相殺の自働債権について仲裁合意が存在する場合，当
　該相殺を日本の裁判所において主張することができると考えるべきか。

Q4 外国における訴訟係属と相殺の抗弁

⑴ 大阪地裁に係属中の別訴において訴訟物となっている債権を自働債権として，東京地裁での訴訟において相殺の抗弁を主張することは認められるか。

⑵ 本判決は，外国裁判所に係属中の別訴において訴訟物となっている債権を自働債権として，日本の裁判所での訴訟において相殺の抗弁を主張することにつき，いかなる判断をしているか。また，この基準の下で相殺の抗弁の主張が認められないのはどのような場合と考えられるか。

101事件　扶養料の支払を命じる判決の執行 ─────────

Q1 家事事件に関する外国判決の承認執行

⑴ 外国で下された家事事件に関する裁判の承認につき，民訴法118条と家事事件手続法79条の2のいずれが適用されるかは，なにを基準として判断されるか。

⑵ 本件のような外国扶養裁判が我が国において執行されるためには，民訴法118条各号の要件をすべて満たさなければならないか。

⑶ ⑵とは異なり，承認の対象が外国の裁判所でなされた失踪宣告である場合，その承認についてどのように考えるべきか。

Q2 扶養料請求事件に関する国際裁判管轄

本件における扶養料請求につき，現行法の下で，カリフォルニア州の裁判所に間接管轄が認められるか。

⑸ その他の手続上の諸問題

102事件　国際訴訟競合 ─────────

Q1 財産所在地管轄

本件米国特許権の侵害による損害賠償債務の不存在確認訴訟について，原告の執行可能な財産が日本に所在すること（民訴法3条の3第3号後段）に基づき，国際裁判管轄を肯定することはできるか。損害賠償債務の所在地が債務者住所

地である日本にあること（民訴法 3 条の 3 第 3 号前段）に基づいてはどうか。

Q2　国際訴訟競合

(1)　国際訴訟競合を規制する必要はあるか。その理由はなにか。

(2)　本判決は，米国における積極的給付請求訴訟の係属をいかなる訴訟要件の下で考慮しているか。それは妥当か。

(3)　本判決は，「本件訴訟は，……米国の裁判所において審理をするのにふさわしい事案である」とするが，日本の裁判所よりも外国の裁判所の方が適切であることを民訴法 3 条の 9 において考慮することに問題はないか。

(4)　本件について，仮に先訴が係属しているのが中国の裁判所であり，判決が下されても相互の保証が認められないため我が国で承認されないと見込まれるとすれば，国際訴訟競合について異なる判断がなされるべきであるか。

103 事件　内外判決の抵触

Q1　内国訴訟と外国訴訟が抵触した場合の処理

(1)　本判決は，先に確定した外国判決と後に確定した内国判決とが抵触する場合にも，当該外国判決は公序違反（民訴法 118 条 3 号）となる旨判示しているが，このとき，公序の基準時についてはいかなる立場を採ることになるか。

(2)　本判決の立場に対して，いかなる批判が考えられるか。

(3)　本判決の立場とは異なり，内国判決が先に確定した場合にのみ，後に確定した外国判決を公序違反として承認しない見解がある。これによれば，外国判決が先に確定し，我が国における承認要件も満たしていたが，その後内国判決が下された場合の処理はどのようになると考えられるか。

(4)　内外判決の抵触を国際訴訟競合の規制と統一的に解決すべきだと考えると，本件はどのように処理されることになるか。例えば，内国において先に訴訟が提起され，その後外国で同一の訴訟が提起されたが，外国判決の方が先に確定し，その後内国判決が確定したという場合，どのように処理されるか。

104事件　外国法不明の場合の処理

Q1　外国法の内容の確定

　準拠外国法の内容について，当事者に主張立証責任を課し，原告が請求を基礎付ける法の内容を証明できない場合には請求棄却することは妥当か。

Q2　外国法の不明

(1)　本件では，ジンバブエ法のうち1943年法及び1974年一部改正法の内容は明らかとなり，特に1943年当時離婚原因とされていた事由に追加すべき事由は判明したが，1943年当時離婚事由とされていた事由については明確にならなかったとされている。この不明の部分につき，本判決は「条理」を適用しているが，これはどのようなものか。

(2)　本件とは異なり，準拠外国法の内容について手がかりもなく全く不明の場合，どのように処理すべきか。

105事件　外国法の適用違背と上告

Q1　外国法の解釈

　本判決は，本件における実親子関係の不存在確認請求が韓国民法2条2項にいう権利の濫用に当たり許されないものと判示しているが，これは日本の判例法理（最判平成18年7月7日民集60巻6号2307頁）に沿うものである。この韓国法の解釈が日本の判例法理の影響を受けているとすれば，どのような問題があるか。

Q2　外国法の適用違背と上告

(1)　外国法の適用違背を理由とする最高裁判所への上告受理申立てを認めるべきか。本判決はこの点につきいかなる立場を採るものと考えられるか。

(2)　本件とは異なり，問題となったのが韓国法の解釈ではなく，日本においてはめったに適用されないような外国法であった場合，最高裁判所への上告受理申立てが認められ得るかどうかに差が生じるか。

（6）　国際商事仲裁

106 事件　国際商事仲裁 ───────────────

Q1　仲裁合意の主観的範囲の判断基準

　本件の原告・控訴人・上告人（日本側の当事者）は，仲裁合意の存在により日本での訴えができないという結果は，日本の裁判権の範囲を左右する問題であるので，仲裁合意の主観的範囲はもっぱら日本法によって判断すべきであると主張していた。本判決がこの考え方を採用しなかった理由はなにか。最高裁は，後半部分で，「当事者の申立てにより仲裁に付されるべき紛争の範囲と当事者の一方が訴訟を提起した場合に相手方が仲裁契約の存在を理由として妨訴抗弁を提出することができる紛争の範囲」が一致すべきであると判示しているが，その理由はなにか。判旨は「表裏一体の関係に立つべきものであるから」としているが，なぜそうであるべきか，そうでないとどのような不都合が生じるか。

Q2　仲裁合意の有効性について国際私法により定まる準拠法を適用することとその限界

（1）　本判決は，「仲裁契約の成立及び効力」について国際私法によって準拠法を定めると判示しているところ，仲裁付託適格性や客観的範囲についてもそうか。仲裁法 13 条 1 項は，「仲裁合意は，法令に別段の定めがある場合を除き，当事者が和解をすることができる民事上の紛争（離婚又は離縁の紛争を除く。）を対象とする場合に限り，その効力を有する。」と定めているが，これは，仲裁付託適格性について仲裁合意の準拠法にはよらないということを意味するか。仲裁合意の客観的範囲（契約違反について不法行為請求をする場合にも契約中の仲裁合意の効力が及ぶか否かといった問題）についてはどうか。

（2）　本判決の判断に従い，国際私法により定まる準拠法により，「仲裁契約の成立及び効力」を判断するとすれば，方式についても通則法 10 条によって準拠法を定めることになるか。仲裁法 13 条 2 項から 5 項には仲裁合意の方式が定められているところ，これはどのように位置づけられるか。

Q3 交差型仲裁合意であること及び契約全体の準拠法との関係

(1) 本件では，交差型仲裁合意（相手方の地での仲裁をそれぞれ合意）が存在するところ，最高裁は，本件で問題となっている日本側当事者が申し立てる部分についてだけ取り上げて，ニューヨークで行う仲裁についての合意について判断をしている。では，逆の側，すなわち，アメリカ側の当事者が申し立てる東京での仲裁については日本法が準拠法となるのであろうか。

(2) 本判決は，「仲裁地に関する合意の有無やその内容，主たる契約の内容その他諸般の事情に照らし」て準拠法を判断すると判示してはいるものの，実際には，本件仲裁合意が含まれる契約（サーカス興行契約）の内容やその準拠法には触れず，仲裁地の合意のみに基づいて判断をしている。通則法に照らすと，サーカス興行契約全体の準拠法はなにか。その準拠法を全く無視して仲裁合意の準拠法を云々することは妥当か。

Q4 本件の本案を判断する準拠法

仮に，本件の本案について日本で判断される場合，その準拠法はなにか。日本の裁判所で判断される場合と日本で仲裁がされる場合とで異なるか。

(7) 国 際 倒 産

107事件 国 際 倒 産 ───────────────

Q1 国際的な単一倒産主義と複数倒産主義

理想論としては，経済の国際化が著しい現代においては，一の企業の倒産処理は世界で一つの手続のみが行われ，その効力は各国に当然に及ぶこととする国際単一倒産主義が望ましいといえよう。しかし，現実には，一の企業の倒産処理は複数国で並行して行われ，それぞれの倒産手続の効力も必ずしも他の国に及ぶわけではない。いかなる理由で国際単一倒産主義は実現しないのであろうか。

Q2 外国倒産処理手続の承認

(1) 外国倒産処理手続の承認援助に関する法律（以下「承認援助法」）上，

外国倒産処理手続の承認の要件・効果はなにか。承認の申立てがされている外国倒産処理手続が「外国主手続」である場合と「外国従手続」である場合とで違いはあるか。

(2)　上記(1)の違いを前提として，「外国主手続」の認定はどのような基準によりされるべきか。本決定はこれについてどのように判断したのか，それは妥当か。

(3)　本決定は，外国主手続の基準となる「主たる営業所」がどこにあるかを判断する基準時についてどのように判断したのか，それは妥当か。

ⅩⅥ　国　籍

108 事件　国籍法と憲法

Q1　国籍取得の要件である親子関係の成否

(1)　国籍法 2 条 1 号の「父又は母」は，子の法律上の親でなければならない。では，子との間の親子関係の成立の判断基準となる法はなにか。

(2)　国籍法 2 条 1 号の日本国民の「父又は母」と子との法律上の親子関係は，子の出生時に成立していなければならないとされている。ところで，民法 784 条によれば認知には遡及効が認められる。とすれば，生後認知であっても同号の要件を満たすようにも思われるが，同号の解釈としては認知の遡及効は否定され，生後認知では原則として同号により日本国籍を子は取得しない。遡及効が否定される理由について，条文の構造から明らかになる形式的な理由と実質的な理由にわけて説明せよ。

Q2　国籍法旧 3 条の違憲判断

(1)　本判決の多数意見は，国籍法旧 3 条をどの点で憲法違反としたか。すなわち，同条の立法目的が合理的でないから違憲としたのか，それとも規制目的は合理的であるが，規制手段が相当でないから違憲としたのか。

(2)　横尾和子裁判官ら 3 人は，判旨Ⅲの多数意見の指摘に対して，「家族生活や親子関係に関するある程度の意識の変化があることは事実としても，それがどのような内容，程度のものか，国民一般の意識として大きな変化

があったかは，具体的に明らかとはいえない」と批判して，「非準正子に
ついても我が国との密接な結び付きを認めることが相当な場合を類型化し
て国籍取得を認めるなど，届出による国籍取得を認める範囲について考慮
する余地があるとしても，国籍法が，準正子に届出による国籍の取得を認
め，非準正子は帰化によることとしていることは，立法政策の選択の範囲
にとどまり，憲法 14 条 1 項に違反するものではないと考える」との反対
意見を述べている。この反対意見は上記(1)の点につきどうか。

Q3　国籍法 3 条の改正

　本判決を受けて，平成 20 年改正で国籍法 3 条はどのように改められたか。
また，同条によると，子が日本に住所を有することは，国籍取得の要件では
ないが，その点に問題はないか。

109 事件　生後認知による国籍の生来取得 ─────────

Q1　生後認知による国籍の生来取得

(1)　本判決が，生後認知の場合であるにもかかわらず，国籍法 2 条 1 号によ
り国籍の生来取得を認めた理由はなにか。

(2)　本判決に対して，最判平成 15 年 6 月 12 日家月 56 巻 1 号 107 頁の事案
では，母 A と法律上の夫 B との協議離婚成立翌日に子 X が出生し，子の
出生後 8 か月以上経ってから，X と B との親子関係不存在確認の訴えが
提訴され，子の出生後 13 か月以上経ってから親子関係不存在を確認する
判決が確定し，判決確定の 4 日後に子の真実の父 C からの認知届けが提
出されたものであるが，最高裁は国籍法 2 条 1 号による，子の日本国籍取
得を認めた。この判断は妥当か。

(3)　本判決及び(2)の最判平成 15 年は，現行の国籍法 3 条のもとでも先例と
しての価値を有するか。

110 事件　「父母がともに知れないとき」の意義 ─────────

Q1　「父母がともに知れないとき」の意義

(1)　国籍法 2 条 3 号が補充的に生地主義によっている理由はなにか。

(2)　本判決によると，「父母がともに知れないとき」とはどのような場合か。

かりに，子を分娩した女性が個人として客観的に認識できており，一定の
身元も判明しているものの，その者の国籍が不明であるという場合，「父
母がともに知れないとき」に当たるか。
(3)　本判決によると，「父母がともに知れないとき」に当たるか否かにつき，
いずれの当事者がどの程度の証明責任を負うか。また，それは妥当か。

解説編

(1)　法律関係の性質決定

1事件　法律関係の性質決定 ───────────────

Q1　原審判決と本判決とにおける法律関係の性質決定

　高裁判決は，通則法36条によるべき「相続問題の範囲は，……相続関係者の内部問題」であると判断しているものの，「本件のように相続財産が第三者に処分された場合の効力が問題とされているときには，前提となる相続人の処分権の有無も含めて全体が物権問題に該当する」と判断している。

　これに対して，本判決は，①本件不動産のXらの持分（所有権）のYへの移転が有効にされたかという問題は「物権」問題であるとしつつ，「その前提として」，②本件不動産に係る共同相続人間の法律関係（共有になるか否か），遺産分割前に共同相続人の一部がその持分を処分することができるかは「相続」の問題としている。そして，②についての準拠法である台湾法によれば，本件不動産に係るXらを含む共同相続人の法律関係は「公同共有」とされ，Xらの持分は他の共同相続人の同意を得ない限り処分できないはずのところ，このことを定める台湾法を遵守しないで第三者に処分してしまった場合に，権利移転の効果が生ずるか否かは，「前示のとおり」①の問題であると判断している。

　このように，相続人による遺産分割前の単独処分権の有無という問題について，高裁判決によれば，相続財産が第三者に処分される前は「相続」問題であるとしても，少なくとも第三者に処分された場合の効力が問題となる局面では，単独処分権の有無を含めて全体が「物権」問題となるとされている。これに対して，本判決では相続人による遺産分割前の単独処分権の有無はあくまで「相続」問題であるとされ，「相続」準拠法である台湾法により本件では単独処分権はなかったとしたうえで（ここまでが「相続」の問題），それにもかかわらず第三者に処分してしまった場合にどのように扱われるかを「物権」の準拠法である日本法に送致している。つまり，高裁判決では，相続人による遺産分割前の単独処分権の有無という問題が，第三者への処分前は「相続」問題であるが，第三者への処分後は「物権」問題となるとされ，一つの問題についてその前後

で異なる性質決定がされているのに対して，本判決では，第三者への処分前も処分後も，相続人による遺産分割前の単独処分権の有無という問題は「相続」問題と性質決定され，「物権」準拠法としては，内部関係では単独処分権がない者が第三者に処分した場合という抽象化された問題を扱うこととされていると解される。

Q2　本件の事実関係とは異なる場合の処理

　本判決は，本件不動産に係る共同相続人間の法律関係（共有になるか否か），遺産分割前に共同相続人の一部がその持分を処分することができるかは「相続」の問題としていることから，設問のように，第三者が登場していない状況においては，相続準拠法である台湾法により処分禁止が命じられるものと思われる。この点，高裁判決も，「本件のように相続財産が第三者に処分された場合の効力が問題とされているときには，前提となる相続人の処分権の有無も含めて全体が物権問題に該当する」と判断しており，第三者に処分される前の相続人の処分権の有無については触れていないので，同じ結論になる可能性がある。

Q3　物権準拠法としての日本法の適用

　Q1で述べたように，「物権」問題の準拠法である日本法に送致される問題は，内部関係では単独処分権がない者が第三者に処分した場合という抽象化された問題であるとするのが本判決の立場であると理解するとすれば，共同相続人間での分割前の遺産に対する権利はどのような関係になっているかという問題は物権準拠法には送致されていない。したがって，共同相続人間の法律関係について判示することは，送致されていないことに答えるものであり，国際私法の構造から逸脱しているということになる。もっとも，次のような擁護論もあり得る。すなわち，内部関係では単独処分権がない台湾法上の公同共有者が第三者に処分してしまった場合に日本の物権法はどのように扱うかという問題を考えるプロセスにおいて，日本法が相続に適用される場合の遺産分割前の共同相続人による持分処分に言及しただけであって，あくまで参考とすべき状況に触れたに過ぎないとの見方である。とはいえ，異なる準拠法により判断することである以上，参考にはならないので，やはり無用な判示であるというべきであ

ろう。

　なお，本判決はその前の部分で，相続準拠法によれば遺産分割前には持分の単独処分権がないとしても，日本の不動産登記上はそのことを公示する方法がない旨判示している。この点は，物権法秩序としては第三者保護を図るべきであるとの結論に直接結びつく理由付けであると解される。

2事件　先決問題

Q1　最高裁が否定した考え方

　①の根拠は，先決問題は本問題について解を導き出す過程で登場する問題であり，その本問題準拠法で使われている法律概念である以上，本問題準拠法によるべきであるというものである。例えば，相続準拠法上，相続人として「配偶者」という法律用語が用いられている場合には，当該相続準拠法上の配偶者である必要があり，その準拠法に照らして婚姻している者でなければならないとされる。次に，②の根拠は，①の考え方を一歩進め，本問題準拠法所属国において当該先決問題に解を出す場合に，渉外事案においては，その国の国際私法により定まる準拠法に照らして判断するはずであるというものである。例えば，上記の例では，相続準拠法所属国の国際私法により，婚姻成立の準拠法が定められ，その法により有効な婚姻がされていれば，その者は「配偶者」となるとされる。

　しかし，なにが本問題となるかは固定的ではなく，当事者による操作も可能な場合があるという問題がある。そうである以上，本問題・先決問題という問題設定自体が適切ではないことになり，これを固定的に考えている①・②の考え方は妥当ではない。当事者による操作の例としては，たとえば，①・②により導かれる法によれば婚姻が無効とされる場合であって，法廷地国際私法により定まる準拠法に照らせばその婚姻は有効とされるときには，婚姻の成立を本問題とすべく婚姻有効確認の訴えを先に提起し，有効な婚姻であることを確定させた上で相続問題に移ることにより，結論を操作することができる。このような可能性を排除するためには，ある問題が本問題と先決問題のいずれとして登場する場合にも，同様に判断（いわゆる裁判の国内的調和）がされなければならず，本問題として登場する場合に法廷地国際私法によって準拠法を定めるのであるから，先決問題の場合にも法廷地国際私法によって準拠法を定めて判断

すべきこととなる。本判決は，詳しくは判示していないが，「その前提問題が国際私法上本問題とは別個の法律関係を構成している場合」という部分は，全ての問題は法廷地国際私法のいずれの単位法律関係に含まれるのかを個別に判断するということを意味しており，これが国際私法の構造であるとの理解に立つものであると思われる。

Q2　折衷説

本件の全体像は必ずしも定かではないが，少なくとも本件で問題となっているのは日本所在の不動産をめぐる争いであって，日本との関連性は相当程度に深いと考えられる。したがって，折衷説によっても，本件では③によることになるのではないかと思われる。

なお，最高裁は②の考え方を格別の条件をつけることなく否定しているので，折衷説も否定しているものと解される。とはいえ，事案と法廷地との関連が非常に薄い場合にも，果たして③によるというだけでよいのかという問題はなお残されていると考えられる。

(2)　連結点

3事件　本国法と分裂国家 ─────────

Q1　本国の基礎となる国籍の決定

国際法上，国籍の得喪は国内管轄事項であると解されており，各国はそれぞれの国籍法によって自国の国籍の得喪を規律している。そのため，複数の国の国籍法により国籍が認められれば重国籍となり，いずれの国の国籍法によっても国籍が認められなければ無国籍となる。

Q2　重国籍者の本国法

通則法38条1項本文によれば，複数の国籍を有する国のうちに当事者が常居所を有する国がないときは当事者に最も密接な関係がある国の法を当事者の本国法とするが，ここにおける「最も密接な関係がある国」とは，国籍を有する国の中で，当事者に最も密接な関係がある国を指すため，日本法が当該被相

続人の本国法となることはない。なお，学説の中には，本国との関係が極めて希薄になっている者の身分関係の準拠法決定のための連結点として本国を用いることを疑問視し，むしろ，生活の本拠地の法を適用すべきであるとする見解も見られたが，解釈論の限界を超えること，本国との関係が極めて希薄になっているかの基準が不明確であること等から，現在ではその支持者はほぼいないといってよかろう。

Q3　未承認国家法の適用

　未承認国家の法について，日本の視点からは当該国家は存在していないと扱われることから，準拠法としての適格性はないとも考えられなくはないが，日本の国際私法学においては，国際法上の国家承認は，外交的・政治的な意味を有するに過ぎず，私人間の私法的法律関係の規律に関する準拠法の決定の局面では，一定の領域において実際に私人間の法律関係を規律している法であれば，未承認国家法であっても準拠法として適用すべきであると一般に考えられている。例えば山口家下関支審昭和 62 年 7 月 28 日家月 40 巻 3 号 90 頁等，朝鮮民主主義人民共和国法を適用した裁判例もある。中華民国法（台湾法）についても同様であり，例えば最判平成 6 年 3 月 8 日（百選 1）を挙げることができる。もっとも，同判決は，「中華民国法」ではなく，「台湾法」という表現を用いている。

Q4　分裂国家の取り扱い

　⑴　第二次世界大戦後，中華人民共和国（中国）と中華民国（台湾）や，大韓民国（韓国）と朝鮮民主主義人民共和国（北朝鮮）のように，それぞれが一つの国（ただし，国名は異なる）であると認識しているものの，内部で 2 つの政府が存在し，それぞれの支配領域において異なる法秩序が形成され，それぞれの国籍法により関係する者が複数の国籍を有し得るという状態が生じている。

　　　分裂国家に属する者の本国法の決定については，通則法上，分裂国家を 2 つの併存する国家と捉え，それぞれの国籍法によって国籍の存否を決定して本国法を決定するが，双方の国籍を取得する者について重国籍者として本国法を決定する方法（38 条 1 項説）と，一つの国家内に 2 つの政府が

それぞれの支配地域で法秩序を形成しており，一般の地域的不統一法国に類する状態であるとして本国法を決定する方法（38条3項説）とが対立してきた。その他にも，日本政府が国際法上の承認を行っている国の法を本国法とする方法もあり得るが，Q3の解説記載の通り，国家承認の有無を本国法決定に持ち込むことは妥当でないとされ，この方法は支持されていない。

　本判決は，被相続人であるBの本国法が韓国法か北朝鮮法かという問題について，38条1項説と38条3項説のいずれの考え方に基づいてBの本国法を韓国法としたか，必ずしも明らかでない。この点，本判決は，それぞれの国籍法により，Bの国籍が韓国のみにあると認めるに足りる証拠もないとした上で，様々な事実を考慮して，Bの本国法が韓国法であると判断しており，2つの国と捉えている点で38条1項説によっていると思われる。もっとも，いずれの国籍の取得も明確に認定をすることはできないことから，国籍取得以外の事実関係を総合的に考慮して，Bにより密接に関係する韓国の法をBの本国法としたとも考えられる。

　なお，上記の38条1項説でも38条3項説でも，当事者が日本に常居所を有する等，いずれの政府の地域にも常居所を有しない限りにおいては，当事者に密接に関連する国が優先されることとなる。そうすると，いずれの立場によっても，結局は本判決と同様に，諸要素を総合的に考慮して，当事者に密接に関係する法を本国法とすることになろう。

(2)　本国法の決定は，当事者が構成員となっている法秩序の決定の問題であるため，客観的状況として，出生地，居住の履歴，親族の常居所等を考慮するとともに，当事者本人の主観，すなわち帰属意識も考慮することが必要であるとされている。本判決でこのような要素が考慮されたのは，そのような属人法の趣旨に従っていずれの法秩序の法が本国法であるかを決定することが妥当であるとの判断によるものであろう。

(3)　外国人登録制度は2012（平成24）年に廃止されているが，現在においても，外国人登録原票に係る開示請求は認められており，廃止前の外国人登録原票が本国の認定のための証拠として提出される場合がある。そもそも外国人登録原票は行政制度上のものであり，その本国の記載も外国人登録申請時に提示される当事者のパスポート等に基づいて記載されるものであ

るため，当事者の本国法の決定という司法判断に直結するものわけではない。外国人登録原票上の国籍の記載は，国籍認定のための1つの要素に過ぎない。また，第二次世界大戦終結前から日本に居住していたBのような者の本国法の認定に当たっては，必ずしも役に立たないことがある。したがって，本国について，外国人登録原票上の国籍とは異なる認定した本判決には，その限りでは問題はない。

現在の外国人の在留管理制度の下では，外国人登録証明書に代えて，在留カード又は特別永住者証明書が交付されている。在留カード等における国籍の記載についても，国籍認定のための証拠にはなるが，裁判における本国法決定に直結するものではない。

4事件　常 居 所 (1)──離婚・親子関係の場合 ─────

Q1　本件における常居所の認定

(1)　常居所とは，一般的に，人が相当の期間にわたり居住する場所を指すと解されており，居所よりも長い期間の居住を要するが，明確な基準は必ずしも明らかでない。常居所の概念は，ハーグ国際私法会議における条約作成作業において，属人法決定基準について，本国法主義と住所地法主義との対立状態を解決するために導入され，日本を含む各国の国際私法でも採用されるようになったものである。ハーグ国際私法会議の諸条約でも常居所は定義されず（同床異夢を認めることで多数の国の賛成を得ているという面もある），日本でも様々な理解があるが，法的擬制を持ち込むべきではなく，事実として判断すべきであるという点ではほぼ一致が見られる。当事者の意思を考慮すべきかについては議論があるが，比較的多数の見解においては，これから相当期間居住するであろうことが客観的事実によって認められるのであればよいが，単なる希望は考慮すべきではないとされている。

本件におけるYの常居所が日本にあるとの判断は，1960年代から裁判時に至るまでのYの居住場所の経緯に鑑みて，「ここ20年間は日本以外には落ち着いて生活したことがないような生活状態であった」との認定に基づくものである。しかし，1983年から1990年まで7年間は不在であったにもかかわらず，それ以前の居住状況を考慮して，1990年（平成2年）に提起された裁判において，日本に常居所があると認定したことには疑問

がある。Yの居住状況に照らすならば，常居所はどこにもないとの判断が妥当であると考えられる。

(2) Xの居住の経緯に鑑みると，いずれかの地に常居所があるとはいえず，少なくとも日本には常居所はないと判断すべきであろう。Xの今後の生活の見込み（Yとの離婚後，日本人と婚姻して日本で生活する計画であること）については，(1)の解説で既述のように，単なるそのつもりであるというだけでは足りないが，日本で就職をしたとか家を購入したといった客観的な事情があれば，日本に常居所があると認定することも可能であろう。

Q2 基本通達における常居所の認定

基本通達はあくまで行政通達であって，法務大臣から事務委任先の市区町村長宛ての指示にとどまり，そのまま裁判規範になるわけでない。とはいえ，同通達に基づいて行政実務が行われており，問題がある旨の指摘がされているわけではないので，司法判断に当たっても一定の合理性があるものとして参考にすることはできるであろう。

基本通達によると，具体的には，日本人の日本における常居所については，住民票の提出があれば，外国に常居所があると認定される場合を除き，日本に常居所が認定される。また，住民票がない場合でも，出国後1年以内であるときや，出国後1年以上5年以内であって，重国籍の場合の日本以外の国籍国，永住資格を有する国又は配偶者若しくは未成年養子としての資格で滞在する場合における外国人配偶者若しくは養親の国籍国以外の外国に在留しているときには，日本に常居所があるとされる。他方で，外国人の日本における常居所については，在留資格によって認定が異なる。まず，外国の外交官等の「外交」や「公用」の在留資格で滞在している場合等には，日本に常居所が認定されることはない。次に，「永住者」や「日本人の配偶者等」（日本人の配偶者に限る）等の資格で滞在している場合には，引き続き1年以上の在留期間があれば，日本に常居所が認定される。また，日本で出生した外国人が出国していない場合や，日本人の子が「日本人の配偶者等」の資格で存留している場合にも，日本に常居所が認定される。そして，その他の場合には，引き続き5年以上在留している場合に，日本に常居所が認定される。

国籍によって常居所の認定を変えることについては賛否両論あろう。しかし，

日本には戸籍制度・住民基本台帳制度があり，これらは窓口で容易に審査できることから，日本人についてこれらを用いることは簡易迅速な処理を可能とする合理的な方法である。そのため，少なくとも行政上の基準との関係で国籍を考慮することは妥当であろう。また，一般に，本国であれば居住・滞在の権利が確保される一方で，本国以外の国での居住・滞在については常に権利として確保されているわけではないことからすると，国籍を一考慮要素として常居所を認定することにも合理性はあると考えられる。

5事件　常 居 所 (2)——名誉・信用毀損の場合

Q1　複数の常居所の可能性

(1)　本件において，ニューヨークに13年間居住して就学ないし仕事をしているX₁について，ニューヨークに常居所があると認定することに異論はないであろう。他方で，X₂の常居所については，平成21年11月以降，日本で活動することを基本としつつも，X₁との婚姻生活はニューヨークで送っていたことに鑑みると，いずれかにしかないという前提で判断するのか，それともいずれにもあるとの認定が可能かが問題となる。とはいえ，連結点としての常居所は準拠法を決定するために認定するのであるから，複数あるとの認定をすることは準拠法決定という目的を達成できないため無意味であって，あくまで一つの常居所がどこにあるのかを認定すべきであると一般には考えられている。そのため，日本とニューヨークの双方に常居所があると認定することは許されない。

(2)　家族関係の法律問題の準拠法決定における常居所は，一般的に，人の日常生活との結び付きを示すものであるのに対して，財産関係の法律問題の準拠法決定における常居所は，当該法律問題ごとに最密接関係地を示すものとして用いられていると考えられる。このような相違を前提とすると，家族関係と財産関係のそれぞれの法律問題の準拠法決定における常居所の認定が異なる可能性がある。

　　例えば，仮にX₁が米国人であったとすると，X₁とX₂の離婚については，通則法27条により，X₂の生活の本拠は日本であるので日本に常居所があると判断すれば同条但書に基づいて日本法が準拠法となるが，X₁・X₂の夫婦生活はニューヨークで営まれていたことを重視してX₂の常居所

も同州にあると認定すれば，同条本文によって準用される通則法25条により，同一常居所地法としてニューヨーク州法が準拠法となる。そのいずれの判断もあり得るであろう。これに対して，通則法19条により，X$_2$の名誉・信用毀損に基づく損害賠償請求の準拠法決定に用いられる連結点である常居所は，X$_2$の社会生活の本拠地であって，相対的に大きな損害が発生するであろう日本にあると認定されるであろう。このように，いかなる単位法律関係についての準拠法を定めるための常居所であるかによって，認定が異なることはあり得ると考えられる。

(3)　準拠法の特定

6事件　反　致

Q1　反　致

(1)　通則法41条の反致が本国法主義と住所地法主義との対立の緩和にあるとすれば，本件のように，中国の国際私法が不動産相続について不動産所在地法を準拠法としていることから，通則法41条の反致の成立を認め，不動産所在地である日本の法によることは，このような趣旨に反するようにも思われる。しかし，通則法41条の条文上は，外国国際私法が日本法を指定する資格について特段の限定はなく，また，このような形で反致を認めることでも日本の裁判所と外国の裁判所における判断の調和（国際的判決調和）を実現することができることからすると，あえて反致を否定する必要はなく，本判決と同様，反致を認めるとする見解が一般的である。

(2)　通則法36条は，相続統一主義に基づき，不動産相続と他の相続を区別することなく，相続を単位法律関係としている。本件のように，不動産相続についてのみ部分反致を認めると，相続統一主義が破られることになる。また，実質的にも，単一の相続の部分ごとに異なる準拠法が適用される結果，準拠法間の矛盾抵触の問題（適応問題）が発生するおそれがある。そのため，部分反致は認めないとの立場も考えられる。しかし，一般的には，部分反致となる場合であっても反致は肯定されると解されている。その理由は，①通則法41条の文言上，部分反致を否定することには無理がある

こと，②本判決の事案のように，日本に所在する不動産の相続のみが日本で問題となる限りにおいては格別の混乱は生じないと考えられること，③そもそも各国の国際私法の単位法律関係の大きさや区切り方は一致していないのであるから，通常は意識していなくても部分反致となっており，部分反致を否定するとすれば，かなりの場合に反致を否定する結論となり，反致を認める通則法41条の趣旨に反する点で問題であること，以上である。このように，部分反致になるからといって，反致が否定されるわけではない。

Q2　従うべき外国国際私法

　反致の検討に当たって従うべき外国の国際私法は，日本における裁判手続の口頭弁論終結時において，当該外国で裁判がされたとすれば適用される国際私法規定である。このことによって，反致の目的の1つである国際的判決調和が実現されるからである。そうすると，従うべき当事者の本国の国際私法について法改正があった場合，当該外国の裁判所が適用するその国際私法の経過規定（時際法）により，新法と旧法のいずれが適用されるかが決せられる。したがって，本件の中国の国際私法の改正のように，遺産分割手続が完了していない相続に対しては遡及的に新法を適用する旨の経過規定がある場合には，新法の規定に従って日本法が準拠法となるか否かにより，反致の成否を判断することになる。

7事件　隠れた反致

Q1　「隠れた反致」という考え方

(1)　テネシー州の国際私法は，①養子縁組の申立人の居住地，子の居住地，子が公的機関による保護を受けるに至った時の居住地，子の監護権又は後見の権利を有する公認機関もしくは子の引渡しを受けている公認機関の所在地のいずれかがある場合に，テネシー州の裁判所に裁判管轄を認めて養子縁組の裁判を行うこと，②テネシー州の裁判所に裁判管轄が認められた場合には法廷地法であるテネシー州法を適用すること，以上の2点を規定している。これは養子縁組には必ず裁判所の決定を要することを前提とする管轄アプローチに基づくルールである。これに対して，通則法31条は，

裁判管轄とは切り離して，養親の本国を連結点として準拠法を定める規定である。大陸法系の国では，一般に，法律行為としての養子縁組（日本法の場合には普通養子縁組）をすることもできるので，裁判管轄をまず定めるという管轄アプローチを常にとることは考えられない（裁判所の決定を要する場合には裁判管轄は別途定められている。日本では，家事事件手続法3条の5により，養子縁組決定の裁判管轄が定められる）。このように，両者は大きく異なるものであり，特に管轄アプローチに基づくルールの下では，外国法を適用することはなく，裁判管轄がなければ，裁判が行われないだけであるので，テネシー州の国際私法により，養子縁組について日本法によるとの結論が示されることはない。

　なお，通則法においても，管轄アプローチに基づくルールは存在する。5条（後見開始の審判等）及び6条（失踪の宣告）である。後見等の開始決定も失踪宣告も，裁判所による決定抜きにはあり得ないことを前提として，裁判管轄を定めた上で，当然に「日本法により」これらの裁判をする旨定めている。もとより，理論的には，裁判管轄があるとされた場合に，本国法により後見等の開始決定や失踪宣告をすることもあり得なくはないが，非訟事件における手続法と実体法の密接関係性（実体法が要求する一定の裁判手続について，手続法が実現することができるように規律するという関係性）に鑑みると，実体法としては法廷地法を常に適用することが簡明であり，手続法と実体法との間の適応問題の発生を回避することもできることから，これらの条文は通則法の中では例外的に管轄アプローチに基づき，裁判管轄の定めと一体化した規定となっている。

(2)　プロセスは以下の通りである。①通則法31条1項によれば，養子縁組の成立については養親の本国法による。②Xらはアメリカ国籍を有するところ，アメリカは地域的不統一法国であるので，38条3項により本国を定める必要がある。③アメリカには38条3項にいう「その国の規則」を見出すことはできないので，括弧書により，最も密接な関係がある地域であるテネシー州が本国となる。④テネシー州の国際私法を見ると，養子縁組につき管轄アプローチが採用されており，また，テネシー州内に「〔1〕養子縁組の申立人の居住地，〔2〕子の居住地，〔3〕子が公的機関による保護を受けるに至った時の居住地，〔4〕子の監護権又は後見の権利を有する

公認機関もしくは子の引渡を受けている公認機関の所在地，のいずれかがある」場合に裁判管轄が認められる。⑤テネシー州法の裁判管轄規則を内外国平等に照らして理解するならば，それらの管轄原因が日本国内に認められる場合には，日本に裁判管轄が認められ，その際には，法廷地法である日本法の適用を命じているということとなる。⑥本件では，養親であるXらは日本に居住しており，その他のテネシー州法上の管轄原因はすべて日本に集中しており，上記のように理解したテネシー州の国際私法によれば日本でのみ裁判を行うべき事案であることから，同州の国際私法は日本法を準拠法としていると理解することができる。⑦したがって，通則法41条により，本国法によるべき場合に本国の国際私法によれば日本法によることとなるので，反致が成立し，日本では日本法を適用する。

　以上のように，管轄アプローチを採用し，外国法を適用することを全く予定していないテネシー州国際私法を内外国平等に照らして理解し，養子縁組について日本法を準拠法として指定するルールが隠れていると解するのが「隠れた反致」である。

Q2　「隠れた反致」に対する評価

(1)　本審判は，「本件においては，テネシー州法上も，その裁判管轄権は我が国のみにあることとな」り，「本申立てについてのいわば専属的な裁判管轄権のある日本法が，その準拠法として適用される」として，「隠れた反致」を認めた。このように，当事者の本国の国際私法の国際裁判管轄の管轄原因が日本にのみ認められる場合に限って「隠れた反致」を肯定する考え方がある。他方で，本国の国際私法が定める管轄原因のいずれかが日本にあれば「隠れた反致」を肯定する考え方もある。管轄原因のいずれかが日本にあるだけでも，本国の国際私法の趣旨としては日本法の適用を認めていると解することも可能であるからである。後者の見解によるならば，X_1及びX_2がテネシー州内に居住地を有するとしても，子であるZ_1の居住地が日本にあれば，テネシー州法の定める管轄原因の1つが日本にあることとなるため，「隠れた反致」を肯定することとなる。しかし，このような場合に反致を肯定すると，仮にテネシー州の裁判所で養子縁組が問題となったとすれば，裁判所では管轄を肯定して法廷地法であるテネシー州

法によって養子縁組についての裁判を行うはずであることから，日本で反致により日本法を適用することは，むしろ準拠法の不一致を惹起し，国際的な判決の不調和を招くこととなってしまうという問題がある。本審判は，このような問題を意識し，前者の場合にのみ「隠れた反致」を肯定する立場を採用したものと考えられる。

　なお，後者の見解においては，反致を肯定して日本で裁判をした場合に，本国の国際私法の観点から日本に間接管轄が認められ，当該裁判が本国で承認され得るのだから，隠れた反致を肯定しても国際的な判決の矛盾・不調和は生じないとの反論があり得る。しかし，一般的に外国裁判の承認については裁判で適用された実体準拠法は問題とされないので，反致の場合に限らず，日本で常に日本法のみを適用しても国際的な判決の不調和は生じないこととなるのであって，上記の反論は成り立たないといわざるを得ない。

　以上のことから，仮に，X₁及びX₂がテネシー州に居住していたとすると，本審判の考え方によれば，「隠れた反致」は認められないこととなろう。

(2)　学説上は，「隠れた反致」を否定する見解も有力に主張されている。その根拠は，「隠れた反致」を認めても国際的判決調和が実現されないという点にある。前述のとおり，当事者の本国の国際私法に定められている管轄原因のいずれかが日本にあるだけで「隠れた反致」を認めると，国際的な判決の不調和をもたらす事態が生じ得る。また，管轄原因のすべてが日本に認められる場合にのみ「隠れた反致」を認めたとしても，国際的判決調和が実現されるわけではない。実際，本件の事案において，仮にテネシー州の裁判所に養子縁組の裁判を申し立てたとしても，単に申立てが却下されるのみであり，日本法が準拠法として適用されるわけではない。

　他方で，実務的には，前述のとおり，「隠れた反致」を肯定する裁判例があり，戸籍実務上も「隠れた反致」を認める処理が行われている（平成8年8月16日付け法務省民二第1450号那覇地方法務局長あて民事局第二課長回答）。「隠れた反致」が肯定されるようになったのは，かつて養子縁組について裁判所が決定することがなかった時代に（日本で養子縁組に決定が必要となったのは，後に導入された特別養子縁組についてからである），養子縁組決

定を要求する英米法をそのまま適用すると実体と手続との適応問題が生じてしまい，かといって，手続が対応できないから実体法によって求められていることが実現できないという結果は避ける必要があると考えられたからであった。日本と同じく第二次世界大戦の敗戦国であったドイツにおいて，戦争孤児が特にアメリカの養親に引き取られるという案件が大量に発生するという社会背景のもとで編み出された「隠れた反致」を，日本も導入したという経緯がある。「隠れた反致」は苦肉の策ともいえるが，これによって養子縁組を成立させ，孤児等に幸せな家庭を与えることができたのである。

8 事件　地域的不統一法国

Q1　地域的不統一法国における「その国の規則」

　地域的不統一法国の国籍を有する当事者の本国法の決定に当たっては，通則法38条3項によって，第1次的には，「その国の規則」に従い指定される法が本国法となるので（間接指定），「その国の規則」とはどのような規則であって，それが問題となっている地域的不統一法国に存在するかが問題となる。一般的には，本判決が判示する通り，これは，地域的不統一法国の「統一的な準国際私法の規則」と解されている。準国際私法とは，地域的不統一法国の内部において，いずれの地域の法が準拠法となるかを定める抵触規則のことである。ただし，通則法38条3項は，当事者の本国法，すなわち当事者の属人法を決定するための規定であるため，ここでの「準国際私法の規則」とは，準国際私法自体ではなく，当事者がいずれの地域に属するかを決定する規則（属人法を決定する規則）であるとされている。

　このような規則は，不統一法国の内部で統一されたものでなければならない。地域ごとに異なる準国際私法の規則がある場合には，いずれの地域の準国際私法の規則によるべきかを判断することができないからである。そのような場合には，「その国の規則」はないということになる。米国の場合，いずれの州の準国際私法においてもドミサイルを有する地域の法をその者の属人法とする規則が一般的に存在するとの見解もあるが，ドミサイルの認定の要件が必ずしも全州で統一されているわけではないことから，本判決と同じく，「その国の規則」はないと解する見解が多数である。

Q2　本国法の意義

　通則法 38 条 3 項によって地域的不統一法国の国籍を有する当事者の本国法を決定する場合において，同項の「その国の規則」がないとすれば，「当事者に最も密接な関係がある地域の法」が当事者の本国法となる（直接指定）。38 条 3 項は本国法の特定のための規定であるため，最も密接な関係がある地域の法は地域的不統一法国内のいずれかの地域の法でなければならない。たとえ，当事者が出生以来日本で生活しており，日本に最も密接に関係するとしても，アメリカ国籍を有する者の本国法が日本法になることはない。

9 事件　人的不統一法国

Q1　人的不統一法国における「その国の規則」の意義

⑴　通則法 40 条 1 項は人的不統一法国に属する者の本国法を決定する規定である。人的不統一法国とは，一国内で，宗教等の違いに基づきいくつかの人的集団に分け，それぞれに異なる法を適用している国を指し，本件で問題となっているイラクの他にも，エジプト，インド，インドネシア等が人的不統一法国とされている。そして，人的集団ごとに異なる法が存在する場合の適用される法の決定という問題は，ひとつの国家法の中に適用要件を異にする実質法が複数ある場合の問題であって，民事と商事の区別に基づいて異なる法が適用されるという場合や新法と旧法との適用関係と同じく，当該国の実質法上の問題に他ならないと解されている。したがって，「その国の規則」はその適用関係を定める規則であるということになる。

　　裁判例の中には，このような理解と異なり，地域的不統一法国と平仄を合わせて，「その国の規則」とは，どの人的集団の法秩序が属人法となるかを決定する基準と解するものもある（東京地判平成 2 年 12 月 7 日判時 1424 号 84 頁）。しかし，通則法 40 条 2 項は，夫婦に最も密接な関係がある地の法が人的不統一法国である場合についても 1 項を準用しているが，夫婦の最密接関係地法は，特定の当事者の属人法として適用されるものではないことからすると，通則法 40 条は 38 条とは異なる趣旨の規定であると理解すべきである。

⑵　人的不統一法国における法秩序の抵触が，当該国の国内実質法上の問題であるとすると，その国の国内法上，法の適用関係が定められていないと

いうことはあり得ない。それがなければ，その国の中で完結する事案に対しても適用すべき規範が決まらないということが生じてしまうからである。また，仮に，属人法を決定する規則，すなわちどの人的集団に属しているかを定める規則を「その国の規則」と解するとしても，決定基準自体がないということはあり得ない。例えば宗教ごとに異なる家族法秩序が併存する場合に，いずれの宗教集団にも属していない当事者が想定され得るとしても，どの宗教集団に帰属しているか定める規則自体がないということは想定されないからである。

　以上，いずれにしても，「規則」はないという判断は妥当ではない。もっとも，実際上は，いかなる内容の「規則」かが不明であることはあり得る。そのような場合について，「規則」がないとして「当事者に最も密接な関係がある法」を当事者の本国法とすることは考えられ，通則法40条1項括弧書をその趣旨の規定と理解する可能性はあり得るであろう。とはいえ，本審判が安易に規則がないとの判断をしたことは妥当でない。

Q2　同一本国法の判断

　本審判は，通則法32条の適用上，同一本国法の有無の判断について，YとZの本国法を通則法40条1項によって絞り込んだ上で，それが共にイラン・イスラム法であるとして，同法を準拠法としている。しかし，国際私法が法の場所的な抵触を解決する規則であるとすれば，準拠法となる法の属する法域がイラン国と定まった時点で，国際私法による準拠法選択は完了している。そうすると，YとZの同一本国法はイラン法であると判断した上で，イラン法の中のどの規定を本件に適用するかについて，通則法40条1項を適用すべきであり，人的不統一法国に関する理論的な取扱いとしてはそのようにすべきである。

　他方で，通則法40条1項は当事者の本国法を決定する規則であり，条文の文言解釈としては，確かに，先に同項を適用して各人につき本国法を絞り込むのが素直であり，本審判においても，YとZの本国法がイラン・イスラム法であると認定した上で，同法が同一本国法となると判断している。通則法の解釈としてはこのように解さざるを得ないようにも思われるが，上記の理論的な取扱いを尊重する解釈も，通則法40条1項の趣旨に鑑みれば，十分に可能な

解釈であると考えられる。

Q3　通則法 40 条と 41 条との適用関係

　人的不統一法国は単一の法域であることから，人的不統一法国の国際私法からの反致（通則法 41 条）が問題となる場合には，どの人的集団の法が本国法となるかを特定する前に，反致の検討を行うべきであると解されている。これに対して，インド人を被相続人とする相続の準拠法が問題となった神戸家審平成 6 年 7 月 27 日家月 47 巻 5 号 60 頁では，先にいずれの宗教集団の法が被相続人の本国法となるかを判断した上で，インドの国際私法（インド相続法）によって日本法への反致を認めている。しかし，日本法への反致が認められるとすると，不統一法国に関する判断が不要であったことは明らかであろう。

　なお，米国のように地域ごとに異なる国際私法を有する地域的不統一法国が本国である場合には，そもそもどの地域の法が本国法となるかを特定した後でなければ反致の判断の際に検討すべき外国の国際私法が明らかとならないため，先に 38 条 3 項により本国法を定めた上で，41 条の反致の成否を判断することになる。

⑷　公 序

10 事件　公 序 ⑴——異教徒間婚姻を禁止するエジプト法 ———

Q1　公序則の審査対象

　本件で，法例 30 条（通則法 42 条）に基づいて日本の公序良俗に反するとされた事項は，「単に異教徒間の婚姻であるというだけの理由で，日本人であるＸとエジプト人であるＹの婚姻を無効とすること」である。国際私法における公序則は，一般的に，外国法の適用結果が日本の公序と相容れない場合にそれを排除するものであると解されているので，本件における審査の対象は，あくまでＸとＹの婚姻を無効とすることである。宗教，文化等の違いにより，外国法の内容が日本法の内容と大きく異なることがあるのは公知の事実である。それを前提として国際私法は内外国法の平等を原則としているので，外国法の内容を非難すべきではなく，当該外国において日本法とは大きく異なる法が日

常的に適用されていることを云々したりはしない。問題とするのは，外国法の適用結果が日本の法秩序に実際に抵触する事態が生じる場合だけである。例えば，日本在住のフィリピン人夫婦の一方が日本で離婚を求めた場合，通則法27条によれば離婚の準拠法はフィリピン法となり，同法によれば離婚は禁止されているので，これを適用すれば離婚請求は棄却されるところ，その請求に日本法が適用されたとしても民法770条の定めるいずれの離婚原因にも該当しない場合には，フィリピンの離婚法の内容が日本の離婚法の内容と大きく異なるとしても，フィリピン法の適用結果は日本の法秩序に照らしても何ら問題はないので，公序則は発動しないことになる。この点，最判平成10年3月12日民集52巻2号342頁においても，「外国法の規定内容そのものが我が国の公序良俗に反するからといって直ちにその適用が排除されるのではなく，個別具体的な事案の解決に当たって外国法の規定を適用した結果が我が国の公序良俗に反する場合に限り，その適用が排除される」と判示されている。

　もっとも，適用結果を審査対象とするとしても，結果のみに着目して外国法の内容には一切目をつむるというわけではない。外国法の内容も公序則の適用に影響を与え得る。本件においても，「単に異教徒間の婚姻であるということだけの理由」で婚姻を無効とすることが，「信教の自由，法の下の平等などを定め，保障する」日本の法体系の下では公序に反するとしており，婚姻無効という適用結果の根拠が考慮されている。

Q2　適用結果が公序に反する理由

　まず，外国法の適用結果が日本法を適用した場合の結果と異なることが，公序違反の判断の前提となる。本件でも，XYの婚姻の無効というエジプト法の適用結果が日本法を適用した場合の結果（日本法によれば婚姻は有効）と異なるからこそ，公序則の発動が問題となる。日本法を適用した場合と同じ結果であれば，公序則を発動する必要はない。

　次に，外国法の適用結果が日本の法秩序に照らして看過できないほど異常かが問題となる。そして，本件では，異教徒間の婚姻であることを理由としてXYの婚姻を無効とすることが，日本の法秩序から見て看過し難いと判断されたのである。なお，この評価に当たっては，適用結果の異常性と日本との関連性との相関関係を考えるべきであるとされている（詳しくは11事件Q1参照）。

すなわち，日本との関連性が強ければ，適用結果の異常性に対する許容度は小さくなり，関連性が薄ければ，適用結果の異常性がある程度大きくても許容される。また，外国法の適用結果が審査対象となるとしても，それが公序違反となるかの判断に当たっては，当該適用結果を導き出す理由を考慮することは可能である。さらに，本件ではなかった問題であるが，適用結果の派生的な効果，例えば，婚姻が無効とされることによって，子が嫡出子の身分を失うといった効果（熊本家判平成22年7月6日出典〔百選〔第2版〕10〕参照）も，異常性の評価に当たって考慮すべきである。

　ところで，本判決の公序則の適用に関しては，判断の基準時の点も議論がされている。すなわち，仮に公序則の判断の裁判時（口頭弁論終結時）を基準とすると，その時点において離婚が認容されるほどにXYの夫婦関係が破綻していた以上，XYの婚姻を無効としたとしても日本の秩序に対する影響はほとんどないとして，エジプト法の適用結果をあえて排除する必要はなかったのではないかとの議論である。この立場からは，公序則によって守ることができる秩序は現在の秩序のみであり，過去の準拠法の適用結果に対しても，現在の日本の法秩序における公序を維持する観点から判断すべきと主張される。しかし，これに対しては，婚姻の成立は過去のある時点で判断されるべき問題であり（連結政策としても婚姻当時の連結点に固定する不変更主義が採用されている），公序則の判断は婚姻成立時を基準とするのが当然であり，その後の事情の変更によって婚姻の成立の準拠法の適用結果に対する公序違反の判断が覆るべきでないとの見解もある。この見解によれば，法律関係の安定を実現するためには，婚姻成立時の有効・無効の判断をその後も維持する必要があり，公序則の判断も成立時を基準時とすべきであると主張される。このように双方の見方があるものの，実際上，公序則によって過去の秩序を守ることはできず，基準時は現在（裁判時）とせざるを得ないであろう。その結果，過去の一時点における（その時点での現在的な）公序則の判断が，後の事情で変動することもあり得ることになる。

　もっとも，公序則の判断時点を現在とする見解にたっても，XYの婚姻の無効を公序違反とすることは可能であろう。異教徒であることのみを理由として現時点に至る婚姻関係が当初からずっと無効であったと評価することは，現在の日本の法秩序に照らして看過できず（特に，既述のように，当初から無効とされ

ることによって不都合な派生的効果が生ずる場合はそうである），公序違反と判断するということである。

11 事件　公　序 ⑵ ── 複数の実母を認める韓国法 ──────

Q1　公序則の発動の要件

　一般的な公序則の理解としては，外国法の適用結果の異常性と事案の内国関連性の双方の要素を中心とする様々な要素を考慮し，最終的には総合判断として外国法の「適用が公の秩序又は善良の風俗に反するとき」（通則法42条）という要件が満たされるかを判断することとなる。内国関連性が高いほど適用結果の異常性が低くても公序良俗に反すると判断される可能性があり，逆に，内国関連性が低い事案においては，適用結果の異常性がかなり大きくない限り公序良俗に反するとは判断されないのである。

　本判決においても，「外国法を準拠法として適用した結果が看過し難い事態になる場合」に通則法42条が適用されると判示し，適用結果の異常性を考慮要素のひとつとしている。また，「このような場合であっても，当該問題となっている事案と内国との関連が低い場合には，同条の規定を適用すべきではない」とも判示し，事案と日本との関連性（内国関連性）があること（低くないこと）も，考慮要素のひとつと位置づけている。すなわち，上記の一般的な理解と同様に，外国法の適用結果の異常性と事案の内国関連性の双方を考慮要素として，韓国法の適用の結果（二重の母子関係が発生すること）について，日本の公序に反すると判断したと考えられる。

　なお，判旨の文言からすると，内国との関連が低い場合には常に公序違反とはならない（内国関連性を公序則の発動の要件としている）ようにも読めるが，そのような理解は適切とはいえない。例えば，人間を売買の対象とする奴隷契約を有効とし，引渡請求を認める外国法の適用結果のように，外国法の適用結果の異常性が一定のレベルを超えれば，日本との関連性がなくてもその適用結果は排除されるべきであろう。事案と日本との関連性（内国関連性）が低い場合であっても，適用結果の異常性が限度を超えれば，それだけで公序違反となるのである。

Q2　公序則の発動と外国法の内容

本判決も判示しているように，公序則の発動に当たって審査の対象となるのは，あくまで外国法の規定内容ではなく，外国法の適用結果である。そうすると，外国法の内容が日本の視点からも一定の合理性を有するものであったとしても，その適用結果が日本法を適用した場合の結果と異なる場合には，公序違反となり得る。本件で問題となった出訴期間の制限のような場合には，事案の事実関係によっては，日本法の定める出訴期間とそれほど大きく変わらない内容の外国法であったとしても，その適用結果が日本法の適用結果と逆になることがあり得る。本件では，出訴期間の制限によって実母が２人となってしまう韓国法の適用結果は，複数の実母はあり得ないことを前提とする日本法の適用結果とは大きく異なるものであることから，公序則が発動されたのであって，それは妥当なことであると考えられる。

Q3　公序良俗に反する外国法の適用結果

韓国法の適用結果として二重の実母子関係が認められることが公序良俗に反するとするならば，いずれか一方の実母子関係が否定されれば，公序良俗に反しないようにも思われる。しかし，本件事案で公序則によって韓国法の適用を排除して親子関係の不存在を認めることができるのは，あくまでXC間の親子関係のみであり，XB間の実親子関係を否定することはできない。なぜならば，XB間の実親子関係については，日本法を適用したとしても，分娩者であるBとXとの実親子関係が認められ，韓国法の適用結果と異ならない結果となり，そもそも公序則の発動は問題とならないからである。XC間の親子関係については，親子関係不存在確認の訴えについて出訴期間の制限を認めていない日本法によれば否定されることとなるため，XCの親子関係を認める韓国法の適用結果は公序則を発動することによって排除することができる。既述のように，外国法の適用結果が日本法の適用結果と異なる場合にのみ，公序則の発動は可能である（10事件Q2の解説参照）。

12事件　公 序 ⑶——賭博契約を有効とするネヴァダ州法 ———

Q1　前提的な問題の判断と公序則

判決理由中の判断であったとしても，それが判決の主文の判断に直接に影響

を与える以上，当該判断についても公序則の発動を検討することは必要である。主文の判断の基礎となる外国法の適用結果に公序則の適用を限定すると，公序違反となるべき外国法の適用結果を前提として主文の判断がされてしまうからである。例えば，本件においても，Y（日本国）に対する請求については，Xが主張するように，日本の国家賠償法に基づく請求と構成するか，通常の民事上の請求権と構成するかのいずれかであったが，後者の場合にも，不当利得返還請求権については，法例 11 条 1 項（現在の通則法 14 条）によれば，原因事実発生地である日本法が準拠法となったと考えられる。そうすると，主文の判断との関係で適用される法は常に日本法となるため，前提的な判断について公序則の適用を考慮できないとすれば，公序則発動の余地はないことになる。本件とは異なり，ジャンケット契約を有効とするネヴァダ州法の適用結果が公序違反とされるべきものであったとすれば，ネヴァダ州法の適用結果について公序則による審査をしない限り，日本の公序に合致する結論を導き出すことはできない。したがって，日本の公序良俗の維持のためには，判決理由中の前提的な判断との関係でも，公序則の適用を検討すべきである。

Q2　前提的な問題であることと内国関連性

　本件の内国関連性（牽連性）については，信用による賭博自体がラスベガスで行われていることのみを捉えれば，日本との関連性は希薄ともいえそうであるが，他方で，ジャンケット契約に基づく債権の回収が行われたのは債務者の居住する日本国内であって，その回収に伴って恐喝等の犯罪も日本で発生していることから，日本との内国関連性は高いと評価することも可能であろう。実際，本判決における内国関連性の検討については，批判も強い。

　本判決は，ジャンケット契約の有効性は「本問題」ではないことを理由として，「内国社会との牽連関係において間接的かつ希薄である」と判示している。確かに，判決主文の判断が日本の秩序に対して直接の影響を与えるのに対して，理由中の判断は既判力が生じるわけでないので，日本の秩序に対する影響は間接的である。また，日本人顧客に対する賭金債権の請求が問題となっているわけではなく，債権回収自体は終わっていることも，契約を有効とするネヴァダ州法の適用結果の日本の秩序に対する影響を間接的かつ希薄なものとしていると考えられる。しかし，事案と日本との事実的な関連性という観点から内国関

連性を検討するならば，債権回収場所が日本であり，日本でそれに伴う犯罪が発生している以上，内国関連性が「間接的かつ希薄である」とは言えないであろう。少なくとも，ジャンケット契約の有効性が裁判における「本問題」でないことのみを考慮して，内国関連性が希薄であると判断することには問題があると考えられる。

13事件　公 序 ⑷──離婚の際の財産分与を認めない韓国法 ───

Q1　公序則の審査

　公序則の発動に際しては，外国法の内容自体は基本的には問題とならない。そのため，韓国法が離婚に伴う財産分与請求権を認めないという点で日本法の内容と大きく異なるものであったとしても，その点は直接的には問題とならない。問題となるのはその適用結果である。本判決は，韓国法上認められる慰謝料の額が，当該婚姻の当事者の国籍，生活歴，資産状況，扶養の要否及び婚姻中に協力して得た財産の有無・内容等の諸般の事情からみて，慰謝料及び財産分与を含む日本の離婚給付についての社会通念に反して著しく低額であるとは認められないことから，公序違反にはならないと判示している。これは，公序則の目的・機能に照らして正当な判断である。具体的に見ても，名目はともかく，300万円という離婚に際してされる給付額は日本の基準に照らして著しく低額とはいえないとの判断は妥当であると考えられる。

Q2　外国法の適用の排除後の処理

　公序則が発動される場合，通則法42条は，「これを適用しない」と規定しているところ，外国法の適用結果排除後の処理については，見解の対立がある。ひとつは，本判決の傍論の通り，日本法を補充的に適用して判断を行う考え方であり（内国法適用説），いまひとつは，外国法の適用を排除する判断の中に既に結論が示されており，そもそも何らかの規範を補充的に適用する必要はないとの考え方である（欠缺否認説）。

　問題でも言及したとおり，内国法適用説と欠缺否認説のいずれにおいても，法律問題が二者択一の判断である限りにおいては，外国法の適用の排除後の処理に違いは生じない。両説の処理が異なるのは，まさに，本件の離婚給付のように量的な判断が求められる場合である。例えば，仮に本件で300万円が日本

の社会通念上の離婚給付として著しく低額であり，公序違反とされたとすると，内国法適用説によれば，離婚給付について日本法を補充的に適用して，日本法に基づいて財産分与額を算出することとなる。他方で，欠缺否認説によれば，日本法そのものに基づいて金額を算定するのではなく，日本の法秩序として許容できる金額としての幅から逸脱（低額すぎる場合だけではなく，高額すぎる場合もあり得る）しているからこそ公序違反とされたのだから，低すぎる場合には公序違反にならない最低限度額を，高すぎる場合には最高限度額の支払を命ずるべきであるとされる。この最低限度額と最高限度額の間に日本法を適用して導きだされる金額があり，その金額の通りでなくても，許容度はあるはずだというのがこの欠缺否認説の説くところである。この説は，準拠外国法を最大限尊重することにもなるし，また，逆転現象（内国法適用説によると，日本の社会通念に照らして著しく低額な離婚給付しか認めない外国法が準拠法となる場合の方が，日本の社会通念に照らして著しく低額とはいえないが日本法が想定する額よりは低額な離婚給付しか認めない外国法が準拠法となる場合よりも，結論において高額の離婚給付を受けることができるようになること）が生じるという問題も避けることができるとされる。

　本判決が採用する内国法適用説に対しては，外国法の適用の排除後になぜ日本法を適用するのか，その積極的根拠が明らかでないとの批判がある。他方で，欠缺否認説については，日本の公序に反しない適用結果の幅（許容される金額の幅）が不明確であるという問題があるが，これについては，内国法適用説が明確な基準となる法を提示する点において優れている。理論的には欠缺否認説が妥当であろうが，多くの裁判例で内国法適用説が採られていることもゆえなきことではないのである。

(5) そ の 他

14事件　内国の労働法の適用

Q1　絶対的強行法規の意義

　国際私法により外国法を準拠法とすることを定めていても，公序則（通則法42条）により外国法の適用結果は排除されることがある。これに加えて，国際

私法の定めをオーバーライドして，準拠法の如何にかかわらず，常に適用すべき公益上特に重要な法があるとされ，これを絶対的強行法規と呼んでいる。日本の絶対的強行法規が，その適用範囲に入る事項に対しては常に適用されることについてはほぼ異論がない。適用される絶対的強行法規と抵触する準拠法上の定めは適用されない。

　絶対的強行法規を定義することは困難であるが，例えば，EU 規則として契約債務の準拠法を定めるローマ I 規則 9 条では，絶対的強行法規を overriding mandatory provisions と呼び，"Overriding mandatory provisions are provisions the respect for which is regarded as crucial by a country for safeguarding its public interests, such as its political, social or economic organisation, to such an extent that they are applicable to any situation falling within their scope, irrespective of the law otherwise applicable to the contract under this Regulation." と定めている。すなわち，絶対的強行法規は，法規の性質として，その適用が一国にとって決定的な重要性を有していることを根拠に，準拠法にかかわらず適用されるという攻撃的な機能を営むものであって，外国法の適用を排除するという防御的な機能を営む公序則（日本では通則法 42 条）とは異なっている。絶対的強行法規という名称以外にも，介入規範，国際的強行法規，強行的適用法規，直接適用法等の名称で呼ばれることもある。

　このような強行法規に「絶対的」という修飾語が付されるのは，民法等の実質法上の通常の強行法規（絶対的強行法規との対比でいう場合には相対的強行法規と呼ばれる）と区別するためである。実質法上の強行法規は，当事者の意思によって排除することのできる任意法規に対する概念であり，当事者の意思活動に優先する。とはいえ，あくまでの準拠法の中のルールであって，準拠法が他国の法となる場合には，適用されない。絶対的強行法規は，一国の政治的・経済的・社会的利益等の公的利益保護やそれらに係る政策達成を目的に存在している法規であり，オーバーライドするのは通常の抵触規則及びそれによって定まる準拠法である。

　では，絶対的強行法規と公法との関係はどうであろうか。ともに，公益に関係する法である点では同じであるが，公法についてはその違反に刑罰等の制裁を伴うこともある一方で，絶対的強行法規はあくまで私法上の法律問題を規律するに過ぎず，公益との関係の度合いは異なる。また，一般に，外国の公法は

日本では適用されないのに対して，外国の絶対的強行法規は，少なくとも国際
私法により当該外国法が準拠法となる限りにおいては準拠法の一部として適用
されるという点でも，両者は異なる。

　本決定では，労働組合法7条1号が「公序としての労働法」，すなわち日本
の絶対的強行法規として適用された。「公序としての労働法」といっても，
様々な労働関係法規中のすべての規定が絶対的強行法規というわけではない。
いずれの規定がこれに該当するかは，個々の規定の政策目的に照らして，公益
との関係の深さを判断していくことになる。例えば，解雇権濫用法理を定める
労働契約法16条については，比較的多数の見解によれば，憲法の定める団結
権（憲法28条）に基礎づけられる労働組合法の諸規定とは異なり，私法上の弱
者保護を実現するためのものであって，その公益保護との関連性の度合いは弱
く，絶対的強行法規ではないと解されている。もっとも，解雇権濫用法理は，
日本で労務の提供が行われる場合には労働者保護の観点から常に適用されるべ
きであるとも考えられ，そのような労働者保護政策の実現に向けた強い国家的
利益を反映する規定であると理解するならば，絶対的強行法規と位置づける可
能性もある。

　なお，通則法に12条が置かれている現在では，同法7条により労働契約の
準拠法として外国法が指定されていても，労務供給地等から日本法が最密接関
係地法となる場合には，労働者が労働契約法16条を適用すべき旨の意思表示
をすれば，同条は適用されることとなるが，この意思表示を要するというハー
ドルが存在している。このような意思表示がなかった場合であっても，同条が
絶対的強行法規であるとすれば，これは契約準拠法である外国法をオーバーラ
イドして適用されることになるため，絶対的強行法規性に関する議論はその重
要性を失っていない。

Q2 絶対的強行法規の適用の条件

　絶対的強行法規とはいえ，あらゆる場合に適用されるわけではなく，当該法
規が実現しようとしている公益維持や政策目的との関係で，その適用範囲が定
まることとなる。本決定は，日本の公序としての労働法は「属地的に限定され
た効力を有する」ことを前提とし，本件では日本国内で労務給付が継続的にさ
れていることから，これを適用している。すなわち，労務給付地が日本である

ことに言及しているのは，日本の労働法が想定する適用範囲に含まれることを示す趣旨である。このように，日本の労働法が属地的に適用されることを前提とすると，労務の給付地が外国である場合には，日本の「公序としての労働法」が適用されることはないということになる。

ただし，日本の労働法の全ての規定の適用範囲が当然に常に属地的に限定されているとはいえず，外国への出張中や外国支店等での短期滞在の際の労務関係について，（仮に外国法が労働契約の準拠法として合意されていたとしても）日本の労働法の一部の規定が絶対的強行法規として適用される可能性はあると思われ，個々の労働法規定の適用範囲を慎重に分析する必要がある。

15事件　第三国の強行法規の適用・考慮

Q1　第三国の絶対的強行法規の適用の可能性

Ｘらとの管理委託契約及びそれと一体をなす債券（本件債券）の要項の中には，「本件債券に基づく債権者を含む全ての当事者の一切の権利及び義務は，全て日本法に準拠し，かつこれに従って解釈されるものとする」との準拠法条項があり，アルゼンチン法は準拠法ではない。そして，アルゼンチンの国家緊急事態法及び予算法は，同国にとっては国家的利益に直接かつ深く関係する強行性の強い法規ではあるが，日本では，外国の絶対的強行法規（外国公法も）の適用には消極的であるため，アルゼンチン法は適用されなかった。

これに対して，法廷地法でも準拠法でもない第三国の強行法規でも，適用すべき場合があるとの考え方もある。特に，本件のように契約債権の問題については，当事者自治により準拠法が定めることができることから（通則法7条），債権と密接に関係する国の法が準拠法となるとは限らない。そのため，密接な関係を有する国にとって極めて重要な規律であれば，これを日本でも適用することにより，国際私法秩序はより安定的になるとされるのである。しかし，本判決が触れているように，第三国の絶対的強行法規の適用については現時点では消極意見が多く，本判決はこれに従っている。その理由としては，形式的に，第三国の絶対的強行法規の適用を定める法規がない点が挙げられるが，そもそも日本の絶対的強行法規の適用についても明文の規定があるわけではないので，これは必ずしも説得的な理由とはいえないであろう。

そこで，実質的に考えると，まず，一般論として，絶対的強行法規は政治・

経済・社会的公益に深く関係していることから，その公益は，政治・経済体制の違い，歴史・文化の違い等により，国によって大きく異なるであろう。通常の私法上のルールは，国家との結び付きはそれほど強くなく，相互に互換性があり，日本で外国的要素を有する事項に外国法を適用しても，例外的に公序違反とされることはあるものの，原則として違和感はない。これに対して，国家利益との結び付きが強い絶対的強行法規は，互換性がなく，外国の公益は日本において必ずしも尊重するに値しないことがある。このようなことから，第三国の絶対的強行法規の適用に対しては消極説が多いのではなかろうか。

さらに，本件に即して，アルゼンチンの絶対的強行法規を適用しない実質的理由をとして考えられるのは，本件債券に係る債権の最密接関係地法は，日本市場において円建てで債券が発行されていることから，日本法であると考えられる。アルゼンチン法を適用するとすれば，日本としてアルゼンチンの公益の保護に協力すべき公益があるという必要があるところ，確かに，国家破綻を回避して世界経済の安定を実現するためにはそのような協調的な政策判断は一定の合理性を有するが，本件訴訟の原告の利益を犠牲にしてまで，裁判所がこのような政策判断をすることはむしろ問題があると考えられる。そのため，アルゼンチン法の絶対的強行法規を適用しなかったことは妥当であると解される。

なお，アルゼンチンの国家緊急事態法及び予算法は公的債務の支払期限の国家行為による繰り延べ措置を定めるものとして，国家による収用措置に類似することから，いわゆる外国国家行為の承認の問題と位置付けて，当該国家行為を日本で承認するか否かを問題とする（承認する場合には繰り延べ措置の効力を日本の裁判所でも認める）可能性もあり得るであろう。もっとも，本件債券が日本市場において日本法を準拠法として円建てで発行されていることに鑑みると，アルゼンチンが本件の措置をとる管轄があるとはいえず，また，内容的にも日本の公序に反すると考えられるため，承認はされないこととなろう。

Q2 第三国の絶対的強行法規の考慮

第三国の絶対的強行法規について「事実上の考慮」をするは，本件に即していえば，契約準拠法である日本法の適用の中で，アルゼンチンの国家緊急事態法及び予算法による公的債務の支払期限の繰り延べ措置を，不可抗力等の事情とすることである。このような第三国の強行法規が考慮された事例としては，

東京高判平成12年2月9日判時1749号157頁がある。この判決は，イラン製絨毯の米国への輸送に係る運送契約が公序に反するかが問題とされ，その判断の中で米国のイラン取引規則に違反するという事情が考慮された（ただし，結論としては，公序に反しないと判断された）。第三国の絶対的強行法規を「適用」する場合には，契約準拠法の規律を覆して当該絶対的強行法規による規律をする（本件であれば，債務の支払期限の繰り延べ措置を認める）こととなろうが，契約準拠法の適用において考慮する場合には，必ずしも，第三国の強行法規の規律が実現されるわけではなく，契約についての判断の一事情として検討されるだけである。そのため，前掲・東京高判平成12年においては米国法が考慮はされたが，契約準拠法である日本法による運送契約の判断を左右するとはされなかった。本件においても，アルゼンチン法による公的債務の支払期限の繰り延べ措置の効力を認めることは，契約準拠法である日本の民法419条3項の法意に反するとして，日本法による債券に係る債権の規律に影響を与えないとされた。

16事件　外国における国有化の効力

Q1　外国における国有化と国際法

　日本が国際法に反する外国国有化措置の効力を認めることは，「確立された国際法規の遵守」を定める憲法98条2項に照らして問題であろう。国際法上，外国人の財産を国有化することはできるが，「十分にして，有効且即時の補償」をする必要があるとされている。そのため，本件では，イランによる英国法人財産の国有化の効力を認めるか否かの判断をする前提として，国際法上の有効性が問題となるのである。このような国際法上の有効性について，本判決は，「外国の法律の効力を無効であると判定し得る国際法上の原則」が確立されていないとしつつ，「イラン石油国有化法が純然たる外国人の権益の没収法ではなく，補償を支払って収用するものである」から，「『十分にして，有効且即時の』補償であるか否かを審理して，その法規の有効，無効を審理し得ないものと解するを相当とする」と判示している。イラン石油国有化法の国際法上の有効性について部分的な判断にとどめ，基本的に審理をしないことによって，その反射効として，有効と扱うものであり，このような処理は主権尊重・国際礼譲といった考え方に合致するということができる。

しかし，外国における国有化の効力を認めるべきかに関する国際法は存在せず，その点の判断は各国に委ねられているとすれば，日本として国際法上の有効・無効の判断をすることも可能であると考えられ，少なくともそうすることを妨げる国際法は存在しないとも考えられる。

Q2　外国における国有化と国際私法

(1)　公法とは，国家の仕組みとその下での国家と私人の関係を規律するものであり，その執行に当たっては必要に応じて当該国家の国家機関による公権力の行使がされる。ある国の公法は，基本的に当該国家の存立等に密接に関係する事項を規律する点でその国が強い利害関心を有する法であり，自国の国家機関による排他的な法適用・執行が想定される。そのため，このような公法が他国で適用されることは想定されないし，そもそもこのような利害関心を共有することはない他国も外国公法を適用することはない。そのため，原則的には，ある国の裁判所等で外国公法は適用されないこととなる（外国公法不適用の原則）。

ただし，刑事司法共助条約や租税条約等によって，ある国の国家機関が外国の公法の執行に対して援助を与えることはあり，これは相互に利益があると認めているからできることである。とはいえ，これらの条約上，外国公法自体を直接に適用することを定めているわけではなく，あくまで相互に援助をするにとどまっている。

(2)　外国公法の不適用の原則があるとしても，私法上の法律関係の規律に対して外国公法が影響を与える限りにおいては，日本の裁判所において，そのような外国公法の私法上の効力を認めることは可能である。例えば，契約準拠法所属国において公法と位置付けられる法規が私法上の効力を有するとすれば，その国の法が契約準拠法であることを根拠として，当該私法上の効力を認めても，外国公法不適用の原則に反するわけではない。本件におけるイラン石油国有化法は外国公法であると考えられるが，その私法上の法律関係に対する効力について日本の裁判所で審理をすることは可能である。

(3)　本判決は，石油の所有権を問題とし，法例10条（通則法13条）によって国有化がされた時点における石油の所在地法であるイラン法が準拠法と

され，同国法上，国有化措置により所有権が移転しているとされ，Xの所有権は喪失したと判断している。ただし，本判決とは異なり，通常の準拠法選択規則によらず，条理によって属地法を適用すべきとする考え方（国有化を行った国の法が属地的に効力を有する考え方）もある。また，いずれの見解によるとしても，準拠法の適用であるから，その結果が日本の公序に反する場合には排除されることになると考えられる。

これに対して，イラン石油国有化法による国有化措置も個別の資産の収用に関する特定の対象に向けられたものである点で判決等に類似する外国国家行為であるとして，その承認の問題と位置付けて，外国判決の承認に準じて承認の可否を決するとする立場がある。これによれば，国有化の効力が日本で承認されるかについては，一般に，①国有化を行った国が管轄権を有するか（国有化の措置国と対象との関連性），②手続的保障，③日本の公序良俗に反しないこと，④相互の保証があることといった要件の下に，審査を行うこととなるとされる。また，外国判決の承認において日本の国際私法により定まる準拠法が問題となることはないのと同様に，外国国有化措置の承認に当たっても，日本の国際私法による準拠法決定は問題としないとされる。

いずれによるべきかについて，私法上の効力に関する問題である以上，本判決のように通常の私人間の法律関係の規律を行う準拠法選択と同様に判断することにも一理あるが，国有化措置という公権力行使に関する問題であるにもかかわらず，そのように通常の私人間の問題と同様に扱うことついては疑問も残る。むしろ，外国判決の承認制度は外国国家行為の一場合についての規定であるとの見方は，国際私法秩序における国家による公権力行使をも取り込んだ理論構成であり，その点を前提とする後者の見方は魅力的である。ただし，この見解についても，理論構成の全体像が見えにくいという問題があり，将来の議論の発展が必要である。

17 事件　統一法と国際私法

Q1　統一法と国際私法

条約と日本の国際私法との関係は，憲法98条2項が条約の誠実な遵守を求めていることから，条約が国際私法を優先的に適用すると特に定めていない限

り，条約が優先することになる。そのため，条約の定め方がどうなっているかによって，直接適用されるのか，それとも，国際私法によって締約国法が準拠法となる場合に初めて条約が適用されるのかが定まることとなる。本判決は，旧ワルソー条約の前文，21条，25条１項及び32条から導き出される同条約の趣旨として，同条約１条及び２条に該当する国際航空運送については条約が直接適用されると判断している。

Q2　統一条約の解釈

　本件において，Ｙは，旧ワルソー条約は国際私法によって指定された国が締約国である場合に適用され，その際には，当該準拠法の一部としてその国の解釈に従うべきである旨主張していた。確かに，準拠外国法の一部として統一条約が適用される場合には，国際的判決調和の実現を理念とする国際私法の一般原則からは，当該準拠法所属国において解釈されるように解釈すべきこととなろう。しかし，そもそも統一条約は，締約国間で統一的に解釈されるべきものである。このような観点からは，条約の解釈・適用の国際的統一のために，他の締約国における解釈等に配慮することは合理的であるが，準拠法所属国における条約解釈に拘束されるわけではないというべきである。

18事件　国際私法の適用範囲── 国家賠償

Q1　国際私法の適用範囲と国家賠償

　本判決は，国際的私法関係は，「市民社会における対等な私人間の法律関係であり，法の互換性が高く，法律の所属する国家の利益に直接関係しない領域である」から，国際私法によって「適用すべき法律を内外の私法の中から選択指定する」とし，これに対して，本件における日本軍の行為によって被害を被ったと主張する者からの損害賠償請求のような法律関係のことを「国家の権力的作用に基づく公法的行為に係る関係」と位置付け，国際的私法関係に該当しないとして，国際私法の適用を否定した。これは，行為を行った日本国の利害関心が強く，公権力の行使に対する規制と表裏一体の問題である損害賠償責任等の問題について，国際私法による準拠法決定をし，外国法の規律に委ねることになることもあり得ると考えることは不合理であるという考えに基づくものということができよう。

　もっとも，XY 間の関係についても，私人が金銭賠償という私法上の救済を求めていることから私法的法律関係であり，準拠法選択の対象となるという見解や，民事的な権利義務関係であると位置付けた上で，日本の裁判所では日本の国家賠償法を絶対的強行法規として適用すべきであるとの見解もある。しかし，公権力性の強い国家の行為に基づく損害賠償請求について外国法の適用はあり得ないと考えられ，準拠法選択の対象外とする本件判旨の考え方が適切であろう。

Q2　日本国に対する損害賠償請求と国際私法

　公権力の行使に当たる日本の公務員が職務遂行との関係で発生させた損害について日本国に対して賠償請求を行う場合には，国家賠償法に基づく請求を行うこととなり，その結果，国際私法による準拠法決定はされない（同法 6 条の規定により，相互の保証がある場合にのみ，日本国の賠償責任が認められる）。これに対して，国家が関係する行為とはいえ，通常の民事又は商事に係る私法上の契約の締結等，公権力性の低い行為についてまで日本法による規律が必須とまではいえない。日本法による規律が必須となるほどの国家的利益に直接に強い関係がある法律問題とはいえない場合は，国家と私人の関係を国際的私法関係と位置付けて，国際私法による準拠法決定を行うことも考えられる。けがをした通行人の立場からしても，他の塀の崩落の場合と日本大使館の塀の崩落の場合とで異なる扱いがされるよりも，同じ扱いがされる方が合理的である。もっとも，国際私法上の通常の不法行為の問題であると性質決定した場合であっても通則法 22 条では日本法を累積的に適用すべきことが規定されており，日本法が規定する以上の不法行為責任を日本国が負うことはない。

Ⅱ　自然人・法人

19事件　法人の従属法

Q1　法人の従属法

(1) 法人の設立，その機関の種類や権限，社員や株主と会社の関係，法人の解散等，法人に関する様々な問題は，相互に密接に関係しており，各国法

はこれらの問題を整合的に解決するように設計されている（例えば，会社
法における株式会社と合名会社を，会社の債務に対する社員の責任と会社の業務執
行について比較せよ）。これらを別々の単位法律関係として，別々の準拠法
を適用すれば，それらの規律の間に不整合が生じうる。そのため，これら
の問題を単一の従属法によらせることに意義があると考えられ，これが法
人の従属法である。

(2)　本拠地法主義によれば，本拠地以外の法に準拠して設立された法人の法
人格は否定される。そのため，とりわけ本拠地が変更された場合には，再
設立しなければ，法人格が否定されるという不都合がある。また，本拠地
という概念自体曖昧である点も問題であろう。

　　これに対して，設立準拠法主義によれば，一義的かつ明確に法人格の有
無を判断することができる。その他，設立準拠法主義の根拠としては，法
人が法人格を認められるのはまさに設立地の法が認めたからであるという
こと，法人を設立する地に関する当事者の選択を尊重すべきであることが
挙げられている。なお，設立準拠法主義は日本の実質法規定（会社法2条2
号，821条等）と整合的であるとの指摘もあるが，これはあくまでも実質法
の規律において国内の会社と区別して規律すべき外国会社をいかなるもの
と定義するかということに過ぎず，このことから必ずしも日本において設
立準拠法主義を採るべきであるとはいえないであろう。また，設立準拠法
主義を採用した場合，本拠地の規律が潜脱され，本拠地で会社と取引をす
る相手方の利益を害するおそれがあるとの批判がありうるが，会社法は，
外国会社に対する規制（817条以下）を課すことにより（強行法規の特別連結
にあたる）対処している。

(3)　本判決は，法人の代表者がした行為が法人に帰属するかにつき，原則と
して法人の従属法によっている。ただし，本拠地がカリフォルニア州にあ
ることと設立準拠法が同州法であることを理由に，同州法によると判断し
ているので，本拠地法主義と設立準拠法主義のいずれを採用しているのか
定かではなく，この点を明らかにする必要がなかった事案であった（その
意味で最判昭和50年7月15日民集29巻6号1061頁と同じ）。

　　なお，本件は法人の従属法により必要な内部手続が履践されていた事案
であったため，従属法上，当該行為が法人に帰属しなかった場合の処理に

ついては述べていない。このような法人の外部関係については，代理人の
した行為が本人に帰属するか否かと同様の問題状況と捉えることができる
ため，任意代理の外部関係の準拠法と同様に考える立場が有力である（代
理については 22 事件 Q2 参照）。代理の準拠法につき，行為能力に関する通
則法 4 条 2 項を類推適用する立場からすれば，授権行為の準拠法に対応す
る法人の従属法をまず適用したことは妥当である。なお，この説によれば，
仮に従属法上法人に当該行為が帰属しなかったとしても，行為地法により
当該行為が帰属する余地を認めることになる。代理の準拠法につき代理行
為地法によるべきとする説を法人にも当てはめるとすれば，法人の従属法
を適用した本判決は妥当でないと考えられよう。もっとも，この説でも，
代理の場合の代理権の有無に相当する法人代表の代表権限の有無について
は法人従属法により，法人への効果帰属についてのみ行為地法によると整
理されるとすれば，本判決は問題ないと考えることもできる。

　以上のように任意代理と同様に扱う立場に対して，法人の代表関係につ
いては公示されており，取引の相手方にとっても不意打ちとならないこと
から，もっぱら法人の従属法を適用すべきとの立場もある。これによれば，
法人には株主，従業員，債権者等多くの者の利害が関係しており，一つの
取引の相手方の保護のために設立準拠法上は帰属しない債務を法人に帰属
させることは妥当ではないとされる。この立場からも，本判決の立場は支
持されよう。

20 事件　法人格否認の法理

Q1　法人格否認の法理の準拠法

(1)　法人格否認の法理は，確かに法人格とかかわるものであるが，法人格の
存否を一般的に問題とするのではなく，むしろ具体的問題の解決との関係
で法人格のベールに隠れている者（株主，代表者等）に責任を負わせるべき
かという局面で問題とされる。したがって，様々な状況がそこにはあり，
それらの場合に法人格のベールを認めない場合を総称する用語して法人格
否認と呼ばれている。そのため，法人格の存否の問題としてその従属法に
よるのではなく，具体的問題において当該法理が果たしている機能に即し
て準拠法を考えるべきであるとの見解が多数となっている。

(2)　有力説は，法人格否認の法理が問題となる場合を，過小資本などのように
もっぱら会社と株主の間に起因する事情を要件として，株主は会社の債
権者に対して有限責任を対抗できないという「制度的利益擁護型」と，外
観信頼保護の観点から当該状況における会社の債権者を保護する「個別的
利益保護型」に分け，前者は法人の従属法により規律するが，後者は事案
ごとの個々の準拠法（効果法）によるべきとする。前者の場合のポイント
は，法人に関係する者全てに一つの準拠法による一律の規律が必要である
という点であり，これが肯定される場合にこの類型に該当するとされる。

　　本件では，Ｘは，Ａ社がワンシップオーナーのためのペーパーカンパ
ニーに過ぎず形骸化していると主張している。一般に，いずれの類型に当
たるかの判断においては，必ずしも原告の主張のみに基づいて考えるべき
ではなく，実質的に，なにが問題となっているかに着目して検討すべきで
あるが，Ｘ主張のような事情があるとすれば，「制度的利益擁護型」に該
当するとも考えられる。これに対して本判決は，Ｘの請求が本件運送契約
を理由としていることを根拠に，契約準拠法によって法人格否認の法理を
検討している。つまり，「個別的利益保護型」にあたると考えていること
になる。確かに，Ｘにとって契約の相手方は形式的にはＡ社であるが，
実質的にはＹ₂社も契約当事者ではないかが問題の実質であれば，それは
当事者間の契約の効力の問題であるから，契約準拠法によると考える本判
決の立場にも十分理由がある。

Q2　消費者契約の準拠法

　Ｘらは，個人であって，事業として又は事業のために契約しているわけでは
ないから消費者であり，Ｙ₂は事業者であるから，ＸらとＹ₂の契約は通則法
11条1項の消費者契約である。同項によれば，契約準拠法として英国法を合
意していても，Ｘらの常居所地法である日本法の強行規定による保護をＸら
は求めることができる。ここでの「強行規定」は，国際私法上の絶対的強行法
規ではなく，実質法における通常の強行規定を指す。また，法律上の明文規定
に基づくものでなくても，判例法理として認められているものでもよい。日本
法の法人格否認の法理は，当事者の合意に優先して適用される強行規定である
ことは明らかであり，Ｘらがその適用を求める意思表示をしているから，通則

法11条1項により，適用して同法理によりXらが保護されるか否かを検討すべきであったと思われる。

21 事件　擬似外国会社 ─────────────────

Q1　会社法の下での処理

(1)　会社法制定前の商法旧482条によると，擬似外国会社は，日本において設立する会社と同一の規定に従うことを要するとされており，ここでいう同一の規定には設立に関する規定も含まれ，したがって日本法に基づき設立していないので擬似外国会社は法人格を認められないとされていた。

　　これに対して，現在の会社法821条は，擬似外国会社は，「日本において取引を継続してすることができない」（同条1項）とし，「前項の規定に違反して取引をした者は，相手方に対し，外国会社と連帯して，当該取引によって生じた債務を弁済する責任を負う」（同条2項）と規定しており，擬似外国会社の法人格を認めないわけではない。それゆえ，現在の会社法の下では，Xの主張は認められない。

(2)　上記のように現在の会社法821条は，擬似外国会社の規定に違反して継続的取引を行った行為者には，会社との連帯責任を課している。

(3)　擬似外国会社規制がなければ，本店を日本に置いたり，日本において事業を行うことを主たる目的とする会社であっても，日本法を設立準拠法とせずに，外国法を設立準拠法として設立することが自由に認められ，日本において取引を継続しても，会社法821条のような特別の責任は課されない。つまり，日本で主に活動する会社であっても，会社の組織に関して日本法が定める規制を回避することが可能となり，水は低きに流れるが如く，会社のガバナンス規制が弱く，会社運営者にとって都合のよい国で会社を設立して，日本でビジネスをすることになり，日本の取引秩序が害される事態になるのではないかという懸念がある。これが会社法立法当時の821条存置説の根拠であった。

　　もっとも，会社を設立する者に対して，各国がそれぞれの会社法を選択肢として提供し，そこから会社設立者は自分にとって望ましいものを選ぶという，企業をめぐる各国法制度のいわばマーケットを通じて各国が競争することで，会社法の改善がもたらされ，社会としてよりよい状態へと至

るという見方もある。Race to the bottom か Race to the top か，という議論である。

Ⅲ　代　理

22事件　任意代理

Q1　任意代理における代理人と本人の間の準拠法

　内部関係については，代理授権行為と基本関係の準拠法を区別して別個に準拠法を定める立場が通説であり，本決定も，授権行為又は表示行為の準拠法が代理の準拠法となるとしている。他方で，内部関係について，基本関係（委任契約等）と別個に授権行為を観念する必要があるかに疑問を呈し，基本関係の準拠法によるとする有力説もある。もっとも，当事者間で授権行為の準拠法を独立して定めない限り，通説によっても基本関係の準拠法が内部関係の準拠法となり，結論は異ならない。

Q2　任意代理における本人と相手方の間の準拠法

(1)　本決定は，外部関係について代理授権行為等の準拠法が適用されるとするが，取引行為の相手方の保護のために，法例3条2項を類推適用して，代理行為がなされる場所の法律において本人が相手方に対し責任を負うべきものと定められている場合には当該行為地法を適用すると判示している。なお，名義貸しにおける本人の責任についても同様であるとする。

(2)　法例3条2項は自然人の行為能力に関する規定である。取引を行う者（代理の場合には代理人，行為能力の場合には本人）が有効にそれを行う権限や能力を有しているか否かが問題となっており，当該権限や能力が制限されている場合に，外観を信頼した相手方を保護すべき要請があるという点において，代理と行為能力に類似性がある。しかし，本人がその意思により第三者に付与した権限の範囲等が問題となる代理と，当該本人が未成年であることを理由に制限された行為能力とでは，その制度目的は大きく異なり，後者においては弱者保護の観点が必要となろう。選択的に適用される行為地以外の法も，代理では当事者の意思により定まる授権行為の準拠法

（あるいは基本関係の準拠法）だが，行為能力ではその者の本国法となる点が異なっている。このことから，法例3条2項を類推適用することに疑問を呈する立場もある。なお，その他にも，この見解に対しては，選択的連結によることで相手方を過剰に保護することになり得ることを批判する見解もある。また，授権行為の準拠法によれば代理権があるとされる場合について，相手方が授権行為準拠法を知り得ないときにまでこの法により保護を受けられることを批判する見解もある。

(3)　通則法4条2項は，法例3条2項とは異なり，隔地的取引の場合には適用されないことを明示している（もっとも，法例3条2項においても，隔地的取引は日本における取引とはいえず，この規定が適用されないとの立場が通説であった）。これは，隔地的取引の場合には取引相手の行為能力の有無に注意を払うべきであることを理由とする。また，法例3条2項は，内国取引保護をその目的とし，外国人が日本で取引をした場合に対象が限定されていたが，通則法4条2項はそのような限定を課していない。もっとも，法例3条2項を代理につき類推適用する場合には，その趣旨を考慮し，内国取引に限らず代理行為地法を適用していたため，このような相違は通則法4条2項の類推適用に対して特に影響がないと考えられよう。なお，通則法の制定にあたっては，相手方の善意を本規定の適用要件とすることも検討されたが，準拠法決定の明確性を欠くこと等を理由として，否定された。

(4)　代理行為地は相手方にとって密接な関係がある地であり，代理行為地法を準拠法とすることは相手方の取引保護に資するといえる。本人も，通常，代理行為地法をコントロールすることが可能であろう。本人にとって予見できない地が代理行為地になることもあり得るが，代理による取引範囲の拡張という代理制度の恩恵を受けるのは本人である以上，本人はそのようなリスクを甘受すべきであるとされる。

　これに対して，代理行為地は偶然的に決まることもあり，必ずしも取引と密接な関係がある地とは言えないとの批判がある。このような観点からは，代理行為地法ではなく代理人の営業所所在地法を準拠法とすることが主張されるが，この見解に対しては，外国に赴いて代理人が取引行為を行う場合に，代理人の営業所所在地法と当該取引の関連性が乏しいと批判されている。

Q3　法定代理の準拠法

　法定代理は，任意代理とは異なり，法律上の原因に基づき当然に生じるものであり，本人保護の要請が強い状況にある。したがって，取引の安全を保護する要請は後退すると考えられる。そのため，通説によれば，法定代理の場合には，その外部関係についても本人と代理人の間の法律関係（親権等）の準拠法が適用される。

Ⅳ　物　権

23 事件　自動車の所有権 ────────────────────

Q1　自動車の所在地

(1)　本判決は，自動車を目的物とする物権の準拠法について，当該自動車が運行の用に供されているか否かで二分し，運行の用に供されているものについてはその利用の本拠地法，運行の用に供し得ない状態のものについては物理的な所在地法によると判示している。他方，原審は，原則としてその自動車が本来の使用の本拠として予定している地（復帰地＝登録地）の法を所在地法としており，本件についてはドイツ法を準拠法とした。

　　後者の処理に対しては，自動車については車両登録簿に基づく取引が国際的に確立しておらず，登録地法によることが必ずしも取引保護につながらないことや，登録地から離れて相当期間経過しても登録地法を準拠法とすることは取引の安全を害することなどが問題点として指摘されている（なお，船舶に関して 24 事件 Q1 参照）。

(2)　本判決は，B，C 及び D が本件自動車の占有を取得した時点においては運行の用に供し得る状態になかったとし，E が本件自動車を道路運送車両法に基づき新規登録した後は運行の用に供し得る状態であったと判示している。前者の時点でも，本件自動車はドイツにおいて登録されていたが，「登録がないものとして取引の対象とされている」ので，取引の安全の観点から，運行の用に供し得る状態になかったものとされている。このことからすると，自動車の所在地国に限らず，いずれかの国において登録されているというだけでは「運行の用に供し得る」とは言えず，登録の有無の

ような法的状況よりも，むしろ現実の利用状況を基準としていると考えられる。また，どのようなものとして取引の対象にしているかという取引の当事者の認識を重視していると解する余地もある。

　問題となる自動車が条約上の定めがないため日本で公道を走行できない場合には，運行の用に供し得ないとも考えられる。しかし，ナンバープレートがついていることから，外国において登録され利用されていたものとして取引の対象になっており，当該外国法を準拠法としても取引の安全を害することにはならないと解される。したがって，「運行の用に供し得る」ものとして利用の本拠地法を物権準拠法とすべきであろう。

Q2　原因事実の完成時

(1)　本判決は，「買主が本件自動車の占有を取得した時点」が即時取得における原因事実の完成時であるとしており，国際私法の解釈として，原因事実の完成時を判断しているものと考えられる。しかし，物権変動の原因事実がいつ完成するかは当該物権の準拠法を見なければ分からず，本判決も実は，日本法における即時取得が占有により生じることを前提にしているように思われる。このような立場からは，その時々の所在地法により即時取得が生じているか判断すべきであるということになり，所在地法により即時取得等の物権変動が生じたとされる時点が原因事実の完成時であると考えることになろう。したがって，国際私法の解釈としてある特定の時点を原因事実の完成時と決め，その時点における所在地法を準拠法とする本判決の考え方には問題があろう。

(2)　時効取得の場合については，原因事実の完成時は時効完成時（期間満了時）である。すなわち，所在地法により時効による物権変動が完成したとされる時点である。

Q3　運送中の物

　工場から出荷されたばかりの自動車は，走行はできるとしても，単なる「動産」とみるべきである。運送中の物の物権変動について，物理的な所在地法は刻々と変わるので，最密接関係地法ということはできない。むしろ，その物権変動は，これから当該動産が向かう先の地（仕向地）と密接関連性を有すると

考えられるため，仕向地法によるべきであると考えられる。本問の例では日本法によることになる。他方で，運送中の物であっても，それが寄港地で差し押さえられたような場合には，もはや仕向地に到着する見込みが立たなくなっているので，現実の所在地の法を所在地法と考えることができよう。

24事件　船舶の所有権

Q1　船舶の所有権に関する準拠法

本判決は，登録済み船舶である本件ヨットの所有権の得喪につき，登録地法（旗国法）が目的物所在地法となるとしている（学説においては，登録地や旗国を「所在地」とすることは擬制的にすぎるとして，条理に基づき登録地法〔旗国法〕を適用すべきとの見解もある）。船舶は移動するために現実の所在地の確定が困難であり，確定可能な場合にもその現実の所在地との結びつきは偶然的あるいは希薄であるので，現実の所在地法により物権問題を決定することは不適当だからである。さらに，船舶は，各国で登録による権利関係の公示制度が整備されており，登録簿に基づく取引が確立している。そのため，船舶については登録地法（旗国法）をその物権の準拠法とすることが妥当である。

これに対して，登録を要しない小型ボートの物権が問題となる場合には，単なる動産として，その現実の所在地法によるべきだと考えられる。

Q2　売買契約に基づく所有権取得

法律行為に基づく物権変動の場合，その原因行為と物権行為を区別して，前者については当該法律行為の準拠法（売買契約の場合には，通則法7条以下により定まる契約準拠法），後者については物権準拠法が適用される。物権は第三者との関係でも問題となり得るものであり，物権準拠法により統一的に規律する必要があるからである。したがって，当事者間で物権変動が生じているかはやはり物権準拠法によることになり，契約準拠法に基づき売買契約が無効である場合，原因行為が無効である場合にも所有権移転の効果が維持されるかどうかは物権準拠法により定まる。

25 事件　船舶先取特権

Q1　法定担保物権と約定担保物権

(1)　本判決は，船舶先取特権の準拠法につき，物権準拠法と被担保債権準拠法を累積適用する立場をとっている。その上で，被担保債権準拠法はAY間の合意により定められた米国法，物権準拠法は原因事実完成時，すなわち燃料油等を供給して被担保債権をYが取得した時点の船舶の所在地法であるシンガポール法を準拠法としている。

(2)　本判決は，累積適用による理由として，法定担保物権である船舶先取特権が被担保権利の効力ないし属性とみるべきものであること，当該債権について当事者双方が依拠した準拠法において船舶先取特権が認められないときにまでこれを認めることは債権者を必要以上に保護することになること，かといって被担保債権準拠法のみを適用すると船舶先取特権の準拠法につき当事者自治が認められてしまうことを挙げている。このような立場は学説においても従来からの通説である。もっとも，その説明の仕方としては，一つの法律関係を二重に性質決定するのではなく，あくまでも船舶先取特権を物権の問題と位置付けつつ，被担保債権が先取特権の成立を認めないときにまでこれを認める必要はないことから，その限度で被担保債権の準拠法を適用するに過ぎないと説明されることもある。

　しかし，このような従来からの通説に対して，どのような債権を担保物権により保護すべきかは物権準拠法が決めるべき問題であり，被担保債権は単に保護の対象であるに過ぎないこと，先取特権を特定の債権ではなくその債権者を保護する制度であると捉えれば，被担保債権の準拠法にこだわる必要はないこと等を指摘し，約定担保物権と同様，法定担保物権についても，もっぱら物権準拠法によるとする立場も有力である。このような説に立つとしても，物権準拠法上，船舶先取特権の成立のために被担保債権の存在が必要とされれば，もちろん，その被担保債権の成立については被担保債権準拠法が適用される（これは債権の成立という点だけであり，物権問題とは単位法律関係が異なる）。

Q2　船舶先取特権における目的物所在地法

　船舶先取特権は，登記や登録を必要としないため登録地（旗国）との関連性が低く，本件のように停泊時に受けた燃料や食料の供給契約に基づく代金債権に関して成立することが多い。そのため，船舶の現実の所在地との関連性が強く，登録地（旗国）法よりも現実の所在地法を適用する方が適当であるとの見方もあり得る（ただし，契約に基づく債権に関する先取特権ではなく，不法行為や事務管理から生じる債権が問題となる場合には，現実の所在地の明確性や予見可能性が不十分となるとの指摘もある）。

　本判決は，旗国法説をとらない理由として，旗国法が通則法 13 条 2 項の文言と整合しないことや，便宜置籍船について旗国との関係が密接とは言いがたいことを挙げている。そのため，本判決は，船舶抵当権についても旗国法によることを否定するもののように思われる。もっとも，24 事件 Q1 にあるように，登録地において権利関係の公示がなされていることを考慮すれば，船舶抵当権のような登録と関連する物権については，便宜置籍船を想定してもなお登録地法（旗国法）によることが適当であろう。

Q3　船舶先取特権と船舶抵当権の優劣

　担保物権の効力は，約定であれ法定であれ，所有権等の物権の準拠法と同じ法でなければ，他者との優劣を統一的に処理することができない。そのため，法定担保物権について被担保債権準拠法と物権準拠法の累積適用を主張する説であっても，それは成立についてだけであって，効力については物権準拠法のみによるとされている。その上で，このときの物権準拠法をいかに解するかについては，抵当権者の保護を図る必要性から登録地（旗国）法によるという立場と，現実に問題が顕在化した所在地（差押えや強制執行がなされる地）の法によるという立場に分かれる。本件では，前者によればパナマ法，後者によれば日本法となろう。

Ⅴ　契　約

26 事件　当事者自治

Q1　当事者自治の原則

　当事者自治の根拠としては，まず，多様な形態が存在する契約一般につき客観的連結を行うことが困難であり，何らかの客観的要素を連結素とすることは準拠法に対する予測可能性を害することが挙げられる。契約当事者が自ら準拠法を選択できるとすれば，このような準拠法の不確実性を回避することができる。また，より積極的な根拠として，個人は他者からの干渉を受けることなく自らに関する私的な権利義務関係を決定できるという私的自治の観念が，抵触法においても当事者自治という形で及ぼされるべきであることも挙げられる。

Q2　黙示の意思による準拠法選択

⑴　本判決では，本件各売買契約に先立って X₁Y₁ 間で締結された本件ゴルフ用品についての販売代理店契約において日本法を準拠法とする定めがあったこと，その後計画された中国における本件ゴルフ用品の販売に関する共同事業のために Y₃ が日本で設立されたことから，日本法を準拠法とする旨の黙示の合意があったとされている。確かに，本件各売買契約は販売代理店契約や中国での共同事業と密接に関係するものであるが，本件各売買契約は本件販売代理店契約を枠組みとするものではない別の取引であり，中国の共同事業については Y₃ が日本で設立されたのみであるから，これらをもって日本法を準拠法とする黙示の合意があったといえるかには疑問の余地があろう。

⑵　かつての法例 7 条 1 項に関する学説や裁判例においては，本問のような状況においても仮定的意思を探求する考え方（合理的な者であれば選択したであろう法を準拠法とするもの）が主張されていた。これは，法例 7 条 2 項の客観的連結（行為地法による）が硬直的にすぎたため，2 項の適用を回避し，1 項において適切な準拠法を指定しようという意図があったからであるとされる。当事者による準拠法選択がない場合に適用されるかつての法例 7 条 2 項は通則法 8 条となり，それによれば最密接関係地法によるとさ

れているので，事情が変化し，仮定的意思の探求の必要性はなくなっているといえよう。したがって，本問のような操作をして通則法7条により日本法を準拠法とすることは適当でない。

　契約の準拠法について通則法は，まず7条で当事者の意思に基づき準拠法を決定し（当事者自治），そのような選択がなされない場合には8条で客観的に準拠法を決定していると整理できる。そして，7条の選択は現実の意思によるとされている。なお，むしろ，8条により定まる最密接関係地法でない法が7条により選択されているか否かという点が現実の問題であるとの指摘もある。

Q3　準拠法選択行為の有効性

　準拠法指定の有効性（準拠法選択の意思表示につき詐欺や錯誤があったか否か等）について，なにを判断基準とすればよいかをめぐっては争いがある。準拠法指定行為は国際私法上のものであり，実質法上のものではないため，国際私法独自の立場から意思表示の瑕疵につき判断すべきであるとの見解がある。従来の多数説は，この観点から，国際私法の合理的解釈により，詐欺や錯誤等があった場合の準拠法指定の効力を判断するとしていた。しかし，国際私法上の詐欺や錯誤等のルールの内容が不明で，これによると基準が曖昧となるという欠点があり，結局のところ民法を参照するほかないとのが批判があった。

　近時では，準拠法指定の有効性についても，当事者が選択した法に委ねるとする見解が有力である。この見解によれば，契約本体，準拠法条項及び紛争解決条項の有効性について統一的に判断することができる。しかし，指定が有効である場合に定まる準拠法を適用するという点に難点があり，例えば，拒否をしない限り契約は成立すると定める法を申込者が指定して申込みをし，相手方がこれに対して無反応である場合に，準拠法選択の有効性を認め，契約が成立したと扱うのは不当であるとの指摘がある。もっとも，そのような場合には，相手方にその常居所地法の援用を認めるような例外規定の適用を条理により認めるなど，例外的な処理を行うことが考えられる。

27事件　分割指定────────────────

Q1　実質法的指定と抵触法的指定

　抵触法的指定とは，国際私法における当事者自治の原則に基づく準拠法の指定である。これに対して，実質法的指定とは，準拠法上認められる私的自治の範囲内（すなわち，強行法規に反しない限り）において，ある国の法を参照することによって，当該規律を契約条項として取り込むことである。本判決は，本条項が「本件保険契約に関する法律問題のうち，『一切の請求に対する責任及びその決済に関して』は英国法を適用し，それ以外の事項・法律問題については，法例7条により，行為地法である日本法を適用する旨のいわゆる準拠法の分割指定を定めたもの」としており，抵触法的指定であると判断している。

Q2　分割指定

　単一の契約について複数の準拠法を指定すると，準拠法間の適用関係が複雑になるとも考えられるが，契約は複数の法律行為の束であり，どの単位で一つと数えるかが不明確である。また，当事者自治が認められる以上，当事者の期待や取引の安全の保護を根拠として，分割指定を認めるべきである。ただし，全く自由に分割指定できるわけではなく，強行法規の回避に当たる分割指定や過度の細分化は否定すべきであるとする見解や，分割指定の実務的必要性がある場合にこれを認める見解など，分割指定に一定の制約を課す見解もある。
　本件における英国法準拠条項は，英文保険証券に含まれているものであり，貨物の海上保険については英文保険証券により付保険を引き受けるのが日本を含む主要な保険業界の商慣習である（東京地判昭和52年5月30日判時880号79頁参照）。英国法準拠条項が用いられているのは，英国が保険につき詳細な判例法を有していることに加え，保険会社が保険金の支払を行った後，再保険契約に基づいて支払相当額につき請求する相手は英国の保険会社等であり，その再保険金請求権の準拠法が英国法であるためであるとされる。このような保険ビジネス上の合理的必要性が存在することから，分割指定に一定の制約を加える上記の見解によっても，本件分割指定は認められるであろう。

28事件　当事者による法選択がない場合 ―――――――

Q1　特徴的給付の理論

(1)　まず，本件各売買契約につき当事者による準拠法の選択はないから，通則法7条ではなく8条1項により最密接関係地法が準拠法となる。8条2項によれば，当事者の一方のみが特徴的給付を行う法律行為については，その給付を行う当事者の常居所地法が最密接関係地法と推定されるところ，本件で問題となっているのは売買契約であり，売主のみが特徴的給付を行うため，売主であるX又はCの常居所地法である中国法が最密接関係地法と推定された。この推定は，目的物の消費地が日本であること，目的物の仕様等を決定したのが日本のY社であること，代金の3分の2が日本円建てであること，買主が日本企業であることを考慮しても覆されず，結論として，準拠法は中国法であるとされた。

　　なお，本判決は，8条2項の適用に当たり，売主であるX及びCの常居所地法（中国法）を最密接関係地法と推定しているが，同項括弧書によれば，特徴的給付を行う当事者が当該法律行為に関係する事業所を有する場合にあっては，当該事業所の所在地の法を最密接関係地法と推定するとされているため，本件はこれによるべきであったと考えられる。通則法においては，常居所を連結点として用いる場合でその者が法人であるときについて，常居所を連結点とする個別の単位法律関係ごとに，法人の場合における連結点が定められている。したがって，常居所は基本的に自然人についてしか問題とならないというべきである。もっとも，本件において，この点は結論に影響しないであろう。

(2)　特徴的給付とは，当該契約類型を他の契約類型と区別する要素となる給付である。通常，一方の当事者は金銭支払義務を負うだけであって，その給付によっては他の契約類型との区別はできない。そこで，金銭給付義務の反対給付が特徴的給付であるとされる。そのような給付は一般に金銭の支払よりも複雑な行為であって，最密接関係地を導くことができるとされている。そして，特徴的給付の履行地ではなく，それを行う者の常居所に連結するのは，例えば，売買の目的物となる機械を第三国で据え付ける場合など，履行地の方が密接とは言い難いからであるとされる。いずれにし

ても，特徴的給付を行う当事者の常居所地を最密接関係地とするのは一般
的な場合であって，あくまで推定である。したがって，個々の事情により
この推定は覆されることがある。

(3)　金銭消費貸借契約の場合，いずれも金銭給付を行っているに過ぎないよ
うにも思われるが，貸主は信用供与をしており，特徴的給付を行っている
と考えられる。もっとも，預金契約の場合には，貸主は預金者であるもの
の，貸主が信用供与をしているというよりも，銀行を信頼して預金をして
いるにすぎず，上記の金銭消費貸借に関する一般論は妥当しない（むしろ，
銀行が金銭を預かるという金融サービスを提供しているという点が当該契約を特徴
づけているとして，銀行が特徴的給付を行っていると理解できよう）。

また，交換契約のように契約当事者双方が金銭以外のものを給付する場
合や，ジョイント・ベンチャー契約のように債務内容が複雑化する場合な
ど，特徴的給付の理論により最密接関係地法を推定することはできない例
もあると考えられている。このときは，通則法 8 条 1 項により最密接関係
地法を認定することになろう。

Q2　不動産を目的物とする法律行為

不動産を目的物とする法律行為については，通則法 8 条 3 項により最密接関
係地法が推定される。すなわち，不動産所在地である日本の法が最密接関係地
法と推定される。不動産に関する物権関係は通則法 13 条により目的物所在地
法によることとなること，不動産に関しては登記・登録が通常問題となること
から，不動産を目的とする法律行為は，その所在地法と密接に関係すると考え
られるためである。なお，これに対して，不動産の建設や修繕を内容とする請
負契約は，不動産それ自体を目的物とする権利の発生や移転を目的としていな
いので，形式的に 8 条 3 項に該当せず，また，実質的にも役務の提供が中心と
なる契約であるため，3 項の適用はないと解される。

Q3　売買契約に対する CISG（ウィーン売買条約）の適用

営業所が異なる国に所在する当事者間の物品売買契約であり，これらの国が
いずれも締約国である場合，原則として CISG が適用される（1 条 1 項(a)）。日
本も中国も CISG 締約国であるため，本件売買契約には CISG が適用されるは

ずである。当事者間の合意により，CISG の適用を排除することもできる（6
条）が，当事者が国内法に基づき主張立証を行っていることのみをもって黙示
の適用排除を認めることはできず，それが CISG の適用可能性を認識しつつあ
えて行われたものであることを要するとする見解が有力である。したがって，
本件売買契約には CISG が適用されるべきであったと解される。

　なお，CISG が適用される場合でも，時効や遅延利息など，CISG が規律し
ていない事項や，CISG が規律する事項に関する問題であるが CISG が明示的
に解決していないものであって，CISG の基礎を成す一般原則によっても解決
されない事項（7 条 2 項）を解決する際には，国際私法により定まる契約準拠
法が適用される。

29 事件　準拠法の事後的変更

Q1　黙示の意思による準拠法の事後的変更

　本判決は，X と Y が日本法の適用を前提に訴訟活動をしていることを理由
として，訴えの提起後に日本法を準拠法とすることに合意したと解されるとし
ている。通則法 9 条の文言は明示の合意に限定しておらず，当事者の現実の意
思を尊重することが当事者の利益に資することから，7 条と同様に，黙示の合
意による準拠法の事後的変更も，それが現実の意思である限り，可能と解され
る。例えば，当事者が通則法 9 条の存在を認識せずに日本法に基づく主張を行
っている場合には，当事者に準拠法を変更する現実の意思があるとは言いがた
いと考えられる。そのような場合には裁判所は釈明権（民訴法 149 条）を行使
し，準拠法に関する当事者の意思を明確に把握すべきであろう。

Q2　準拠法の事後的変更の効果

(1)　準拠法が事後的に変更された場合において，当該変更が遡及効を有する
　　か否かは，当事者の意思解釈によるとされている。もっとも，本件のよう
　　に訴訟中に準拠法の事後的変更がなされる場合，その変更に将来効しかな
　　いとすれば意味がないため，当事者間には当該変更に遡及効を認める意思
　　があると解されるであろう。

(2)　準拠法の変更が第三者の権利を害することとなるときは，その変更を第
　　三者に対抗できない（通則法 9 条但書）。ここでの「第三者」は，当該法律

　行為によって生じた法律関係に対して法的な利害関係を有する第三者を指すと考えられ，保証人はこれに当たる。問題は，どのような場合に第三者を「害する」といえるかである。多数説によれば，新準拠法と旧準拠法を比較し，その適用結果において第三者が不利益な変更を受けているか否かにより判断すべきであるとされる。これに対して，準拠法となり得る複数の実質法の内容を比較してより有利な準拠法を定めるという手法は実際には困難な作業であり，実質法の適用結果から離れて中立的に準拠法を定めるべきであるという国際私法の理念を根拠として，いずれの法が保証人にとって有利な結論を導くかにかかわらず，常に準拠法の変更を保証人に対抗できないとすべきであるとの見解もある。もっとも，この立場によったとしても，第三者に有利な変更であるような場合に，第三者の側から準拠法の変更を追認することは可能であると考えられる。

30 事件　消費者契約

Q1　消費者契約の準拠法

　本件各出資契約は通則法 11 条の消費者契約に当たるところ，本契約 11 条にはアメリカ合衆国法及びネヴァダ州法を準拠法とする旨の定めがあったが，消費者である X らが自身の常居所地である日本の強行規定である民法 96 条 1 項及び消費者契約法 4 条 1 項 1 号を適用すべき旨の意思表示をしたため，本判決は，通則法 11 条 1 項によりこれらが適用されると判示している。

Q2　能動的消費者と勧誘

　消費者が事業者の事業所所在地に赴いて消費者契約を締結した場合，通則法 11 条の消費者保護規定は適用されない（6 項 1 号）。このような能動的消費者は，自ら外国へと赴いているのであるから，常居所地法による保護を期待しないであろうし，当該外国法による規律を甘受すべきであると考えられる。また，能動的消費者との契約の場合，事業者側も，消費者の常居所地法の適用は想定していないのが一般的であり，このような場合にまで消費者の常居所地法による保護を消費者に与えることは，事業者の予見可能性を害する。これらのことが消費者保護規定を適用しない根拠になっていることから，消費者が，当該事業者から，契約を締結することについての勧誘を消費者の常居所地において受け

ていた場合は，この限りでないとされている（11条6項1号但書）。このとき，
消費者は真に能動的に外国へと赴いたとはいえず，また，事業者は消費者の常
居所地を認識し，その上で，その地に向けた働きかけを行っていると考えられ
るからである。ここでいう「勧誘」は，立案担当者の説明によると，事業者に
よる契約締結に向けた個別的な勧誘行為のみを指すとされる。これに対して，
適用除外に関する上記趣旨からすれば，必ずしも個別的な勧誘行為でなければ
「勧誘」にあたらないとはいえず，例えば，特定の客層に向けた積極的な働き
かけが事業者によりなされており，それが消費者を契約締結のために赴かせる
契機として相当であるといえれば，個別的な勧誘行為でなくとも「勧誘」にあ
たる余地があるとする見解もある。もっとも，本問におけるような受動的なウ
ェブサイトの存在のみでは，十分な働きかけがあったといえず，「勧誘」には
該当しないと考えられる。

31事件　労働契約

Q1　労働契約の準拠法

(1)　当事者による法選択がされている場合の労働契約の準拠法はその選択し
　　た法になるが（通則法12条1項，7条，9条），労働者が最密接関係地法中の
　　特定の強行法規を適用すべき旨を使用者に対し表示したときは，その強行
　　規定をも適用する。その最密接関係地法は，通則法12条2項により，労
　　務提供地法と推定される。労務提供地は，通常，労働市場の秩序維持の観
　　点から，当該労働契約の規律について最も利害関係を有することに加え，
　　労務提供地法の適用は，労働者自身の期待に沿うものであるとともに，使
　　用者にとっても予見可能であるからである。12条2項が推定規定であっ
　　て反証が可能とされているのは，労働契約の形態が多様であり，労務提供
　　地法が必ずしも最密接関係地法であるとはいえない場合があるためである。

(2)　本判決は，Xが平成21年7月以降日本で勤務していたことから，労務
　　提供地が変更しており，労務提供地は日本であるとしている。契約締結地，
　　当初の労務提供地，賃金の決定・支払地，雇用管理地が英国であった等の
　　事情は，最密接関係地法の推定が覆るか否かにおいて考慮されているが，
　　結論としては，いずれも労務提供地法が最密接関係地法であるとの推定を
　　覆す事情に該当しないとされている。なお，労務提供地が日本であるとし

ても，雇用管理に関わる要素が労務提供地以外に集中しているとして，推定を覆し，英国法になおよるべきであるとする考え方もあり得るが，労働者保護という規定の趣旨を考慮すれば，そのような使用者側の事情によって推定を覆すのは妥当ではないであろう。

(3) 労働契約はその継続性ゆえに，労務提供地が変更し，当該労働契約に最も密接な関係がある地が変わることも少なくない。したがって，労務提供地が変更した場合には，それにより推定される最密接関係地法も変更されるべきである。他方，通則法12条3項は労務提供地を8条1項における最密接関係地法と推定する規定であるが，8条1項は「当該法律行為の当時において」当該法律行為に最も密接な関係がある地の法を準拠法とするものであって，最密接関係地法が変更したことによる準拠法の変更は想定されていない。そうすると，12条3項の労務提供地も契約締結時のものであり，労務提供地が変更したことにより最密接関係地法が変更されることもないと解するのが自然であろう（これと平仄を合わせるならば，12条2項における労務提供地も同様に解されよう）。以上のことから，少なくとも12条3項の解釈において労務提供地の変更による最密接関係地法の変更を認めるためには，8条における最密接関係地法の変更を一定の場合に認めるような解釈が必要となり，これを支持する見解も見られる。本判決は，12条2項の労務提供地についてであるが，その変更を認め，これに基づき変更後の労務提供地の法である日本法の強行規定の適用を認めている。

Q2　強行法規の適用

(1) 通則法12条1項は，労働者が最密接関係地法中の特定の強行規定を適用すべき旨の意思を使用者に対し表示した場合に限り，当該強行規定をも適用すると定めている。この意思表示は，その内容から適用されるべき強行規定が具体的に特定できるものであることを要するが，他方，この規定の趣旨が弱者保護にあり，法的知識に乏しいと考えられる労働者に過度の負担を課すことは妥当でないと考えられる。したがって，本問の例のように，最密接関係地法である日本法上の特定の法的効果（有期労働契約の更新）が示されていれば，そこから労働契約法19条の適用を求めているものと客観的に認識できるため，当該規定の適用を認めるべきであろう。な

お，本問とは異なり，我が国における絶対的強行法規が適用されるべき場合には，当事者の主張にかかわりなく適用される（14事件 Q1 参照）。

(2) 本判決は，雇用の終了という一つの場面に関して適用される法を分断し，雇用期間の定めに関する規律のみ英国法に準拠し，雇用契約の終了に関する規律は日本法に準拠するという判断枠組みは採用し難いとして，日本法のみによっている。しかし，通則法 12 条 1 項は，あくまでも当事者間で選択した法を準拠法とした上で，労働者が適用を求めた最密接関係地法中の強行規定をも適用できるとするものであり，一つの場面についても複数の法が適用され得ることを前提としている。したがって，この点に関する判示には疑問がある。

Ⅵ 法定債権

32 事件 事務管理——海難救助

Q1 海難救助における原因事実発生地

(1) 事務管理についての原因事実発生地とは，事務管理地，すなわち，事務の管理が現実になされている地であり，管理の客体が所在する地を指すものと解される。本件においては，Y が本件船舶を救助した地が日本国内にあることから，日本法が準拠法とされている。

(2) 本問では，事務管理中に管理の客体の所在地が変更している。このような場合，新所在地の法を準拠法とすると，管理者が恣意的に自己に有利な準拠法を指定することが可能となるため，事務管理を開始した当時の所在地法を準拠法とし，管理行為全体に適用すべきであろう。

(3) 海難救助は，救助に成功した者に対してその報酬として救助料請求権を認めるものであるため，実質法上は，事務管理として説明をせず，海商法上の独自の制度であると解されている。

　これに対して，国際私法上は，事務管理ないしはそれに準ずるものと性質決定する立場が通説である。本判決もまた，法例 11 条 1 項（通則法 14条）を適用している。国際私法においては準拠法の決定が目的であり，通則法が用意している単位法律関係の数は限られているため，対象となって

いる法律問題の本質を見極めて，いずれの単位法律関係に含まれるかを判断する必要がある。その観点から見れば，本判決の性質決定は妥当である。

　以上を前提として，公海上で事務管理がなされた場合について考えると，事務管理地はどこの法域にも属さないことになる。従来の多数説は，まず共通旗国法により，これがない場合には双方の旗国法を累積適用するとしていた。しかし，そのようにする根拠は特に示されておらず，累積適用は事務管理の成立を困難にし，救助船にとって不利になる点で批判されている。これに対して，救助船の旗国法による説，被救助船の旗国法による説，これらのいずれかを救助者が選択できるとする説もある。また，以上の見解はいずれも当事者双方に中立的な法でないとして，やむを得ず法廷地法によるべきだとする説もある。いずれも決め手を欠くところ，通則法の下では，15条の例外条項（Q2も参照）があるので，これによって最密接関係地法を探求することになろう。

Q2　例 外 条 項

　救助船と被救助船の旗国が同一である場合，通則法15条の例外条項により共通旗国法を適用すべきかが問題となる。海難救助は領海所属国の一般的利益と関連性が薄いとして，公海上の海難救助の場合（Q1⑶参照）と同様に，共通旗国法を適用するという見解もあるが，救助船と被救助船の旗国が同一であっただけで，その地との関連性が海難救助の行われた領海所属国との関連性よりも明らかに密接であるとはいえないとして，15条により14条の適用結果を覆すことに反対する見解もある。

33事件　不 当 利 得 ─────────────────

Q1　不当利得の準拠法

⑴　本件は，本件定期備船契約を解除した時に，Yが自身の残存燃料の返還請求権を行使できず，これによりXに残存燃料代金相当額の利益が生じたという不当利得に関するものである。通則法14条の「その原因となる事実が発生した地の法」とは，不当利得の場合には不当利得地法を指す。本件では当該契約解除がなされたのが公海上であるため，原因事実発生地も公海上と解している。したがって，通則法14条をそのまま適用するこ

とはできないと判示している。

(2) 隔地的になされる不当利得については，請求の基礎が損失ではなく利得にあることから，利得の発生した地を原因事実発生地とすべきであるとされる。例えば，国境を越える誤振込みの場合，受領地が原因事実発生地となる（この立場を採るものとして，東京高判平成24年1月18日判時2138号42頁がある）。

Q2 例外条項

例外条項（通則法15条）は，例外条項が適用される例として「当事者間の契約に関連して……不当利得が生じたこと」を挙げている。契約と関連して不当利得が生じる場合（例えば，売買契約が無効とされることにより生じる不当利得など），その不当利得は本質的に当該契約の発展ないし延長として生じていること，契約に関連する不当利得について困難な性質決定や適応問題を回避できることから，このような例示（附従的連結）は有意義であろう。

本件では契約が解除され返船されたのが公海上であったが，原因事実発生地が船の所在地等により偶然的に決まることや，当事者の一方が自己に有利な法域において返船するおそれもある。したがって，本件利得が本件定期備船契約の解除に伴う法律関係の紛争であり，本件定期備船契約に関連して生じたものであることから，通則法15条により，本件定期備船契約の準拠法である英国法と明らかに密接な関連があるとして英国法を適用した本判決の判断は妥当である。

34事件　不法行為(1)——投資に関する虚偽説明

Q1 不法行為の結果発生地

(1) 通則法17条は，不法行為制度の目的が被害者に対する損害塡補，損害の公平な分配にあることから，結果発生地法を原則的な準拠法としている。損害塡補のみに着目するならば，後続損害の発生地も結果発生地と考える余地が生ずるが，不法行為制度には当事者間の正義の実現や個人の権利の保障という機能もあることから，結果発生地は当事者双方の権利利益にかかわる地である直接の結果発生地に限られるべきであり，損害のみに関連する後続損害の発生地は結果発生地に含まれないと解される。なお，この

ような理解は，国際裁判管轄ルールにおける不法行為地管轄（民訴法 3 条の 3 第 8 号）における結果発生地の通説的理解と同じである。

⑵　純粋経済損失に関する不法行為の場合，直接の結果と後続損害との区別がとりわけ問題となる。本判決の事案の場合，欺罔行為を受けた X 社が Y₁ 社株を譲渡する意思表示を日本において行ったことにより，法益侵害の結果が発生したとされた。なにを結果と解しているかは明示されていないが，欺罔行為を受けて経済的合理性を欠く取引判断を行い，本件株式を売却する意思表示をしたという一種の自己決定権の侵害を結果と解しているものと理解できよう。この意味において，意思表示を行った日本を結果発生地としたことも妥当であると考えられる。

Q2　準拠法の事後的選択・特別留保条項

通則法 21 条において，不法行為の準拠法について事後的に合意することが認められている。事後的な合意に限られている理由としては，事前の合意を認めた場合に弱者に一方的に不利な準拠法合意がなされ得ること，事前の合意による予見可能性の要請があるとすれば，そのような当事者間には契約関係が存在していることが多く，附従的連結（通則法 20 条）によることが可能であることが挙げられる。本件においても，事後的に準拠法を合意することは可能であろう。ただし，当事者間で準拠法の事後的合意がなされた場合にも，特別留保条項（通則法 22 条）の適用があるのは，同条が公序則の一種であることから当然である（とはいえ，準拠法を合意した当事者の期待や予見可能性を害するとの批判もある）。したがって，22 条 1 項により，日本法上不法行為とならない場合には，合意により選択された香港法上不法行為とされても，不法行為は成立しない。

35 事件　不法行為⑵──不正競争 ──────────

Q1　不正競争行為の準拠法

⑴　商品形態模倣行為のような，市場における購入者を欺罔し，市場秩序を乱す「市場型不正競争」の準拠法については，①不法行為の問題として通則法 17 条により準拠法を決定する説，②特殊な不法行為として条理により市場地法を適用する（20 条以下の規定は適用されない）説がある。本判決

は，本件不正競争行為（商品形態模倣行為）は不法行為であり，通則法17
条により準拠法が決定されるとした上で，Y商品の販売により当該販売先
の国の市場におけるXの営業上の利益が侵害されることから，結果発生
地は当該販売先の国であるとしており，①説によっているといえよう。

　なお，不正競争を通常通り「不法行為」と性質決定し準拠法を定める①
の立場をとった上で，不正競争防止法の一部規定については，それが日本
の市場競争秩序の維持・確保を目的とするものであることから，外国法が
準拠法となる場合であっても，絶対的強行法規として適用されるとの見解
もある。もっとも，この立場によるとしても，不正競争防止法2条1項3
号を絶対的強行法規と捉えるか否かには争いがある。当該規定の対象とな
る行為に刑事罰が科されていることから，国家政策的な見地から市場にお
ける発生を防止しているとして，絶対的強行法規に当たるとする見解もあ
るが，他方，当該規定の保護法益は個別的なものにとどまるとして，絶対
的強行法規には当たらないとする見解もある。

(2)　ノウハウ侵害は，直接に市場と結びつく不正競争ではなく，当事者間の
競争関係を背景とした「個別型不正競争」である。学説上は，不正競争の
準拠法につき，不正競争を類型化し，「市場型不正競争」（(1)参照）につい
ては，市場の利益保護という観点から（通則法17条の結果発生地法として，
または条理により）市場地法により，「個別型不正競争」については，被害
者（競争者）の利益保護という観点から被害者の営業所所在地法を結果発
生地法として適用するとの見解が有力である。この立場によるとすれば，
ノウハウ侵害の場合の準拠法の決定方法は本件の場合と異なることになる。

Q2　例外条項

　本判決は，X及びYの本店所在地がいずれも日本国内にあること，Y商品
の販売形態が日本で受注し外国へ輸出販売するというものであり，その販売先
は複数の国に及んでいることから，販売先の各国と比べて，日本と明らかによ
り密接な関係があるとして，日本法を適用した。20条は，当事者の常居所地
法が同一である場合を例外条項の発動の例として挙げている。「常居所」は自
然人について用いられてきた概念であるため，当事者が法人である場合にどの
ように考えるかが問題となるところ，同一常居所地法の適用を優先する趣旨

（当事者双方がその地の社会環境に組み込まれており，当事者間の権利義務の問題にその地が密接な関係を有すること，実際の経済状況が損害賠償額に反映されること等）を考慮すると，当該不法行為に関連する事業所の所在地が同一である場合，原則的には例外条項を発動してよいと解される。

　なお，Q1⑴記載の通り，（市場型の）不正競争については，条理により市場地法を適用することで20条の適用を回避する立場や，17条及び20条の解釈において市場地法を適用しようとする立場も見られる。

36事件　名誉毀損

Q1　名誉毀損の準拠法

⑴　名誉・信用毀損は，国際的に頒布される印刷物やインターネットを通じてなされる場合のように，複数の法域において同時に生じ得る。不法行為の一般則（通則法17条）を適用すると，複数の法域がそれぞれ結果発生地となり得るが，それでは当事者間の紛争処理が煩雑となる。そこで，通則法19条は，そのような名誉・信用毀損の準拠法を単一のものとしている。被害者の常居所は，通常，結果発生地のうち最も重大な社会的損害の発生する地であるため，準拠法として適当であると考えられる。被害者にとって密接な法であるため，被害者保護に資すること，加害者からしても，被害者の常居所は通常予見し得るものであることも，19条が被害者の常居所地法を準拠法とした理由として挙げられる。

⑵　通則法19条が，最も重大な結果の生じる地が被害者の常居所地であろうことを前提としていると考えると，被害者が常居所において無名であり，最も重大な結果が他の地において生じている場合，当該他の地が，被害者の常居所よりも当該名誉毀損につき明らかにより密接であると考えられる。したがって，通則法20条により，当該他の地の法を準拠法とすることになろう。

Q2　プライバシー侵害の準拠法

　世界中で閲覧可能なインターネット記事によれば，世界中でプライバシー侵害が生じたとも考えられる。これら全てを問題とするならば，世界中がプライバシー侵害の結果発生地となり得る。このように，拡散的な不法行為となり得

る点においてプライバシー侵害は名誉・信用毀損と同様であること，プライバ
シーも人格権の一つという点において名誉と共通する点があること，本件にお
けるように，同一の行為が名誉毀損とプライバシー侵害の双方において問題と
なることも多いことから，多数説は本判決と異なり，プライバシー侵害も通則
法 19 条によるべきであるとしている。

Ⅶ　債権債務関係

37 事件　債　権　質

Q1　債権譲渡の準拠法

(1)　通則法 23 条は，債権譲渡の債務者その他の第三者に対する効力につい
てのみ規定する。したがって，債権譲渡の成立及びその当事者間での効力
については解釈に委ねられている。従来の通説は，債権譲渡を準物権的行
為と捉え，譲渡の原因行為については原因行為（$X_1 X_2$ 間の債権譲渡契約）
の準拠法，譲渡行為については譲渡対象債権の準拠法（本件定期預金債権の
準拠法＝日本法）によるとしていた。しかし，このように区別することが
実際の取引においてどれほど認識されているか疑問であること，債権譲渡
の場合には債務者や第三者保護につき別途規定があり，準物権行為を独立
して捉える必要性に疑問があること，両者を一つの準拠法によらしめる方
が簡便な処理が可能となること等から，債権譲渡を債権的法律行為である
契約と捉え，契約準拠法によるとする説が有力となっている。なお，この
立場によるとしても，譲渡対象債権の譲渡可能性については譲渡対象債権
の準拠法による。

(2)　債権譲渡の債務者その他の第三者に対する効力については，通則法 23
条により，譲渡対象債権の準拠法（本件では日本法）による。法例 12 条に
おいては債務者住所地法主義が採用されていたが，通則法においてはこの
点が改められた。その理由として，債権譲渡は譲渡対象債権自身の運命
（帰属）の問題であり，債務者との関係では，債務者は譲渡対象債権の準
拠法上のことだけに注意をしておけばよいこととすべきであることが挙げ
られる。また，その他の第三者との関係でも，譲渡対象債権の準拠法によ

ることで，実務上重要となり得る債権の譲渡可能性，債務者対抗要件及び
第三者対抗要件を全て同一の準拠法によることができ，取引の安全に資す
ることが挙げられている。

Q2　債権質の準拠法

(1)　本判決は，本件債権質に適用されるべき法につき，法例10条（通則法
13条）を出発点としており，また，権利質は物権に属すると述べているこ
とから，物権と性質決定していると解される。この立場を支持する見解か
らは，債権質はその客体たる権利を支配するために法が特別に認めた担保
制度であるため，物権と性質決定すべきだと主張される。これに対して，
通則法13条は「動産又は不動産」に関するとあるように有体物に対する
物権に関する規定であり，債権が対象である債権質は13条の物権ではな
く，債権譲渡の一種と性質決定する見解も有力である。この立場によれば，
債権譲渡とは，譲渡対象債権の「所有権」の移転であり，通則法23条は
債権の「物権問題」の一局面を定めているということになり，同様に「物
権問題」である債権質や債権譲渡担保も，通則法23条を出発点にして考
えるべきであるとされる。

(2)　本判決は，債権質の準拠法につき，物権に関する法例10条を参照しつ
つも，権利質は目的物が有体物でないことからその所在を問うことが不可
能であること，及び，権利質はその客体たる権利を支配し，その運命に直
接影響を与えるものであることから，客体たる債権自体の準拠法によると
判示した。法例の下では，本判決と同様，有体物の所在地に相当するもの
として客体たる債権の準拠法によらせる説が多数説であったが，少なくと
も，同一の債権をめぐって優先権を競う第三者に対する効力は，債権譲渡
に関する法例12条によらなければ一律に解決することができなかったは
ずである。もっとも，債権譲渡の債務者その他の第三者に対する効力を対
象債権の準拠法によることとする通則法23条の下では，いずれの立場に
よったとしても，客体たる債権の準拠法が債権質の第三者に対する効力の
準拠法となる。

38 事件　保険金先取特権 ──────────────────────

Q1　保険金先取特権の準拠法

⑴　本決定は，債権先取特権の準拠法につき，条理により，客体である債権自体の準拠法と被担保債権の準拠法を累積適用するとした。有体物に対する先取特権については，物権準拠法と被担保債権準拠法を累積適用する説が従来の多数説であり（百選25参照），本決定もこれと同様の立場に立った上で，客体が債権であることから，物権準拠法について有体物の場合の目的物の所在地法に相当するものとして，客体である債権自体の準拠法によっていることになる。法定担保物権についてこのような累積適用によること自体に批判があること（25事件Q1参照）に加え，そもそも，法定担保物権と同様の立場から債権先取特権の準拠法を定める点にも疑問があり得る。債権先取特権は，債権から優先的に弁済を受ける権利である。債権先取特権を有する者も，同一の債権をめぐって他の債権者と優先権を争うこととなる。そのような第三者との関係を一律に解決する必要がある以上，通則法23条が適用されるべきである（したがって，客体となる債権の準拠法による）とする見解が有力に主張されている。

⑵　本決定は，債権先取特権が債権質と同じく客体を債権とする物権であるため，被担保債権準拠法とともに累積適用される物権準拠法について，債権質に関する最高裁判決の判断を踏襲していると考えられる（37事件Q2⑵参照）。すなわち，客体が債権の場合には目的物の所在地を観念できないことから，これに相当するものとして，客体である債権自体の準拠法によっている。もっとも，この点についても，通則法23条を根拠とすることも可能であろう。

Q2　公海上での不法行為の準拠法

本決定は，通則法17条における結果発生地法が存在しないことから，同条は適用できないとした上で，衝突したそれぞれの船舶の旗国法である日本法と韓国法を累積適用するとの立場を採用している。この立場はかつての多数説によるものと解されるが，通則法の下では，20条により，直接に最密接関係地法を探求すべきであると考えられる（公海上での事務管理に関する32事件も参照）。

39 事件　弁済の通貨 ————————————————

Q1　代用給付権

　代用給付権の有無やその内容について，いかなる国の法が準拠法となるかが問題となる。この点については見解が分かれており，①債権の内容に関するものであるから債権準拠法によるとの説，②履行の態様の問題であるから履行地法によるとの説，③民法 403 条が自国通貨の強制通用力を維持するための絶対的強行法規であるとの説がある。①の説によれば，債権準拠法が外国法の場合には民法 403 条は適用されず，日本法の場合にのみ適用されることになる。この点，むしろ債権準拠法が日本法であり，履行地が外国にある場合に民法 403 条をいかにして適用するのか疑問であるとの指摘がある。②の説によれば，債権準拠法が外国法であっても，履行地が日本にあれば日本法によることになる。③の説によれば，日本では日本の通貨に関する公法規定である民法 403 条が常に適用され，これに反する特約は認められないことになろう。ただし，①説から③説は常に対立する考え方ではなく，原則として債権準拠法が日本法である場合に準拠法として適用されるが，債権準拠法が日本法でなくても，日本での履行に関しては絶対的強行法規として 403 条が適用されるといった考え方を採ることも可能である。

Q2　弁済による代位の準拠法

　債務を弁済した保証人に対する債権の法律上の移転が認められるとすれば，それはその移転の原因たる事実の効果に他ならないことから，その原因たる事実の準拠法（本問における保証契約の準拠法）によるとするのが従来からの多数説である。これに対して，このように債権が法律上移転する場合にも，通則法 23 条を準用すべきであるとの説が有力に主張されている。その理由としては，①債務者は，移転前の準拠法に基づいて主張できた抗弁等を移転後も主張できるべきであり，移転前後でその状況が変わるのは妥当でないこと，②その他の第三者（例えば，債権の譲受人や差押債権者）との優劣については，単一の準拠法によらなければ解決できないことが挙げられる。なお，いずれの説によっても，債権自体の移転可能性は，対象債権自体の準拠法によることになる。

Ⅷ　知的財産権

40 事件　属 地 主 義 ─────────────

Q1　属 地 主 義

(1)　**通則法 13 条 1 項と刑法 1 条 1 項**　　通則法 13 条 1 項は，世界各国の
実質法（日本民法を含む）上の法概念から独立した「動産又は不動産に関す
る物権及びその他の登記とすべき権利」という単位法律関係を国際私法に
おいて措定し，これに最も密接に関係する地の法を準拠法とするとの基本
方針に基づき，その目的物の所在地を連結点とするものであって，日本に
所在する場合に日本法が準拠法となるとの解を与えるだけではなく，例え
ばイタリアに所在する場合にはイタリア法によるとの解も与えるものであ
って，世界中のあらゆる動産及び不動産の物権問題を対象としている。他
方，刑法 1 条 1 項は，「この法律」すなわち日本刑法の適用範囲を定める
ものであって，「日本国内において罪を犯した」こと，すなわち構成要件
該当事実の一部でも日本国内で生じていれば（このように解するのが判例・
通説である），該当する日本刑法の規定により日本法により処罰すること
を明らかにするものであって，外国の刑法，たとえばイタリア刑法がいかな
る場合に適用されるのかには何ら触れるものではない。

　　ちなみに，日本刑法は，1 条 1 項が定める属地主義に加え，域外適用も
定めている。すなわち，刑法 2 条柱書は「この法律は，日本国外において
次に掲げる罪を犯したすべての者に適用する」と定めており，通貨偽造及
び行使等日本の公益にとって極めて重大な一定の罪については，日本国外
で日本人でない者がした場合にも適用すると定めている（刑法 3 条，3 条の
2，4 条，5 条のほか特別法においては，属人主義等に基づく国外犯処罰を定めてい
る）。日本刑法が域外適用される行為には，重複して，行為地国の刑法が
属地的に適用されることもある。そのような外国の刑法の適用については
当該外国が決めることであって，日本としては関知しないので，犯人が既
に外国で刑の全部又は一部の執行を受けたときのみ刑法 5 条但書は日本で
の刑の執行の軽減・免除を定めている。

　　なお，法の適用範囲に関する属地主義とは別に，公法については，「外

国公法不適用の原則」と呼ばれるルールが日本を含む各国で一般に採用されている。これによれば，日本の裁判所では外国の公法は適用されないので，たとえ外国刑法が適用される行為であっても，日本の裁判所で外国刑法に基づいて起訴されることはない（当該外国との間で犯罪人引渡条約が締結されていれば，外国の刑法犯が日本から当該国に引き渡されることはある）。

(2)　**特許権についての属地主義**　　日本の特許法上，属地主義が採用されているということが，通則法13条1項と刑法1条1項とのいずれに近いものかといえば，後者であろう。しかし，判例によれば，前者のアプローチが特許権にも妥当するとされている。

　　というのは，百選41の最高裁判決は，原審判決が属地主義の原則から，外国特許権に基づく請求を日本ですることはできないとし，特許法の準拠法を云々するまでもないと判示していたことを否定し，「本件差止請求及び本件廃棄請求は，私人の財産権に基づく請求であり，本件両当事者が住所又は本店所在地を我が国とする日本人及び日本法人であり，我が国における行為に関する請求ではあるが，米国特許法により付与された権利に基づく請求であるという点において，渉外的要素を含むものであるから，準拠法を決定する必要がある」と判示しているからである。これは，連結点による準拠法決定というアプローチが特許権の効力の判断に妥当するとするものである。このように，特許について国際私法により連結点を介して準拠法を定めるというアプローチをとるのであれば，属地主義という法の地域的適用範囲についての用語を持ち出すことは妥当ではないであろう。特に，特許について準拠法を定めるというアプローチを採る場合には，なにを連結点とするのかが問題となり，百選41の最高裁判決では特許権の効力について「登録国」を連結点としているが，後述（41事件 Q1（2）参照）のように，日本での行為について米国特許法を適用することとなる点で，むしろ日本の特許法が想定する属地主義に反する結論となってしまうようにも思われる。

　　なお，本判決は，「属地主義の原則とは，特許権についていえば，各国の特許権が，その成立，移転，効力等につき当該国の法律によって定められ，特許権の効力が当該国の領域内においてのみ認められることを意味するものである」（下線追加）と判示しており，刑法が属地主義とともに属人

主義等による域外適用をも認めているのに対して，日本の特許法は域外適用されないとされている。百選 41 の最高裁判決も，これを踏襲し，日本の特許法によれば，「特許権の効力が及ばない，登録国の領域外において特許権侵害を積極的に誘導する行為について，違法ということはでき」ないと判示している。このように，特許法の適用範囲を考えている点では，公法の発想があることが窺われる。

41 事件　特許権の侵害

Q1　米国特許権侵害に基づく製造差止請求等

(1)「特許権の効力」　本判決は，「米国特許権に基づく差止め及び廃棄請求は，正義や公平の観念から被害者に生じた過去の損害のてん補を図ることを目的とする不法行為に基づく請求とは趣旨も性格も異にするものであり，米国特許権の独占的排他的効力に基づくものというべきである。したがって，米国特許権に基づく差止め及び廃棄請求については，その法律関係の性質を特許権の効力と決定すべきである」と判示しており，このことから，特許権の独占的排他的効力に基づく請求権を「特許権の効力」であるとしていると理解される。

　製造差止請求等と損害賠償請求とを区別することは，他にも同様の例がある。例えば，不動産について，他人がその利用を妨げる行為（廃棄物を捨てるといった行為）をした場合，その行為の差止請求や廃棄物の除去を求める請求は，不動産を目的とする所有権の本質的内容であると理解し，その準拠法は通則法 13 条 1 項により定まる当該不動産の所在地法によるとする一方，廃棄物が放置されたことにより利用ができなかった期間の損害賠償請求については，通則法 17 条により，結果発生地法によるとの解決はあり得るところであろう。不動産所在地法と結果発生地法は一致するであろうが，不法行為として結果発生地法が適用される場合には，通則法 21 条による準拠法変更が可能である。これに対して，物権問題であれば準拠法変更はできない。この違いを考慮すると，妨害排除請求等を物権問題と性質決定することは自然であろう。このように，物権の効力の問題と不法行為の問題とを区別することはあり得ることであり，特許権侵害についても，製造差止請求等については特許権の効力の問題とし，損害賠償請

求については不法行為の問題とすることは妥当な区別であるということができよう。

　なお，民訴法3条の5第3項は，日本の特許権等の設定の登録によって発生する知的財産権の存否又は「効力」については，日本の裁判所に専属管轄がある旨定めているが，そこでいう「効力」は有効性を指し，本判決がいう「効力」とは意味が異なる（93事件 Q2 も参照）。したがって，百選41事件は米国特許権の「効力」とされる差止請求等について国際裁判管轄を肯定したところ，現在の民訴法3条の5第3項のもとでも同様に管轄を肯定することにはなる。

(2)　**特許権の効力の準拠法**　　国際私法では，まだ準拠法が決まっていない段階から検討を始めることから，各国の実質法とは別の国際私法独自のレベルで（性質決定における国際私法独自説）法概念を措定する。たとえば，離婚の準拠法を議論する場合には，原告が特定国の離婚法に基づく離婚請求をしていても，そのこととは切り離して，いずれの国の実質法も準拠法となることがあり得るという前提で，「離婚」という国際私法上の単位法律関係について，連結点に基づいて準拠法を定める。これに対して，本判決は米国の特許法上，差止請求等が過去の損害のてん補を目的とするものではなく，「独占的排他的効力」に基づいているということから，これを「特許権の効力」としている点で特異なものであり，少なくとも通常の国際私法に基づく準拠法決定とは異なる。

　もし国際私法のアプローチを「特許権の効力」の問題について採用するのであれば，いずれの国の特許法とも切り離された国際私法上の単位法律関係としての「特許権の効力」を措定すべきである。しかし，本判決がそうしなかったように，特定国の法から切り離された「特許権の効力」を考えることは困難である。というのは，特許権は国家の産業政策に深く根差しており，発明を奨励するための手厚い保護を与える国と，自国での発明よりは他国の発明に頼ることが多く，特許権による保護にあまり積極的ではない国とがあり，国際私法レベルでの「特許権の効力」という法概念を措定することは困難だからである。とはいえ，例えば離婚であっても，宗教・歴史・文化等の違いから各国の考え方は大きく異なっているものの，国際私法上の概念としての「離婚」という概念は確立しているように，各

国法の内容の違いが大きいことを理由として，国際私法アプローチを否定
することはできない。

　問題は，本判決のようなアプローチをとった場合の連結政策にある。本
判決は国際私法上の条理により連結点を「登録国」であるとしたのである
が，これでは，本件Ｘがドイツでも特許権を有しているのであれば，本
件においてドイツ法に基づく判断もすることになってしまう。これは準拠
法の決定についての通常の場面と異なる。当事者がＡ国法に基づく離婚
を請求しても，裁判所は連結点を介して準拠法を決定し，Ｂ国法により離
婚の問題を解決することがあるからである。

　なお，本判決によれば，特許権の効力は登録法によるべき理由として，
（ア）特許独立の原則，（イ）各国の特許権の効力等は当該国の領域内での
み認められること，（ウ）特許権の保護が要求される国は当該特許権の登
録国であること，以上を挙げている。しかし，（ア）は国際私法について
の原則ではなく，一国の特許法のあり方についての原則であるので，これ
を国際私法の議論に持ち出すことは適切ではない。（イ）も各国の特許法
の地域的適用範囲の議論であって，公法についてはこのような議論はあり
得るが，国際私法に適用を委ねる私法について，その地域的適用範囲を先
に持ち出して，それをもとに国際私法の議論をすることは妥当ではない。
特に，「登録国」を連結点とするとすれば，前述（40事件Q1（2））のように，
米国特許権の効力が日本にも及ぶかの如くとなる点で，矛盾を生じると考
えられる。（ウ）は，著作権に関して保護国法によるべきであるとの議論
と軌を一にするものであるところ，このことから導かれるのは利用行為地
法によるべきだとの結論であり，登録国法とは結び付かない。利用行為地
を連結点とするとすれば，日本での製造等については日本法によるべきで
あって，本件Ｘが米国特許権に基づく主張をしているからといって，そ
の登録国法によるということにはならないからである。

　以上のことから，本判決のこの部分の判断は妥当でないとの見解がある。
すなわち，原審判決のように，特許法は公法であるとし，日本での保護を
求めるには日本の特許法（属地的に適用される）によるべきであり，米国特
許法上の請求はそもそもできないとし，日本の特許法に照らして日本での
特許権者であるＹの製造等の行為は正当であるとの判断をすべきである

との見解や，準拠法アプローチをとるとしても，差止めによる保護が求められる地（差止めが求められる行為が行われ得る場所。本件では日本）を連結点として，その地の法を準拠法とすべきとする見解である。

(3) **特許権の効力の準拠法とした米国法の適用は属地主義に反し，日本の公序に反するとした判断**　連結点を介して準拠法を決定するという国際私法の方法は，各国の私法は地域的適用範囲を国際私法に委ねているということを前提としているはずである。法が自ら属地的にのみ適用するとか，自国と一定の関係を有する事象に対しては域外での行為に対しても適用するといった意思を有しているのであれば，内外法を対象として準拠法を決定するという国際私法の方法は成り立たないからである（通則法41条の反致は外国法の適用意思を問題としているように見えるかもしれないが，反致において適用しているのは準拠法所属国の国際私法であって，準拠法とされた外国実質法の適用意思ではない）。ところが，本判決は，米国特許法が域外適用する意思を有しており，日本での製造等に対して適用しようとすることを問題としており，これは私法を対象とする国際私法の議論とは言えない。国際私法において公序則（通則法42条）が発動されるのは，日本との関連性を勘案して外国法の適用結果を受け容れることが日本法秩序の根幹に抵触する場合であって，外国法の実質的な内容が日本法のそれを異なることが根底にあって，その発露としての適用結果を問題としているのである。本判決は，「行為が我が国においてされ，又は侵害品が我が国内にあるときでも，侵害行為に対する差止め及び侵害品の廃棄請求が認容される」ことを問題としており，米国特許法の実質的内容ではなく，それが適用されること自体を問題視している。そもそも，本件行為の準拠法を米国法としたのは本判決自身であって，自分でした準拠法決定自体が公序に反すると評価しているに等しく，これは自己矛盾である。このような論理の混乱が生じてしまったのは，特許権の効力について登録国法によるとした出発点に問題があるからであり，常に域外適用を認めないのであれば，準拠法決定を云々するまでもなく，日本での行為に対しては日本の特許法が適用されるのは当然であるとの原審の判断を是認すべきであった。あるいは，差止めが求められる行為が行われる場所（本件では日本）を連結点として，日本法によるということもあり得る方法であったと思われる。

　なお，本判決の論理に従えば，仮にＸが本件についてドイツ特許権を有し，ドイツ特許法に基づく請求をしたとすれば，裁判所はドイツ特許法を適用することになり，ドイツ特許法が日本法と同様に域外適用をしないとすれば，ドイツ法は適用されないので請求棄却ということになってしまう。この場合にも自己矛盾であることは明らかであり，自分でドイツ法を準拠法としておきながら，その適用はないということは，私法を対象とする国際私法の議論とは言えないものである。

Q2　米国特許権侵害を理由とする損害賠償請求

(1)　**特許権侵害による損害賠償請求の準拠法決定**　本判決は，(ア) 本件Ｙの日本での行為が米国での米国特許権侵害を積極的に誘導するものであるとすれば，それは米国において発生していること，(イ) 米国法によることは本件Ｙの予測可能性を害するものではないことを挙げ，本件の損害賠償請求の準拠法は米国法であると判断している。この判断は，法例11条1項が単に原因事実発生地法によるとしている時代にされたものであるが，通則法17条のもとでもそのまま妥当すると解される。

　なお，本件では結局米国法は適用しなかったので現実化しなかったが，米国では，不法行為の分野では連邦法は存在せず，各州法が適用されるので，どの州の法を適用するのかという問題が潜在的には存在する。仮に，実際に損害賠償について判断をするためには，結果発生があった州を特定し，それが複数存在すれば，それぞれの州での結果についてそれぞれの州法を適用することになろう。

　さて，特許権侵害による損害賠償請求権の準拠法決定について通則法17条を適用するとの立場をとると，同法20条・21条の適用もあるということになる。17条により，加害行為の結果発生地法が適用され，Ａ国特許権法が適用されて侵害の有無・損害賠償額等を定めることになり，他の国がより密接な関係がある地とされることはあまり考えられないことから，20条（例外条項）によりＡ国法ではない国の法が適用されることはまずないといってよかろう。これに対して，21条の適用は，当事者の合意があれば可能であることから，Ｂ国法による旨の合意がされれば，Ａ国法に代えて，Ｂ国の特許法を適用することなる。特許は属地性があり，産業政策

により特許権が与えられない発明は国により異なるといった違いがある。そのため，準拠法の事後的変更は特許権侵害には相応しくないのではないかとの議論が通則法の立法過程ではされていた。すなわち，知的財産権侵害の特則を置き，少なくとも 20 条・21 条の適用対象から外すという案が議論された。しかし実際にはこの案は採用されなかったため，通則法 17 条によるとの立場をとる以上，上記のような違和感のある準拠法変更も不可能ではないということになっている。

(2)　**法例 11 条 2 項（通則法 22 条 1 項）の適用**　　本判決は，本件損害賠償請求の準拠法を米国法とした上で，日本の特許法は域外適用されることはなく，日本の領域外において日本特許権侵害を積極的に誘導する行為をしたとしても日本法上は不法行為となることはないことから，不法行為の成立について日本法を累積適用することを定める法例 11 条 2 項の「外国ニ於テ発生シタル事実カ日本ノ法律ニ依レハ不法ナラサルトキ」に当たるとし，不法行為の成立を否定している。しかし，Q1 (3)で述べたように，国際私法の議論において，準拠法とされる法の地域的適用範囲についての意思を云々することはない。この点，法例 11 条 2 項（通則法 22 条 1 項）によりチェックすべきことは，本件の行為に日本法が適用されれば不法行為が成立するか否かであり，この段階で法の地域的適用範囲を問題とすべきではないというべきである。

42 事件　特許法上の職務発明

Q1　職 務 発 明

(1)　**特許を受ける権利の譲渡の可否**　　本判決は，特許を受ける権利の譲渡の対価については譲渡契約の準拠法によると判示した次の部分で，「なお，譲渡の対象となる特許を受ける権利が諸外国においてどのように取り扱われ，どのような効力を有するのかという問題については，譲渡当事者間における譲渡の原因関係の問題と区別して考えるべきであり，その準拠法は，特許権についての属地主義の原則に照らし，当該特許を受ける権利に基づいて特許権が登録される国の法律であると解するのが相当である」（下線追加）と判示している。これは，動産・不動産の譲渡を約する契約と物権の得喪は区別され，前者については通則法 7 条以下によるが，後者につい

ては通則法13条により所在地法が適用されるのと同様に，特許登録国法
が当該特許の物権的変動を規律するという判断であり，結論においては妥
当である（なお，著作権の譲渡に関しても同様に考えることについて，百選44参
照）。

　本件の発明については，アメリカ，カナダ，イギリス，フランス及びオ
ランダの各国における特許を受ける権利が問題となっているので，これら
の特許を受ける権利が譲渡可能か否か等はそれぞれの国の法によることに
なる。

⑵　**対価に関する契約の準拠法を日本法とする合意がある場合**　　本判決は，
職務発明に係るある国の特許を受ける権利の譲渡に伴う譲渡人から譲受人
に対する対価請求は，譲渡契約の問題であり，第１次的には法例７条１項
（通則法７条）により準拠法を定めるとした。そして，本件では，原審判決
が「本件譲渡契約は，日本法人であるＹと，我が国に在住してＹの従業
員として勤務していた日本人であるＸとが，Ｘがした職務発明について
我が国で締結したものであり，ＹとＸとの間には，本件譲渡契約の成立
及び効力の準拠法を我が国の法律とする旨の黙示の合意が存在すると認め
られる」と認定していたことを受け，本判決は，「ＹとＸとの間には，本
件譲渡契約の成立及び効力につきその準拠法を我が国の法律とする旨の黙
示の合意が存在するというのであるから」と，原審判決の認定をそのまま
受け容れている。日本法による旨の黙示の意思があるとの判断理由として
は，このように，①Ｙが日本法人であること，②Ｘが日本人であること，
③Ｘが日本でＹに勤務していたこと，④譲渡契約の締結地は日本である
こと，以上が指摘されている。また，これに加えて，特許法35条３項・４
項（当時のもの）が外国の特許を受ける権利にも適用されることを判示し
ている部分において言及されている点，すなわち，「各国の特許を受ける
権利は，社会的事実としては，実質的に１個と評価される同一の発明から
生じるものであるということができる。また，当該発明をした従業者等か
ら使用者等への特許を受ける権利の承継については，実際上，その承継の
時点において，どの国に特許出願をするのか，あるいは，そもそも特許出
願をすることなく，いわゆるノウハウとして秘匿するのか，特許出願をし
た場合に特許が付与されるかどうかなどの点がいまだ確定していないこと

が多く，我が国の特許を受ける権利と共に外国の特許を受ける権利が包括的に承継されるということも少なくない。ここでいう外国の特許を受ける権利には，我が国の特許を受ける権利と必ずしも同一の概念とはいえないものもあり得るが，このようなものも含めて，当該発明については，使用者等にその権利があることを認めることによって当該発明をした従業者等と使用者等との間の当該発明に関する法律関係を一元的に処理しようというのが，当事者の通常の意思であると解される」という点も，各国の特許を受ける権利をまとめて日本法によって譲渡する意思であったとの認定の理由となっているように思われる。

　そして，日本法の適用上，特許法 35 条 3 項・4 項が外国特許にも類推適用されると判示し，各国の特許を受ける権利の譲渡の対価がこれらの条項により定まるとしている。しかし，これとは異なり，日本の特許を受ける権利には日本の特許法のこのルールが適用されるが，外国の特許を受ける権利にはこのルールの適用はなく，通常の契約と同様に日本民法が適用されるとの処理を主張する見解もある。この説によれば，特許法 35 条の 3 項・4 項が定める相当の対価の支払は職務発明の奨励という政策に基づく強行法規であるとされ，そのような政策が外国の特許にも及ぶという解釈には無理があるとされている（例えば，本件の発明についてはイギリスの特許を受ける権利の譲渡の対価も問題となっているところ，イギリスの特許法によれば職務発明の発明者は従業者ではなく使用者であるとされているようであり，そもそも特許を受ける権利を従業者が使用者に譲渡するという仕組みが当てはまらない）。

(3)　**対価に関する契約の準拠法を外国法とする合意がある場合**　本判決は，複数国の特許を受ける権利の譲渡契約の準拠法決定について法例 7 条 1 項（通則法 7 条）の当事者自治が妥当するとしている。したがって，日本特許を受ける権利の譲渡について使用者と従業者との間の明示の合意によりA 国法による旨の合意をしている場合，A 国法が特許を受ける権利の譲渡の対価について特別の定めを有していなければ，契約でどのようにでも定めることができることになる（米国法では純粋に契約問題とされているようである）。もちろん，通則法 42 条の公序則により A 国法の適用結果が覆されることはあり得るとしても，特許法 35 条 3 項・4 項は適用されないこ

とになる。

　このようなことになってしまってよいか否かは，特許法のこれらの条項が日本国の法秩序にとってどれほど重大なものであるかによる。特許法のこれらのルールが「絶対的強行法規」とされる程度に国家利益に深く根差すものであれば，相当の対価の支払が請求されている本件では，準拠法を云々するまでもなく，特許法のこれらのルールが対象とする事項に対しては必ずそれが適用されることになるので，仮に当事者がＡ国法による旨の合意をし，Ａ国法によれば約定されていない対価請求はできないとしても，少なくとも日本の特許を受ける権利については特許法のこれらのルールが適用されることになる。

(4)　対価に関する契約の準拠法の合意がない場合　　原審判決は特許を受ける権利の譲渡を労働契約の問題とみる立場をとっていたところ，本判決はこれを否定し，特許を受ける権利の譲渡契約とみる立場を採用している。そのため，準拠法の合意がない場合には，通則法12条3項が定める労務提供地法ではなく，通則法8条によることになろう。8条は，当事者自治による契約準拠法の決定ができない場合には，最密接関係地法による旨定め，特徴的給付をする当事者の常居所地法を最密接関係地法と推定している。これによれば，各国の特許を受ける権利の譲渡について一括して，譲渡をする当事者の常居所地法である日本法が最密接関係地法であるとの結論もあり得るであろう。

　これに対して，異なる解釈もあり得る。通則法8条2項は推定規定であるので，属地主義により各国でそれぞれの特許法が適用されるという強い結び付きを考慮し，発明に係るアメリカ，カナダ，イギリス，フランス及びオランダの各国における特許を受ける権利の譲渡の対価については，それぞれの国の法が適用されるという解釈である。

　本判決の考え方によれば，おそらく前者の解釈，すなわち，各国の特許を受ける権利の譲渡を一括して通則法8条2項によりに日本法によるとの結論になろう。

43事件 著作権侵害 ——————————————————————

Q1 ベルヌ条約の規定

ベルヌ条約5条は次の通り定めている。

第5条

(1) 著作者は，この条約によって保護される著作物に関し，その著作物の本国以外の同盟国において，その国の法令が自国民に現在与えており又は将来与えることがある権利及びこの条約が特に与える権利を享有する。

(2) (1)の権利の享有及び行使には，いかなる方式の履行をも要しない。その享有及び行使は，著作物の本国における保護の存在にかかわらない。したがって，保護の範囲及び著作者の権利を保全するため著作者に保障される救済の方法は，この条約の規定によるほか，専ら，保護が要求される同盟国の法令の定めるところによる。

(3) 著作物の本国における保護は，その国の法令の定めるところによる。もっとも，この条約によって保護される著作物の著作者がその著作物の本国の国民でない場合にも，その著作者は，その著作物の本国において内国著作者と同一の権利を享有する。

(4) 次の著作物については，次の国を本国とする。

(a) いずれかの同盟国において最初に発行された著作物については，その同盟国。もっとも，異なる保護期間を認める二以上の同盟国において同時に発行された著作物については，これらの国のうち法令の許与する保護期間が最も短い国とする。

(b) 同盟に属しない国及びいずれかの同盟国において同時に発行された著作物については，その同盟国

(c) 発行されていない著作物又は同盟に属しない国において最初に発行された著作物でいずれの同盟国においても同時に発行されなかったものについては，その著作者が国民である同盟国。ただし，次の著作物については，次の国を本国とする。

(i) いずれかの同盟国に主たる事務所又は常居所を有する者が製作者である映画の著作物については，その同盟国

(ii) いずれかの同盟国において建設された建築の著作物又はいずれかの同盟国に所在する不動産と一体となっている絵画的及び彫塑的美術の著作物については，その同盟国

5条2項だけ英語正文を示すと以下の通りである。

(2) The enjoyment and the exercise of these rights shall not be subject to any formality; such enjoyment and such exercise shall be independent of the existence of protection in the country of origin of the work. Consequently, apart from the provisions of this Convention, the extent of protection, as well as the means of redress af-

forded to the author to protect his rights, shall be governed exclusively by the laws of the country where protection is claimed.

5条2項第3文の解釈としては，以下の通り諸説がある。

準拠法説は，実質法の統一を目指したベルヌ条約が統一を果たせなかった事項について統一的な国際私法規定を置くことによって法的安定を図ろうとしたものであるとする。

法廷地法説は，上記の"the laws of the country where protection is claimed"という部分が"the laws of the country for which protection is claimed"でないことから，訴えが提起された国の法，すなわち，法廷地法によると解する。その上で，この「法廷地法」を法廷地の著作権法と解するものと法廷地の国際私法と解するものとに分かれている。

外人法説は，5条2項の「したがって」という語は，念のためにその前に定めていることと同じことを繰り返しているだけであり，その前に定めている内国民待遇を与えるという外人法を定めるものであると解するものである。

本判決はベルヌ条約によらないとしているので，定義をする必要はなかったが，著作権に基づく差止命令が請求されるような事件において，準拠法説による場合，「保護が要求される同盟国」とは，著作権の利用地国を意味するとか，その領域について保護が要求される国を意味すると説明されている。なお，「同盟国」とは，ベルヌ条約1条が「この条約が適用される国は，文学的及び美術的著作物に関する著作者の権利の保護のための同盟を形成する」と定めていることから，ベルヌ条約の締約国を意味している。

Q2　通則法17条以下による場合

著作権は，法域ごと（ベルヌ条約の同盟国であれば同盟国ごと）に属地的に存在するので，著作権の侵害行為地と結果発生地は一致することになる。そのため，通則法17条の「加害行為の結果が発生した地」とは，A国著作権の侵害であればA国である。また，ベルヌ条約5条2項第3文の「保護が要求される同盟国」とは，著作権に適用されることになる同盟国を意味し，上記のような著作権の属地性から，これは著作権について侵害という結果が発生した地と実際上同一となる。

通則法の立法に際して行われた議論の過程では，知的財産侵害について，生

産物責任や名誉・信用毀損と同じく，17条とは別に特則を置くべきだとの主張もあった。その理由のひとつとして，知的財産権侵害については，当事者の合意による準拠法の変更を認めることは相応しくないことが挙げられていた。しかし，結局，通則法には知的財産権侵害に関する特別規定は置かれなかったので，解釈論としては，準拠法変更も可能であるということになろう。

44事件　著作権の譲渡

Q1　債権的法律行為と物権的法律行為

「保護国」という表現は，著作権を保護する国であり，それは適用される著作権の所属国であって，トートロジーのようであるが，これは，それぞれの国の領域内での著作物の利用に関してその著作権法が適用されていることを前提としたものであると解される。すなわち，本判決が判示しているように，ダリの著作物の日本の領域内における利用に関する保護は日本の著作権法が与えているものであり，その物権類似の支配関係の変動は日本法によることになる。これを一般化すると，A国でA国著作権法により保護されている著作権の物権的譲渡は，A国法によることになり，世界中の著作権をまとめて譲渡する契約をする場合，契約準拠法についてはいずれか一か国の法を選択することができるが（通則法7条），物権的な変動については，各国の著作権法がそれぞれの国の著作物について適用されることになる。

IX　婚　姻

(1)　婚姻の成立

45事件　婚　姻　意　思

Q1　婚姻意思の扱い

(1)　通則法24条1項は，婚姻の実質的成立要件を，各当事者につきその本国法によるとの配分的適用を定めている。すなわち，男に関する要件については男の本国法，女に関する要件については女の本国法によるが（一方的要件），男にも女にも関係する要件については双方の本国法が適用され

る（双方的要件。なお，同項は累積適用を定めるものであるとの説もある）。ある要件が一方的要件であるか双方的要件であるかの分類をどのように行うかについては学説上対立があるが，学説の多数説及び実務においては，国際私法の次元において，ある要件が男のみに関する一方的要件か又は女のみに関する一方的要件か（以上の場合は一方的要件），もしくは双方に関する双方的要件かが区別される。すなわち性質決定の問題であると考えている。この立場により考えると，ある者が婚姻意思を有するかは一般に，その者のみに関係することであって他方当事者とは無関係であるから，その者の一方的要件とされる。したがって，本判決の立場に問題はない。

⑵　⑴の説明に沿って考えると，本件では，Ｘの婚姻意思には日本法が，Ｙの婚姻意思には韓国法が適用されるが，各当事者の本国法で婚姻意思の欠缺が婚姻の無効事由とされているとすると，いずれか一方でもその本国法上婚姻意思を欠くときにはそれだけで婚姻は無効となる。したがって，Ｘの本国法である日本法上Ｘは婚姻意思を欠いている以上，Ｙの本国法である韓国法上Ｙの婚姻意思の有無を検討するまでもなく，ただちに本件婚姻は無効となるので，本判決の処理に問題はない。

Q2　強　制　婚

　Ｂの婚姻意思は，Ｂに関する一方的要件としてＢの本国法である乙国法によるのであって甲国法の適用はないから，この設例では婚姻は無効とならない。この場合に，日本法から見るとＢは婚姻を強制されているから婚姻意思に問題があると評価されるときには，憲法24条からしても婚姻締結の自由は日本法の中核的部分であるとして，当事者の意思に沿わない強制的な婚姻は日本の国際私法上の公序（通則法42条）に違反する可能性がある。そうだとすれば，公序違反として婚姻が無効となるが，公序違反となるためには事案の内国関連性も問題となるので，事案により結論は異なり得る。

46事件　婚　姻　無　効 ────────────────

Q1　重婚による後婚の有効性についての性質決定

　本判決は，Ｙ₁Ｘ間の前婚があるために後婚（Ｙ₁Ｙ₂）の成立が妨げられるかという問題と捉えている。これに対して，前婚（Ｙ₁Ｘ）の効力により後婚の成立

が阻止されるかという問題と捉え，前婚の効力と性質決定する見解もないわけではない。しかし，婚姻の効力（通則法25条）とは，夫婦の本国・常居所が連結点として採用されていることから，貞操義務，同居協力義務等，夫婦間にどのような権利義務が生じるかという問題であって，婚姻外の者が関係する後婚に対する効力は含まれていないと考えられる。通説も本判決の立場と同じ捉え方をし，Y_1Y_2間の婚姻の実質的成立要件（通則法24条1項）の問題と性質決定している。なお，一方的要件か双方的要件かの分類を国際私法上行う多数説（45事件Q1参照）によれば，重婚は双方的要件とするのが一般的な立場であり，本判決もそのように考えている。

Q2　婚姻成立要件欠缺の場合の効果

　本判決は，Y_1Y_2間の婚姻（後婚）が，Y_1の前婚との関係で成立するか否かを双方的要件として，Y_1の本国法の日本法とY_2の本国法の中国法を適用している。ここで双方的要件として日本法と中国法が適用されるということの意味は，累積適用と同様に，いずれの法の要件も満たさない限り，婚姻は有効に成立することはない，ということである。したがって，重婚の場合に，いずれかの法では婚姻が有効に成立するとしても，もう一方の法で婚姻が有効でないのであれば，その婚姻は有効でない。では，重婚となってしまうことにより，後婚が，日本法では取り消しうるにすぎないが，中国法では無効となる場合にはどう考えるべきか。日本法と中国法とのどちらの法の要件も満たさない限り婚姻が有効に成立しないという上記の処理方法の構造からすると，要件を満たさない場合の効果についても，より厳しい効果（有効から遠ざかる効果）となると考えられる。本判決が後婚を無効とした理由は，このように説明することができる。

47事件　婚姻届出の意思

Q1　婚姻届出意思の性質決定

(1)　教会での儀式による国や，民事婚であっても市役所等での儀式が行われる国（フランスなど）においては，婚姻の実質的意思が要求される時点と方式を履践する意思が要求される時点は一致するので，前者の意思はあるけれども後者の意思は欠けていたという事態はそもそも想定しがたいと思

われる。これに対して，日本民法における婚姻の方式は，婚姻届の提出であり（民法739条），これは使者によっても，郵送によってもすることができる。そのため，実質的婚姻意思が求められる時点と届出がされる時点とにギャップがあり，婚姻届出がされた時点では婚姻意思はなかったということが生じ得る。婚姻意思と届出意思の関係について議論されるのは，このような日本民法の立場が前提にあると考えられる。このような背景のもとで，本判決は，婚姻届出意思は方式の問題であると性質決定している。

(2)　いかなる場合に婚姻の方式が履践されているかは方式の準拠法によるから，準拠法上必要な要件を欠いている場合には，準拠法上の方式要件を満たしているとは言えない。日本法上の婚姻の方式は上記(1)のように戸籍事務管掌者への婚姻の届出という独特の方式であって，本人に無断での届出もあり得るため，届出意思が問題とされる。したがって日本法上，届出意思を欠く場合には婚姻の届出が有効にならず，方式上婚姻は成立しているとはいえないはずである。

(3)　届出意思を婚姻の実質的成立要件と性質決定するか，方式と性質決定するかについて議論があり，本判決は婚姻の方式と性質決定しており，これが妥当であるように思われる。この見解による場合，婚姻をめぐる意思のうち，届出意思のみが方式と性質決定される。かりに，方式の準拠法が，婚姻を実質的に成立させる意思までも要件としていたとしても，そのような意思は，偽装結婚の場合（百選45参照）と同様に，婚姻の実質的成立要件の問題と性質決定される。婚姻を実質的に成立させる意思の点については方式の準拠法には送致されていない。

Q2　追認の準拠法

追認とは，成立要件を当初は欠いているが，その後の行為・事実により要件を満たして成立することを認めることである。したがって，婚姻の追認について独立に準拠法を考えるのは適切ではなく，追認は婚姻の成立の問題である。婚姻の成立要件については，実質的成立要件と方式（形式的成立要件）では準拠法とその適用の仕方が異なっているところ，追認の意思がどちらと性質決定されるべきかが問題となる。本件では，婚姻届出がされた時点では届出意思を欠いていたが，その後に，その届出を追認したとされており，これが実質的成立

要件の問題か方式の問題かが問われることになる。

　本件に即して言えば，本判決は婚姻届出意思は方式の問題と性質決定している以上，既にされている婚姻届出を追認するとは，提出された時点に遡って届出意思があったことにするということであり，追認は届出当時の挙行地法か，その当時の当事者の本国法によることになる。本件では，韓国法上の婚姻届出はなされていないので追認もあり得ず，通則法24条2項の挙行地法としての日本法上追認の可否が判断されることになる。

(2)　夫婦財産制

48 事件　夫婦財産制

Q1　通則法における処理

(1)　通則法 26 条 2 項は夫婦財産制につき当事者自治を認めるが，7 条と異なり，夫婦財産制と一定の関連のある 1 号から 3 号に掲げる法からの選択しか認めない（限定的当事者自治）。

　　1 号により選択肢となるのは夫婦の一方が国籍を有する国の法であり，本件では，X が国籍を有する米国の法と，Y が国籍を有する日本の法である。なお，1 号は，「本国法」とは規定していない。したがって，例えば夫が A 国と日本の重国籍である場合，その本国法は日本法となるが（通則法 38 条 1 項但書），1 号のもとでは，日本法と A 国法のいずれも選択肢となる。ところで，X の国籍国である米国は夫婦財産制について地域的不統一法国であり，すべての州法が選択肢となるのか，それとも通則法 38 条 3 項によって X の本国法とされる州の法しか選択できないのかが問題となる。この点，重国籍の場合と同様に考え，一定の関係があれば選択肢にしてよいと考えると，すべての州の法が選択肢となるのではなかろうか。

　　次に 2 号により選択肢となるのは，夫婦の一方の常居所地法である。婚姻締結時には，Y の常居所は日本である。X は軍人として来日したのであり，その時点では常居所は日本に移らず米国内のいずれかの州のままということも考えられる。軍人の職務上，海外への駐在は一時的であり，自分の意思によるものではないからである。なお，平成元年 10 月 2 日民二第

3900 号民事局長通達「第八　常居所の認定」でも，在日米軍軍人について
は日本に常居所があるとはしていない。

　なお以上は婚姻時に選択する場合の選択肢であるが，26 条 2 項の選択
は婚姻後に行うことも可能であるから，婚姻後に選択する場合には，その
時点の 1 号，2 号に定める法が選択肢となる。仮に，X が軍を除隊となり
夫婦でフランスに移り住んだ時点で夫婦財産制の準拠法選択をする場合に
は，1 号により選択肢となる米国の州法と日本とに加え，2 号によっても
フランス法が選択肢に入ることになる。

　3 号は，不動産に関しては不動産所在地法を選択することを認めている。
本件土地建物は日本所在なので，他の財産については米国の州法によると
しても，この不動産についての夫婦財産制に関しては日本法によるとする
こともできる。

(2)　通則法 26 条 2 項による準拠法の選択がなされなかった場合には，同条
1 項により 25 条が準用される。本件の事実からすると，本件不動産の取
得時点は明確ではないものの，婚姻締結時点とほぼ同時期のようで，この
時点においては，25 条の第 1 段階の夫婦の同一本国法はないから，第 2
段階の夫婦の同一常居所地法が問題となる。Y の常居所は日本であったと
思われるが，X の常居所は上記(1)の通り日本にないとされる可能性がある。
もっとも，X の常居所が日本にないとされても，第 3 段階の最密接関係地
法は，X の実際の居住地や不動産所在地などから日本法とされることにな
ろう。

　26 条 1 項により準用される 25 条は変更主義を採用しており，婚姻中に
準拠法が変更することがある。X が除隊して夫婦でカリフォルニア州に移
り住んだ時点では同一常居所地法がカリフォルニア州法へと変更された可
能性はある。もっとも，当事者自治による場合の 26 条 2 項の趣旨に鑑み
ると，客観的連結により準拠法変更が生じた場合も，その効力は将来に向
かってのみ生じ，変更前の夫婦財産制については変更前の準拠法によると
考えられる。それゆえ，準拠法が変更されたとしても，本件不動産に関す
る夫婦財産制は，従前の準拠法である日本法によると思われる。

(3)　離婚等

49事件　協議離婚 ————————————————

Q1　各国の協議離婚の方法

(1)　夫婦間の合意による離婚は，今日では多くの国で認められている。もっとも，欧州では一般に，そのように合意がある場合でも，裁判所に当事者から申立てがされて，裁判所が裁判で夫婦を離婚させるという方法がとられている。これに対して，我が国の協議離婚は夫婦間の法律行為によるものであり，離婚の合意とその届出により成立する。それでは，本件の中国法はどうであろうか。ポイントは，婚姻登記機関がどのような審査を行っているかであろう。当事者の出頭を求めて，そこで離婚の可否を実質的に判断しているのであれば，そこでの審査は，夫婦の合意を離婚原因とする裁判離婚に類するものとみることもできなくはない。他方，単に当事者の離婚の意思を確認しているに過ぎず，実質的な審査を行わないのであれば，日本の離婚届出と同じように，婚姻の方式の問題と捉えるべきであろう。

　実際に中国でどのような審査が行われているのか定かではないが，中国では当事者の意思に基づき離婚が成立するとされており，登記機関は当事者の離婚の合意を公に確認しているに過ぎないとみるのが穏当かと思われる。そうだとすると通則法により指定される準拠法を満たしているかという判断が行われることになる。本判決も，「当事者が自由な意思で離婚を望んでいる」ことは離婚の準拠法である中国法によるべき事項であるが，「登記機関に出頭し離婚登記を申請する」ことは離婚の方式の問題と捉えて，選択的連結される行為地法である日本法に適合しているので，それでよいと判断している（ただし，方式について本件で適用される規定は，本判決が挙げる法例8条〔通則法10条〕ではなく，法例22条〔通則法34条〕である）。

(2)　仮に，婚姻登記機関が裁判所のように夫婦を離婚させる決定をしているのであれば，たとえそれが行政機関によるものであっても裁判離婚と扱われるべきであろう。裁判離婚とみるならば，中国でそのように成立した離婚の有効性を日本で判断する場合，民訴法118条に照らして承認するかを審査することになる。

(3)　韓国法上の協議離婚は法律行為である点で日本法上のそれと同様のものであるが，事前に家庭法院に夫婦が出頭して離婚意思の確認を受けた後に，協議離婚届をすることで成立する点で日本法と異なる。そこで，日本在住の韓国人夫婦が，家庭法院での意思確認を受けずに，日本の戸籍窓口に協議離婚届を提出した場合に，離婚が成立するかが問題となる。日本の戸籍実務は，家庭法院での意思確認を単なる方式の問題と性質決定しており，それゆえ通則法 34 条 2 項により行為地である日本法上の方式を履践するだけでよく，日本法ではそのような意思確認は不要であるとして，離婚届を受理している。もっとも，学説の多数説はこのような戸籍実務に反対しており，これは方式ではなく離婚の実質的成立要件の問題と考えている。韓国法におけるこのような協議離婚の成立の仕組みは，日本法における未成年との普通養子縁組について，家裁での許可が必要とされ（民法 798 条），この許可を得た上で縁組届を戸籍窓口に提出して成立するのと同様の構造と考えられる。民法 798 条の家裁の許可は単なる方式とはされていないことからすると，韓国法の協議離婚の事前の家庭法院での意思確認も，方式ではなく実質の問題と考えるべきであろう。そうすると，上記事例では，韓国法が適用され（通則法 27 条本文，25 条），韓国法の要件を満たしていないために，協議離婚は有効に成立していないと判断すべきではないだろうか。

　ちなみに，上記のように，韓国人夫婦が意思確認を受けずに日本で協議離婚届を提出すれば日本の戸籍実務はこれを有効なものとして受理するが，このようにして成立した離婚を当事者が韓国で報告的届出をすると，韓国では家庭法院での離婚意思の確認を実質的成立要件の問題と性質決定しているために，韓国法の要件を満たしていないとしてその協議離婚を有効とは扱わないようである。そうだとすると，両国の性質決定の違いにより，同じ当事者が日本では離婚しているが，韓国では婚姻していると扱われることになる。

50 事件　審 判 離 婚

Q1　離婚の方法

本審判には「方式」という文言も登場するがそれは，通則法 34 条の法律行

為の方式という意味ではないと思われる。離婚が裁判所の裁判によるべきかについては，本審判は離婚の準拠法であるハワイ州法によるとしていることから，離婚の実質的成立要件の問題と性質決定している。もし 34 条の方式と性質決定しているのであれば，行為地法である日本法上の方式を満たしていれば方式上有効となるが，そうは判断していないからである。このような考え方は一般的なものである。

Q2　本件離婚の成立につき日本でいずれの方法によるべきか

(1)　離婚の準拠法が裁判を要求している以上，当事者間の合意による協議離婚をすることはできない。日本で離婚する場合にはいかなる手続によるべきかについては，外国法の定める通りの手続をすることはできず，「手続は法廷地法による」の原則により，日本に存在する手続によればよい（よるほかない）。そこで，裁判によらなければならないという離婚準拠法を日本で実現することができるか，できるとすればどの手続を用いるのが最もふさわしいかという「手続の代行可能性」が問題となる。この問題は，当該事件の離婚準拠法（本件ではハワイ州法）が求める内容に即して判断すべきである。

　　本件のハワイ州離婚法では，婚姻が修復しがたいほどに破綻していることが，離婚原因の 1 つとされ，当事者双方が破綻を主張するか（離婚の合意がある場合を含む），当事者の一方が破綻を主張し他方がそれを否定しなかった場合には，裁判所は破綻しているとの認定を行うとされる。このような離婚準拠法の内容を実現するには，調停に代わる審判（当時の家事審判法 24 条，現在の家事事件手続法 284 条）によればよいと思われる。ただし，裁判離婚によることもできる。

(2)　家事事件手続法 277 条 1 項は，合意に相当する審判につき，離婚及び離縁の訴えを除くと規定するが，これは日本法では協議離婚・協議離縁が認められていることから，当事者が処分できない身分関係ではないことによる。しかし渉外事件では，離婚準拠法が外国法となり，その内容が法律行為によることを認めないことがある。そこで，上記の離婚及び離縁の訴えを除くという趣旨は準拠法の内容が協議によることを認めていることを前提とするものであって，この前提が妥当しない場合には，この除外規定は

適用されないと解することが考えられる。手続法が実体権の実現のために
機能するとすれば，実体法が外国法となった場合には，国内事件の場合の
手続を修正して進めることも一定限度では必要であることもこのような解
釈を支える理由になるであろう。したがって，合意に相当する審判を選択
する妨げにはならないと思われる（ただし，上記(1)のように，本件ではそもそ
も，合意に相当する審判ではなく，調停に代わる審判によればよかったと思われ
る）。

(3) 調停離婚における裁判所の関与は，当事者の合意を公証しているにすぎ
ず，決定をしているとはいえないと捉えれば（家事事件手続法268条参照），
本件では調停離婚によることは許されないと思われる。したがって，調停
に付したとしても調停離婚を成立させることはできないのであるが，家事
事件手続法257条1項は調停前置主義を定めていることから，離婚調停の
申立てをすることなく，原告が離婚の訴えを提起した場合にはどうすべき
かが問題となる。このような場合に同条2項は，裁判所は職権で家事調停
に付すと定めているが，調停には当事者間での関係調整，話し合いの機能
があるとされることから，調停離婚により離婚を成立させることが許され
ないとしても，調停に付すことはできるだろう。

これに対しては，異なる考えもあり得る。すなわち，同項但書は，「事
件を調停に付することが相当でないと認めるとき」は調停に付さないこと
も認めており，離婚の準拠法上，調停離婚を成立させることはできないと
いう側面を重視して，但書に該当するとして調停に付さないという処理を
する考え方であり，これにも一定の合理性があろう。

51事件　タラーク離婚

Q1　タラーク離婚

(1) 本判決は，タラーク離婚のような「夫の一方的な意思表示による離婚を
認めること」は公序違反と判示する。タラーク離婚による一方的離婚の権
限は，夫にのみ認められており妻に認められていないことから両性平等に
反するとも言えるが，ポイントはそこではなくむしろ，相手方の意思に反
する一方的離婚という仕組みが日本法の基本的考えと根本的に異なる点が
問題とされていると思われる。そうだとすると，ミャンマーイスラム法に

基づきタラーク離婚が成立した場合であっても，妻の同意・承諾があった場合には，適用結果には公序違反性はないものとして，離婚が成立したことを認める処理も考えられたであろう。

(2) 準拠法であるミャンマーイスラム法による一方的なタラーク離婚は公序違反とされるとしても，同法がすべて適用できないというわけではなく，準拠法としてタラーク離婚の部分を除く準拠法を適用することはできると考えられる。したがって，ミャンマーイスラム離婚法第2章1Cに基づき判断して離婚を認めた本判決は妥当であると評価される。

　なお，そもそも，タラーク離婚による公序違反を判断する際に，本件事案では離婚が認められてしかるべき場合であるから，準拠法の適用結果に問題はないとして公序違反とならないと考えるのは適切ではないと思われる。準拠法の適用結果が問題とされると一般に説明されるが，これは，あくまでも，準拠法の内容に反公序性があり，それを適用してもたらされた結果にも反公序性があるということである。適用結果を問題とするとは言っても，離婚が認められるか否かというレベルまで抽象的に考えて公序違反かを判断するべきではなかろう。

Q2　離婚の効果

　離婚に伴う金銭給付は，我が国では一括して財産分与，あるいは慰謝料として請求されることも多いが，国際私法上は，個々の性質に応じて，性質決定して準拠法が判断されるべきである。

　例えば，離婚後の元夫婦間の扶養は，扶養義務の準拠法に関する法律4条によるべきである。また，本件で請求された子の養育費は同法2条による。

　離婚慰謝料のうち，離婚自体を原因とするものについては，離婚により生じるものであるから離婚準拠法によるべきとの考え方が通説であり，本件で請求されたのはこれである。他方で，夫婦の一方から他方へのDVなど離婚に至るまでの個々の行為により生じた治療費や精神的損害の賠償については，これも離婚準拠法によるとの説と，不法行為準拠法によるとの説が対立する。そのような行為は離婚に至らなくても不法行為として問題となりうるのであるから，不法行為準拠法による説が適切と思われる（離婚準拠法によるとの説では，当初は不法行為準拠法によるべきであったものが，離婚が問題となると離婚準拠法によるとこ

とになってしまう）。ただし，このような不法行為は，夫婦関係という基本関係と実質的に関連して行われたものであるから，基本関係の準拠法である婚姻の効力の準拠法（通則法25条）に，20条により附従的連結される余地があるだろう。

　なお，夫婦財産制の清算については，通則法26条によるか27条によるか議論がある。27条によるとの見解が従来多数であった。しかし，夫婦財産制について解消時の清算を詳細に定める立法が諸外国では一般に見られるが，離婚時の夫婦財産の帰属・確定のみを26条の準拠法によらせ，清算については27条によるということでは，このような夫婦財産制の規律の主要部分が適用されないことになる。したがって，26条によるとするのが，近時の有力説である。

52 事件　婚約の破棄

Q1　婚約の破棄

　婚約の不当破棄に基づく損害賠償の問題の準拠法については，婚約の身分法的側面を重視するか否かで意見が分かれるところではある。身分法的側面を重視する場合，本判決のように通則法33条によることも考えられるが，両当事者が異国籍の場合には，両当事者の常居所地が同一であっても，双方の本国法のいずれによっても婚約不当破棄による損害賠償請求が認められる場合にのみ認めるとの累積適用をすることになり，このような扱いをすべき実質的理由はないと思われる。むしろ，婚姻に関する規定に倣って，婚姻の効力に関する通則法25条を類推適用するとの見解がある。

　これに対して，婚約破棄による損害賠償請求という不法行為の問題として，通則法17条以下により処理する見解も有力である。

53 事件　内縁の解消

Q1　内縁の国際私法上の扱い

⑴　従来の多数説は，内縁は婚姻に準じる男女の関係であるから，婚姻に関する抵触規則を類推適用して，内縁の成立，効力，解消に関して準拠法を定めようとする。そして，まず内縁の成立を判断し，成立していれば解消の準拠法により損害賠償の成否を判断する。

　　　この立場においては，単位法律関係として，「内縁」の成立，効力，解

消をどのように捉えるか，つまりなにが「内縁」かが問題となる。カップルの関係であるが，一方では，婚姻とは異なるものである必要がある（もっとも，国際私法上の概念は国内実質法上の概念とは異なってもよいとして，内縁も含めて通則法24条以下の「婚姻」と捉えて準拠法を定める少数説もある）。他方で，単なる2人の関係，例えばルームシェアしているような場合とは区別する必要があるから，どの程度の親密な2人の関係から，「内縁」であると捉えるかを考える必要があるが，その外縁の設定は簡単ではない。社会的には正当な婚姻と認められながら，方式を欠くがゆえに法律上の婚姻と認められないが，婚姻に準じる法律上の効果が認められる男女の結合のような説明がある。

　なお百選52の判決は，「婚約」と捉えて準拠法を検討しているが，この事案では，XとYは一時同居しており，また子Aも生まれていることから，上記の多数説からすれば，むしろ内縁と捉えるべきとされるのではないかと思われる。

(2)　これに対して本判決は学説の有力説と同様に，内縁の不当破棄を不法行為の問題と捉えている。これは，内縁については独立の抵触規則を設定する必要はなく，問題となる各局面ごとにその準拠法により処理すればよいという考え方によるものである。

　本判決当時は法例の時代であるから，法例11条1項により不法行為地法として日本法が準拠法となった。しかし，今日，通則法の下であれば，通則法20条の例外条項の発動があり得るところ，この事案では両当事者は日本で暮らしており，20条を検討してもやはり準拠法は日本法のままであろう。

(3)　20世紀末頃から，同性カップルの保護のために婚姻とは別に登録パートナーシップ制度を導入する国が現れ始めた。必ずしも同性カップルに限らず，異性カップルも利用できるとする法制の国もある（フランスのパックスなど）。また，同性カップルについて，異性カップルの場合の婚姻と区別した登録パートナーシップではなく，端的に婚姻を同性カップルにも認める国も増加している。

　内縁に関する多数説は，婚姻同様，内縁を成立，効力，解消に分けて準拠法を定めるべきであるとしている。しかし，登録パートナーシップにつ

いては様々な内容の法制が各国にあり，同性カップルのみ利用可能であっ
て異性間の婚姻と同等の強い効力を認めて解消も婚姻と同程度に容易では
ないタイプの国と，同性，異性のいずれのカップルにも利用可能であって
婚姻よりは弱い効力のみ認められて解消もより容易なタイプの国に大別さ
れる。この状況で，上記(1)の多数説によれば，パートナーシップ成立時に
は強い効力が認められるタイプのものを成立させたにもかかわらず，解消
時に別個の抵触規則により指定される準拠法では弱い効力しか認められな
いタイプの国の法が準拠法となって容易に解消できるということが起こり
得る。このような点も考慮に入れて，登録パートナーシップについては，
成立，効力，解消の全ての局面について，一括して，登録地法により規律
するという国も多く見られる。

X 親 子 関 係

(1) 実親子関係の成立

54 事件 親子関係の成立

Q1 通則法 28 条と 29 条の適用順序

(1) 親子関係不存在確認についての準拠法については，基本的には，とにか
く嫡出親子関係も非嫡出親子関係もいずれも成立しないことを確認すれば
よいのであるから，嫡出親子関係の成立の準拠法に関する規定と非嫡出親
子関係の成立の準拠法に関する規定との適用順序は重要でない。

しかし，親子関係の存在確認が求められた本件では，両規定の適用順序
が問題となり，まず嫡出親子関係の成立から判断するとしている。本判決
は特に理由を挙げていないものの，嫡出親子関係の方が非嫡出親子関係よ
りも，子にとって一般的に有利であるから，まず嫡出親子関係の成立を検
討するということが考えられる。

(2) 本判決は平成元年法例改正前の規定の適用が問題となった事案であるが，
通則法の下でも，本判決同様に，まず28条を適用し，それで嫡出親子関
係が認められなければ29条を適用するというのが多数説である。この立

場の根拠として上記(1)に挙げるもののほか，28条の表題は「嫡出である親子関係の成立」であり，29条は「嫡出でない親子関係の成立」であるという文言からも，本判決同様の適用順序で検討するのが，素直な文言解釈であるということも挙げられるだろう。

Q2　嫡母庶子関係及び継母子関係の成立の準拠法

(1)　準正に関する通則法30条の規定は，出生以外の事由により嫡出性を取得する場合の規定であるから，本判決のような場合にこの規定の類推適用も主張されている。ただし，30条については，非嫡出子から嫡出子へと身分が変わる点のみが同条で判断され，その前提となっている非嫡出親子関係が成立しているかは29条によらなければならない（例えば，29条の準拠法では認知がなければ非嫡出親子関係が成立せず認知がなされていない場合には，非嫡出親子関係が成立していないので，30条の準拠法のいずれかで準正が成立しそうであっても，前提をみたさないので，準正は成立しない）と一般に説明されている。もっとも，30条の趣旨，精神がこの場合にも同様にあてはまるから，その類推適用がされるとの主張であるから，問題はないのかもしれない。

(2)　確かに通則法29条1項は平成元年改正前法例18条とは異なり，認知による場合以外の非嫡出親子関係の成立についても規定しているが，本判決の表現を借りると，血縁関係がある者の間における出生による親子関係の成立を対象としており，「血縁関係がない者の間における出生以外の事由による親子関係の成立」については通則法でも明文規定はない。したがって，通則法の下でも規定はないことになる。ではどうするか。「子の出生の当時」ではなく，本判決同様に「親子関係を成立させる原因となるべき事実が完成した当時」を基準にする修正をして，29条1項を準用し，その当時の親の本国法によるという処理が考えられよう。

(3)　血縁関係がある場合の親子関係の成立が通則法28条から30条までとすると，確かに，血縁関係がない本件については31条によることも考えられなくもない。ただし，養子縁組の成立は一般に，当事者間の縁組契約によるか国家機関の決定によるのであって，本件のような場合はそれと異なると考えられる。また，一般に実親子関係の問題とされる場合であっても，

嫡出否認が法律上できないことから嫡出子とそのまま認められる場合，血縁関係がない虚偽の認知であるがその認知無効が認められず非嫡出親子関係が認められる場合，一定期間の事実状態の継続から子の身分を認めるフランス法上の身分占有の場合など，生物的な親子関係が厳密には存在しないこともある。このようなことからすると，31条ではなく28条以下の実親子関係の規定の適用を検討する方が適切ではなかろうか。

55事件　嫡出否認

Q1　嫡出否認

(1)　まず，子の父の本国法（本件では日本法）と母の本国法（本件ではタイ法）をそれぞれ適用して，嫡出親子関係が成立するかを検討する。その結果の組合せは，2×2＝4通りであり，これらのうちの嫡出親子関係の成立が否定されるのは，日本法でもタイ法でも不成立という組合せの場合のみである。なるべく嫡出親子関係を成立させることが，子の保護にかなうというのが，この規定の趣旨である。

(2)　嫡出否認は，日本法で子が嫡出推定を受けている場合には，日本法で嫡出否認が成功しなければならず，タイ法についても同様である。したがって，本件のように双方の本国法で嫡出推定を受けている場合であれば，日本法での嫡出推定を日本法で嫡出否認し，タイ法での嫡出推定をタイ法で嫡出否認するというように，どちらでも嫡出否認が成功してはじめて嫡出は否認される。これが多数説であり，本審判など裁判例もこの立場である。

　なお，これと異なり，子の父の本国法と母の本国法のいずれかで嫡出否認が成功すれば嫡出否認が認められるとの，嫡出否認に選択的連結を認める少数説がある。この見解は，嫡出親子関係を成立させることがつねに子にとって有利ではないということから唱えられるものであるが，嫡出親子関係の成立について子の父の本国法と母の本国法の選択的連結（上記(1)参照）を定める通則法28条1項の解釈としては無理があると思われる。

Q2　選択的連結と反致

　通則法41条但書は，段階的連結の場合について反致を排除している。これは，平成元年法例改正時に，反致の全面削除説もあった中，本国法が夫婦・親

子で一致している場合は他の場合よりも強い結びつきが認められることを根拠に，その場合に限って反致の規定から除外したものである。選択的連結はこの41条但書には挙げられていないので，選択的連結の場合にも反致の41条の適用はあるとするのが多数説である。

　ただ，28条1項の選択的連結は，嫡出親子関係の成立を容易にして子を保護する趣旨に基づくものである。にもかかわらず，もしタイ法から日本法への反致が認められると，選択肢が日本法だけとなり，この趣旨が没却されるとして，選択的連結の場合にも反致を認めるべきではないとの見解もある（この見解の中でも，選択的連結の場合には一切反致を認めないとする説と，反致を認めて準拠法を適用すると嫡出親子関係が成立しなくなる場合にのみ反致を認めないとする説がある）。しかし，41条の解釈としてはそのような見解は無理ではないかと批判され，少数説にとどまっている。

56事件　認　知

Q1　XY間の非嫡出親子関係の成立について

(1)　通則法29条1項前段が定める子の出生時の父Xの本国法は，準拠法が事実主義を採用しているか認知主義を採用しているかを問わず準拠法となる。本件ではそれは日本法であるが，日本は認知主義を採用しているので，認知が成立していなければ非嫡出父子関係は成立しない。

(2)　認知による非嫡出親子関係の成立については，上記の通則法29条1項前段により定まる準拠法に加えて，同条2項前段により定まる準拠法が適用され，後者によれば，認知時の父Xの本国法とともに子Yの本国法であるフィリピン法も準拠法となり，選択的適用される。本件では，子の本国法であるフィリピン法は事実主義を採用しているので，認知による場合には問題とならない。したがって，父の本国法である日本法による認知の成否のみが問題となる。本判決は，このような判断から日本法による認知の成否（認知無効の可否）を検討している。

(3)　通則法30条により定まる準拠法で判断される準正とは，非嫡出子から嫡出子となるか否かである。したがって，本件では，XY間の非嫡出親子関係の成立が29条により定まる準拠法により肯定されない限り，30条が対象としている準正は問題にならない。したがって，問題文のように考え

ることはできない。

Q2 BY 間の非嫡出親子関係の成立

(1) 子の出生時の父Bの本国法であるフィリピン法（通則法29条1項前段）が準拠法となる。フィリピン法は事実主義を採用しており，事実としてBY間に血縁関係があれば，非嫡出親子関係は成立していると考えられる。

(2) 親子間に嫡出親子関係が成立しているか（通則法28条），非嫡出親子関係が成立しているか（29条）は，通則法の2つの抵触規則の適用関係であるから，順序があると判断すること（百選54）には理由がある。しかしここで問題となっているのは，BY間の非嫡出親子関係と，XY間の非嫡出親子関係である。前者が成立すれば後者は問題となり得ないと，前者を優先させる理由はなく，別個の準拠法と指定して検討することも可能なのではないか（A女がB男と婚姻していたが，離婚して，C男と再婚後，子Zが生まれたという，嫡出推定の重複の事例で，ZがAB夫婦の嫡出子かという問いと，ZがAC夫婦の嫡出子かという問いは，独立の問題として検討することを参照）。

(3) 本件上告審（最判平成26年1月14日民集68巻1号1頁）の寺田逸郎判事の意見は，XY間の親子関係は（同判事の考えでは）本来は成立する（認知無効が認められない）のであるが，BY間の親子関係もXY間の親子関係も成立することは，法廷地である日本の立場からは許容し難いと考えて，日本法の解釈として例外的に認知無効を認めてXY間の親子関係を否定する，というものである。

57事件 生殖補助医療と親子関係 —————————————

Q1 ネバダ州裁判の効力

(1) 民訴法118条の対象となる外国判決は，私法上の法律関係についてなされた民事の裁判である。ネバダ州裁判所の裁判のうち，問題文の部分は行政的な命令であるから，民訴法118条の対象とはならない。

(2) 本決定の表現では，民法の実親子関係成立に関する日本法の定めはすべて日本法秩序の根幹をなす基本原則ないし基本理念であって，これに反する外国判決は実体的公序違反となるかのように読める。しかし，例えば，嫡出否認の訴えの出訴期間が民法777条と多少異なる外国法を適用して日

本法の嫡出親子関係の成否と異なる判断をした外国判決が直ちに公序違反となるとは言えないであろう。

　もっとも，本件で問題となった代理懐胎の場合に誰を法律上の母とするかは，身分関係の根幹をなすもので，基本原則であって，日本法秩序の中核部分であると言えよう。これについて，本判決は，「出生した子を懐胎し出産した女性をその子の母」とすると判示しているところ，これは，最判昭和 37 年 4 月 27 日民集 16 巻 7 号 1247 頁が判示した「母とその非嫡出子との間の親子関係は，原則として，母の認知を俟たず，分娩の事実により当然発生すると解するのが相当である」という考えを踏襲するものである。

　確かにこの最判昭和 37 年は，本件のような生殖補助医療はなかった時代のものである。その後の生殖補助医療の発達により，「生殖補助医療の提供等及びこれにより出生した子の親子関係に関する民法の特例に関する法律」が 2020（令和 2）年に制定され，2021（令和 3）年に施行された。この 9 条は，最判昭和 37 年の立場を維持し，「女性が自己以外の女性の卵子（その卵子に由来する胚を含む。）を用いた生殖補助医療により子を懐胎し，出産したときは，その出産をした女性をその子の母とする」と定めている（ただし，この法律における生殖補助医療は，人工授精又は体外受精若しくは体外受精胚移植を用いた医療をいうので（2 条 1 項），代理懐胎は対象としていないから，同法 9 条の上記の規定が直接に代理懐胎に適用されるわけではない）。したがって，同法律は，誰を母とするかという問題について，従来からの考え方の変更をもたらすものではない。

(3)　最高裁の立場では，分娩した女性ではない女性を母とすることが公序として問題とされているのであるから，代理出産契約の有償性は，反公序性の判断に影響を及ぼさないだろう。

　原審の立場においては，代理出産契約が無償であるか有償であるかは反公序性に影響を及ぼすようにも思われる。ただ，本件で問題となっているのは，代理出産契約の有効性ではなく，その結果代理懐胎で生まれた子の親子関係である。代理出産契約の有償性は代理出産契約の有効性，その反公序性判断には直接影響を及ぼすであろうが，代理懐胎で生まれた子と依頼者との親子関係を認めるかについても影響を及ぼすとはただちには言え

ないはずである。

(4) 本決定は，言及していないが，民訴法118条3号の実体的公序について
は，一般に，外国判決承認結果の反公序性に加えて，事案の内国関連性を
問題とすると説明されている。そうであるならば，問題文のような設例は，
本件事案と比べると，内国関連性が希薄であると思われ，公序違反となら
ないとすることも考えられるのではないか。

(5) 代理懐胎から生まれた子と依頼者との親子関係を本決定のように認めな
い理由の一つとして，実親子関係ではないとしても養子縁組を認めればよ
いのではないか，というものがある。代理出産契約を母体を商品として扱
うものとして反公序性が非常に強いと考えれば，そのような契約の締結を
抑止するために，もしそのような契約から子が生まれても，依頼者との間
には養子縁組も一切認めないという立場も考えられなくはないが，我が国
ではそこまでは考えられていないと思われる。実際，本件でも報道によれ
ば，X_1X_2 は AB を特別養子として育てているようである。また，最近の
静岡家浜松支審令和2年1月14日判タ1490号254頁は，代理出産から生
まれた子と依頼者との特別養子縁組を認めている。

Q2 準拠法に照らした判断

(1) 通則法28条1項の適用において，基準となる母を子を出産した女性，
本件では米国人女性と固定して，それによって，すべての親子関係を考え
ていくという見解もないわけではないが，一般的には，子が X_1X_2 夫婦の
嫡出子となるか（①）と，子が出産した米国人女性の夫婦の嫡出子となる
か（②）を別々に考え，それぞれにつき，①では28条の母として X_2，そ
の夫を X_1，②では米国人女性とその夫，として規定を適用して考えるの
が多数説である。これは，嫡出推定が重複して2人の男性が父となる可能
性がある場合の処理と整合的な見解である。

　①②それぞれについて準拠法をあてはめて検討すると，①は日本法が準
拠法となり，X_2 は分娩していないので嫡出親子関係は成立しない。②は
米国の法が準拠法となり，それが本件のように出産した女性ではなく親と
なる意思がある依頼者を母とするとの内容であれば，米国人女性夫婦との
間に嫡出親子関係は成立しないとなりそうであるが，この結果は我が国の

公序違反として排除されよう（通則法42条）。まとめると，米国人女性夫婦との間の嫡出親子関係が成立していることになる。

(2)　本決定のように外国判決がある場合であれば，事案の内国関連性に応じてそれが希薄な場合には公序違反とならないとして，Xらと子の親子関係が認められることもあろう。しかし，本問の場合，上記(1)のように，Xらと子の親子関係について準拠法は日本法であり，それを適用すると親子関係は認められず，本件と異なる(2)のような事例でも結論は変わらないことになる。

　　たしかに，原則としては，ある事象については我が国の国際私法（抵触規則及び外国判決承認制度）に照らして評価をするはずであり，上記のような処理になりそうである。ただ，本問の当事者は，これまで外国で長らく居住しており，その地の法的評価を前提に生活をしてきたが，たまたま，問題のような事情があって，日本の裁判所での評価がされることになった。このような場合にも，我が国の国際私法から見た評価を貫徹すれば，当事者が困難な状況に陥らないだろうか。事案と法廷地との関連が希薄であって，我が国の国際私法による評価を行うことで，当事者の基本権が損なわれるような特別な事情がある場合に，我が国の国際私法が外国の評価に席を譲るという例外的処理を検討する余地はあると思われるが，議論はなお十分にはされておらず，今後の課題である。

(2)　養親子関係の成立

58事件　夫婦共同養子縁組

Q1　夫婦共同養子縁組
(1)　本審判は，夫婦共同養子縁組の場合，ACとBCの2つの養子縁組について，それぞれに通則法31条を適用して準拠法を定めている。これは裁判例及び多数説の立場である。
(2)　通則法31条1項前段の準拠法は，同条2項で，養子とその実方血族との関係が断絶するかについての，準拠法となる。したがって，AC間の養子縁組成立についての準拠法（Aの本国法）が定める養子縁組が断絶型，

BC 間の養子縁組成立についての準拠法（B の本国法）が非断絶型のような場合，弱い方の効果しか生じないとして，養子 C と実方血族との関係は断絶しない（A との関係でのみ断絶するという扱いはしない）とするのが一般的な考えである。

　このような問題も生じうるために，夫婦共同養子縁組の準拠法決定を 1 つの準拠法によらせるべきであるとの学説もあるが，立法論としては格別，解釈論としては無理であろう。

Q2　養子縁組の成立方法

(1)　普通養子縁組は法律行為であり，当事者間の縁組の合意とその届出で成立する。未成年養子の場合には許可を要するとされているが（民法 798 条），これは裁判による養子縁組ではなく，法律行為としての養子縁組の効力発生要件のひとつである。

(2)　日本だけのことではないが，一国の手続法は自国の実体法が適用されることを前提とし，その実現のために作られている。渉外的法律関係であっても，手続は法廷地法によるとの原則により，日本では日本の手続法に従って手続は行われるところ，実体問題は国際私法により外国法が準拠法となり得る。日本に普通養子縁組しかない時代には，準拠外国法上は養子縁組を成立させる権限がある裁判所が決定をすることを前提としているにもかかわらず日本の家裁にはそのような権限がないのではないかという問題に直面し，どのようにして外国法上の決定型養子縁組を実現するかという問題が生じた。準拠外国実体法と内国手続法の不調和（適応問題の一種）である。

(3)　①分解理論により養子縁組が成立する場合，その成立時点は届出時であって，家裁での判断時ではない。そのため，決定型養子縁組とはいえず，準拠外国法の定めるところと異なるのではないか，という批判が学説では有力であった。

　②特別養子縁組は，普通養子縁組とは異なり，家裁が決定で成立させるものである（民法 817 条の 2）。したがって，現在では，家裁には外国法上の養子決定をする権限があると考えられている。

　そもそも分解理論には上記のような問題もあり，また，このように現在

では家裁に養子を決定で成立させる権限を認めることに無理はないとすれ
ば，分解理論による必要性は基本的にはないと思われる。そこで現在の戸
籍実務（平成元年10月2日民二第3900号民事局長通達 第5の2(1)）では，外
国法上の決定型養子縁組を成立させる旨の審判が日本の家庭裁判所でされ
た場合において，その謄本を添付して養子縁組の届出があったときは，確
定した特別養子縁組審判を添付した届出に倣い，その審判確定日に養子縁
組の効力が発生するとされている。これは，家裁で外国法上の決定型養子
縁組の裁判をすることができることを前提としており，実際，そのように
されている。

(4)　①「未成年者を申立人両名の養子とすることを許可する」との本件審判
主文に鑑みると，本審判で養子縁組を成立させるというわけではなく，あ
くまでもその後の縁組届の届出で成立するとの理解であると考えられる。

　②今日においても，本件のような本国法を異にする夫婦による共同養子
縁組の場合であって，一方が契約型，他方が決定型のときには，分解理論
が用いられている。本件では，Bとの関係ではフィリピン法により決定型
である。Aとの関係では日本法であり，本件の場合には契約型の普通養
子縁組をしようするものである。実務がこのような場合に分解理論によっ
ているのは，夫婦共同養子縁組を成立させるためには両者との養子縁組を
同時に成立させる必要があるところ，決定型について分解理論を用いて届
出時に成立するという扱いをすることによって，契約型と同時に成立させ
るためであると説明されている。

Q3　養子縁組の成立に必要なケース・スタディ及び試験監護

本審判はこれらの要件を，通則法31条1項後段のうち「公的機関の許可そ
の他の処分があること」にあたるとして，フィリピン法のこれらの要件を適用
している。このフィリピン法の規定内容のうち，「本省の認定を受けた社会福
祉士，地方自治体の社会福祉事務所または児童養護施設」がケース・スタディ
を実施するという部分は手続問題であって，フィリピン法への送致範囲には入
っていないであろう。つまり，公的機関でのケース・スタディが必要かという
問題だけが，セーフガード条項としてフィリピン法に送致されている。本審判
は，家裁の調査官による観察・報告でよいと判断しており，このような扱いで

問題ないと思われる。なお，問題文のフィリピン法の翻訳は，奥田安弘『フィリピン家族法の逐条解説』（明石書店，2021年）284頁以下による。

59事件　養子縁組の効果 ─────────────────────

Q1　本件の中国での養子縁組の成立及び効果

⑴　本件の X_1・X_2 と Z との養子縁組の成立については，法例20条1項（通則法31条1項）により，養親の本国法である日本法が成立に適用されるところ，本審判は，日本法上，特別養子縁組の成立要件は満たしていないと判断している。普通養子縁組の成立要件を満たしていることは個別には審査していないが，「中国方式で成立した本件養子縁組は，日本国法上はいまだ普通養子縁組の効力しか生じておらず」と判断しており，これは成立していることを前提とする判断である。

　なお，養子本人又は第三者等の承諾・同意といったセーフガード条項については，養子の本国法である中国法によることになるが，その要件の審査をしたのか否かははっきりしない。この点は問題である。

⑵　養子縁組には，断絶型養子縁組と非断絶型養子縁組がある。また各国法は，どのような効果が生じるかをにらんで，それにふさわしい厳しさの成立要件を課しているし，縁組の解消の難易度も異なっている。

　まず，離縁について，養子縁組の成立の準拠法そのものによることとしているのは，成立時の準拠法により断絶型養子縁組が成立したのに，離縁の際には容易に離縁することができる非断絶型として離縁するのは不適切であると考えられるからである。この点，婚姻成立と離婚の準拠法は，その間の事情の変化により，それぞれの時点の最密接関係地法が準拠法とされているのとは異なるが，上記の連結政策は妥当であると考えられる。

　次に，その実方の血族と養子との親族関係の終了については，本来であれば終了が問題となっている，当該実方の血族と養子との親族関係の準拠法によるべきかもしれないが，この点につき養子縁組の成立の準拠法とは別の準拠法を適用すると，断絶型の養子縁組を成立させたはずであるのに，実方との関係が切れないという不都合が生じうる。それゆえ，養子縁組の成立の準拠法によることにしている。

⑶　上記⑵の通り，この養子縁組の効果についても，本件では日本法による。

たしかに中国では中国法上断絶型の養子縁組を成立させているが，準拠法
である日本法に照らして，普通養子縁組か特別養子縁組かいずれが成立し
ているかを審査し，特別養子縁組に相当する縁組は成立していないと本審
判は判断している。

Q2　外国裁判所の決定により成立した養子縁組の評価

　一般論として，協議離婚などのように外国国家機関での決定によらずに成立
した関係について我が国で評価する場合には準拠法に照らして判断し，離婚判
決のように国家機関の決定により成立した関係については外国判決の承認制度
に照らして判断する。とすれば，養子縁組についても同様であるべきだが，こ
れまでの実務は，外国で裁判所の決定で成立した養子縁組についても，外国判
決承認のアプローチによらず，通則法 31 条の指定する準拠法を適用して判断
する例が多く，学説上批判があった。

　そのような中，平成 30 年人訴法等の改正（平成 30 年法律第 20 号）により，
家事事件手続法 79 条の 2 が新設され，「外国裁判所の家事事件についての確定
した裁判（これに準ずる公的機関の判断を含む。）については，その性質に反
しない限り，民事訴訟法第 118 条の規定を準用する」との明文規定が設けられ
た。今後は，同条により，外国養子決定が承認されるかを審査すべきであり，
実務もその方向に変化していくのではないかと思われる。

　なお，本件では中国司法部が関与して養子縁組が成立しているが，これは当
事者間の養子縁組契約を公証しているにすぎず，国家機関による決定で養子縁
組を成立させているわけではないと解され，そうであるならば，承認アプロー
チではなく準拠法アプローチによることでよいことになる。

60 事件　セーフガード条項

Q1　通則法 31 条 1 項後段の解釈

(1)　本来，セーフガード条項は養子の保護が趣旨であると思われる。ところ
　　が，条文の文言は，養子本人「若しくは第三者の承諾若しくは同意」であ
　　るから，第三者はとくに限定がされていない。すると，養子の本国法上の
　　第三者の承諾等であれば，必ずしも養子の保護のためでないものであって
　　も，文言上は含まれることになる。例えば，養子の属する親族会の同意の

ようなものである。そこで，第三者の範囲を限定することを試みる見解が
主張されている。本件における，養親の嫡出子で10歳以上の者の同意と
いう要件は，将来の養親の相続において相続分が影響を受けることになる
者に拒否権を与えているという趣旨であると理解し，そのような第三者を
含めることはセーフガード条項の趣旨に合致しないことから，これを除外
する解釈論として，養子縁組以前に養子との間に身分関係になかった者は
除くという主張がされている。

　　ただ，審判例や学説の多数説は，このような場合も第三者に含めている。
文言上，第三者は限定されていないことや，本件の場合にしても，必ずし
も一概に養子の保護のためではないとは言い切れない（養親の嫡出子が養子
を受け入れることに賛成していないような家庭に養子が縁組で迎えられても，必ず
しも養子の幸福にはならないのではないかとも思われるので，その意味では間接的
には養子の保護にもなる）ことが理由である。

(2)　本審判は多数説に従い，養親の嫡出子も「第三者」に含めたので，本来
　　は，フィリピン法に基づきD，E，Fの同意が必要となるが，X1と前妻
　　Cの離婚後，Cに引き取られてX₁とは没交渉であり，同意が得られてい
　　ない。そこで本審判は，フィリピン法の適用結果を公序違反として排除し
　　て，養子縁組を認めた。しかし，フィリピン法の規定にも合理的な理由が
　　認められ，ただちに公序違反としたこの判断には批判も強い。

(3)　百選58の事案では，フィリピン法の定める要件のうち，実父の同意に
　　ついて，同国法の解釈として，実父が所在不明である場合にまで実親の同
　　意を要求しているとは解されないとしている。つまり，準拠法の解釈で対
　　応している。百選60のD，E，Fの同意についても，フィリピン法の解
　　釈として，本件のような場合には同意の取得は要求されていないと解釈で
　　きれば，それで解決されることになる。

Q2　セーフガード条項の実効性

(1)　①養子の本国法に養子制度がなければ，養子や第三者の同意も要件とし
　　ていないから，セーフガード条項の適用はないというのが通説である。②
　　通則法31条は養子縁組という広い概念を対象としているので，養子の本
　　国法の養子縁組制度のタイプは考慮されず，普通養子縁組に関する同意要

件を適用することになる。③このような場合には，養親の本国法上成立さ
せようとしている養子縁組に近い方の養子縁組制度についての同意要件が
適用されることになろう。

(2)　特に(1)②のように，成立させようとする養子縁組が断絶型であるが，養
子の本国法には非断絶型の養子しかないために，同意について緩やかな要
件しか課されていない場合がありうる。その場合に，その要件に照らして
同意を得ればよいというのでは，それほど養子の保護にならないのではな
いかと思われる。

　養子の保護をはかるのであれば，子の本国法の保護要件を累積適用する
セーフガード条項によるという国際私法上の保護ではなく，例えば，同意
は金銭を対価とするものであってはならないことや実母の同意は子の出生
後になされたものであることなどの（後掲(3)の1993年ハーグ条約4条参照），
直接的に最低限守るべき実質的基準を定めることの方が実効的ではないか
と思われる。

(3)　確かにこのような養子の本国法の態度は，国際的な養子縁組による人身
売買を防止するための方策として考慮に値するが，現在の通則法ではそれ
は公法上の問題として視野の外に置かれている。セーフガード条項では，
このような場合には空振りとなる。このような養子の保護は，養親の送り
出し国と受入国との間の国際的な司法・行政協力のネットワークを構築す
ることによることが実効的である。そのために1993年にハーグ国際私法
会議で作成されたのが，国際養子縁組に関する子の保護及び国際協力に関
する条約である。この条約は100か国を超える締約国を集めており，ハー
グ条約の中で最も締約国が多い条約である。しかし，日本は締約国となっ
ておらず，批准を検討すべきではないかと思われる。

(3)　親子間の法律関係

61 事件　分割身上監護 ─────────────

Q1　分割身上監護

(1)　カナダのように，ある分野については連邦法があり全国的に統一されて

いるが，別の分野については州ごとに不統一ということは珍しいことではない。地域的不統一法国であるかは，通則法 38 条 3 項を通じて準拠法を特定するのか否かということであり，問題となる分野について国単位で一つの法制になっているか，地域により異なる法制になっているかを判断し，後者の場合にのみ 38 条 3 項を適用して本国法を特定するのは，問題はない。

⑵　この夫婦は双方の関係についても子をめぐっても仲違いしており，母 X が子を連れて海外に移住すること（国際的な子の奪取）を危惧して，そのようなことが起きないように配慮したものと思われる。

62 事件　子奪取条約の適用

Q1　変更前決定の判断

⑴　1980 年の子奪取条約は，国際的な子の奪取があった場合には，子をその常居所地国に速やかに返還し，監護に関する事項についてはその国で判断させるとすることが，子の利益に資するというという考え方を基本としている。そのため，条約に定められた返還拒否事由のいずれかに該当しない限り，子を元の国へと返還することになる。我が国は，子奪取条約実施法を制定して，子奪取条約に 2014 年に加入した。

　　返還拒否事由は子奪取条約実施法 28 条に規定されている。子の返還拒絶意思は拒否事由の 1 つとされ（同条 1 項 5 号），「子の年齢及び発達の程度に照らして子の意見を考慮することが適当である場合」でなければならない。C と D は当時 10 歳に達しておらず，意見を考慮するのに必要な成熟度に達していないために，その意思は考慮されなかった。

⑵　C と D に対して A と B は，年齢に照らし，その意見を考慮するに足る成熟度に達しており，返還拒絶意思は，子奪取条約実施法 28 条 1 項 5 号の返還拒否事由にあたるはずである。ところが，変更前決定は，CD のみならず AB についても米国への返還を命じている。これは，「ただし，第 1 号から第 3 号まで又は第 5 号に掲げる事由がある場合であっても，一切の事情を考慮して常居所地国に子を返還することが子の利益に資すると認めるときは，子の返還を命ずることができる」と定める子奪取条約実施法 28 条 1 項柱書但書に基づくものである。

変更前決定が AB について，返還することが子の利益に資すると認めた
理由は必ずしも明らかではないが，考えられる理由としては，CD を米国
へ返還するとすれば，兄弟姉妹である AB も返還しないとすれば，彼らの
密接な関係は分断されてしまい，それは AB の利益にならないと判断され
たこと，米国に返還しても監護体制などの点で AB の利益を損なわないで
あろうことなどを考慮したのではないかと思われる。

Q2　本決定の判断

(1)　子奪取条約実施法 117 条 1 項は「子の返還を命ずる終局決定をした裁判
所……は，子の返還を命ずる終局決定が確定した後に，事情の変更により
その決定を維持することを不当と認めるに至ったときは，当事者の申立て
により，その決定……を変更することができる」と規定しており，本決定
はこれに基づき，変更前決定を変更して，子の返還申立てを却下して子を
米国に返還しないとしたものである。変更前決定を維持することを不当と
させた理由としては，次のようなものが考えられる。

①X は元々，本件子らを適切に監護するための経済的基盤を欠いており，
その監護養育について親族等から継続的な支援を受けることも見込まれな
い状況にあった。しかし，これは変更前決定の時点においては，子奪取条
約実施法 28 条 1 項 4 号の「常居所地国に子を返還することによって，子
の心身に害悪を及ぼすことその他子を耐え難い状況に置くこととなる重大
な危険があること」とまでは言えないと判断して変更前決定は返還を命じ
た。②しかし，X は「変更前決定の確定後，居住していた自宅を明け渡し，
それ以降，本件子らのために安定した住居を確保することができなくなっ
た結果，本件子らが米国に返還された場合の X による監護養育態勢が看
過し得ない程度に悪化した」。これが，子奪取条約実施法 117 条 1 項にお
ける事情の変更に該当する。

もっとも，確かに変更前決定後に②の事情は生じているが，①のような
X の状況からすれば，そのような自宅の明渡しは，当初からありうる事態
であったともいえ，とすると，事情の変更を認めたのは安易すぎたのでは
ないかとの批判される余地もあろう。

(2)　上記 Q1(1)で既述の通り，CD の返還拒絶の意思は子奪取条約実施法 28

条 1 項 5 号の返還拒否事由には当たらない。しかし，兄弟姉妹の AB については，自宅の売却という事情変更があり，変更前決定と異なりもはや，実施法 28 条 1 項但書により返還を命ずることはできないとされた。この状態で，CD のみを米国に返還を命じることは，「密接な関係にある兄弟姉妹である本件子らを日本と米国とに分離する結果を生ずることなど本件に現れた一切の事情を考慮すれば，米国に返還することによって子を耐え難い状況に置くこととなる重大な危険がある」として，子奪取条約実施法 28 条 1 項 4 号の返還拒否事由があるとされた。

(3)　本件の経緯をみると，子らの返還を命じる変更前決定が確定したが，任意に返還がなされなかった。そこで，X は代替執行を申し立てたが，執行不能となった。この状況で，変更前決定を維持しても，X が求めるように子らを米国に返還させる見込みはない。令和元年民事執行法等改正によって執行方法の改善は行われたが，子の返還命令をいかに実効的に実現するかは今後も問題となろう。

63 事件　子奪取条約と人身保護請求

Q1　人身保護請求

(1)　子が概ね 10 歳以上で事理弁識能力を有している場合には，子がその意思に従って現在の状態にあり，拘束されているとは言えないとされている。C は 13 歳であるから，通常であれば，その意思は尊重されるはずである。ただし，本判決が指摘しているように，父母の間で子をめぐって争いがある場合には，現に子を監護している親が子の判断に不当な影響を与えることがある。本判決はそのような事情を考慮して，子の自由な意思決定に基づく判断で Y の下にとどまりたいとの意思を表明したとはいえないとして，拘束にあたると判断した。本件は国境を越える子の奪い合いの事例であり，パスポートの入手や航空券の購入が必要であって，子が自由に移動できないという事情も考慮に入れられたのかもしれない。

(2)　国内事案での，人身保護法による子の引渡請求における，拘束の違法性についての判例法理は，ほぼ確立している。①別居中で離婚前の夫婦のように，監護権者同士の子の奪い合いの事例においては，子が「拘束者の監護の下に置かれるよりも，請求者に監護されることが子の幸福に適するこ

とが明白であることを要するもの，いいかえれば，拘束者が右幼児を監護することが子の幸福に反することが明白であることを要する」（最判平成5年10月19日民集47巻8号5099頁）。これに対して②子を拘束している非監護権者に対して，監護権者が子の引渡しを請求する事例においては，子を「監護権者である請求者の監護の下に置くことが拘束者の監護の下に置くことに比べて子の幸福の観点から著しく不当なものでない限り」，拘束の顕著な違法性が認められる（最判平成6年11月8日民集48巻7号1337頁）。

　ただ，①の類型にあたる場合でも，離婚調停において調停委員会の面前でその勧めによってされた合意により，夫婦の一方が他方に対して幼児を期間を限って預けたところ，他方配偶者が合意に反して期間経過後も幼児を拘束している事例（最判平成6年7月8日家月47巻5号43頁）のように，手続違反を問題として顕著な違法性を判断したものがある。本判決は，監護権の所在や子の幸福という観点には言及せず，子奪取条約実施法に基づく返還命令にもかかわらずそれにYが従わないまま子を監護しているということを捉えて，顕著な違法性があると判断しており，このような先例に沿って判断したものであろう。

Q2　子奪取条約と我が国の社会

(1)　子奪取条約に我が国が加入してから，わが国に奪取された子の外国への返還命令についての強制執行が失敗する事例が何件か見られた（百選62，63もそのような事例である）。そこで，返還命令の執行の実効性を確保するため，民事執行法及び国際的な子の奪取の民事上の側面に関する条約の実施に関する法律の一部を改正する法律（令和元年法律第2号）による改正がされた。改正内容は問題文記載の通りであるが，本件については，改正法の下であっても返還決定が執行できたとは必ずしも言えないであろう。というのは，間接強制前置主義の緩和は本件とは無関係であり，代替執行を行う場所に債務者がいることを不要としたことは，本件では意味があるが，Yが子とともに常にいる場合には，結局は，Yは抵抗することになる。このような場合に，本件のようなYの抵抗を物理的に排除するなど，さらに強い手段による執行の実現を行うべきかを含め，強制執行をどのようにすべきかは，今後も検討を要する課題である。

(2) 本件のような離婚前の夫婦間での子の奪い合いの事例を考えてみると，①国境を越えて行われた場合には，子奪取条約が適用されれば，原則として速やかに返還を命じることができる（本件事案のように，返還決定の執行の実効性に問題はあるにしても）。これに対して，②日本国内において行われた場合には，上記Q1(2)に示した判例によると，拘束者が子を監護することがその子の幸福に反することが明白である場合でなければ，返還はされない。国際事案と国内事案との間に不均衡があるといえよう。国内事案の場合の処理を再検討することも必要であろう。

XI 扶 養

64事件　扶　養

Q1　準拠法の決定

(1) 婚姻費用分担の問題を，本決定は扶養義務の問題と性質決定して，扶養義務の準拠法に関する法律（以下「本法」という）2条により準拠法を定めている。これに対して学説においては，夫婦財産制の問題と性質決定する見解や，婚姻生活維持のための財産的出損についてはまずは夫婦財産制の問題とするが，夫婦財産制の準拠法上定められた負担原則に従って所定の負担義務者が負担に耐えることができないときにはじめて扶養義務の問題として扶養義務の準拠法によると段階的に性質決定する見解もある。しかし，本法は扶養義務の準拠法に関するハーグ条約を国内法化したものであり，その規律対象はハーグ条約と同じはずである。同条約が人の生活に必要なあらゆるカテゴリーの財産給付を含むものとして作成されていることからすると，婚姻費用分担も扶養の問題として本法により準拠法を決定する本決定は妥当であり，学説の多数説も同じである。

(2) Cが扶養権利者の場合，本法2条により，Cの常居所地法である中国法が準拠法となる。なお，Xが扶養権利者CのためにCの扶養を受ける権利を行使できるか否かという問題も，本法6条により，扶養義務の準拠法が適用されるのであって，例えば，XCという親子間の法律関係の問題として別途準拠法が定められるわけではない。

XII　後　見

65 事件　親権と後見

Q1　親権と後見

(1)　中国の渉外民事関係法律適用法 30 条でいう監護は，親権と後見の両方を含む概念である。ただし日本法への反致を考える際には，親権については反致が排除されているので（通則法 41 条但書）問題とならず，後見についてのみ反致が問題となる。一般論として，通則法 41 条の反致を考える際には，準拠外国法の国際私法をその外国がするように解釈・適用して日本法を準拠法としているかを判断しなければならない。ところが，外国国際私法は，相続に関する通則法 36 条のようなシンプルな規定で反致の判断が容易なものばかりとは限らない。中国の上記規定は反致の有無の判断が困難な例である。同条は，一方の当事者（これが誰を指すかも争いがあるが）の常居所地法と本国法のいずれかを準拠法としている。本件で仮にこの一方の当事者を被監護者である子 B らとすると，日本法（常居所地法）と中国法（本国法）のうち，B らの権益の保護に有利な法が準拠法であると同条は定めていることになる。中国においても同条の解釈は明確になっていないようであるが，おそらく，実質法上，被監護者に有利な法を選択するのであろう。とはいえ，日本と中国の実質法を比較しても，争点ごとに有利・不利が異なることも考えられるので，その判断は容易ではない。さらに，そのような実質法上の判断を，法内容が異なる我が国の立場から適切に行うことができるかははなはだ疑問である。そこで，明白に中国国際私法が日本法を準拠法と指定している場合でない以上は，日本法への反致は成立しないと処理することも考えられる。

(2)　親権準拠法と後見準拠法の適用関係は，適応問題の一例として議論されているところ，この場合には，性質決定を適切に行いそれぞれの準拠法に送致される問題を振り分けることで処理することが可能である。

　　①については，後見開始原因は後見準拠法の適用範囲であるものの，その原因が，親権者が欠けたこととされていれば，親権者が欠けているかは親権の準拠法が決めることであると考え，その法により親権者を欠く以上，

後見準拠法によれば親権者が欠けていないとされていても，親権者の存否はその法には送致されないので，後見開始原因があるものとして後見準拠法を適用すればよい。これに対して②については，未成年後見は親権を補充するものであって，親権による保護が可能であればそちらが優先すべきであると考え，親権準拠法上なお親権者が存在するのであれば親権による保護が引き続きなされ，後見は開始しない。

66事件　後　見

Q1　後　見

(1)　平成30年人訴法等改正により，外国家事非訟裁判の承認に関して家事事件手続法79条の2に規定が設けられた。本件における問題は，準拠法アプローチにより判断するか，外国裁判承認のアプローチにより判断するかである。検討の前提として本判決がこの点どのように考えていたかを見ると（なお，上記改正前においても，外国非訟裁判の承認につき民訴法118条類推が可能であったことから，当時の状況は明文規定がある現在とそれほど変わらない），本判決は外国判決の承認に関する民訴法200条（現在の118条）には何ら言及しておらず，法例（現在の通則法）の規定により準拠法とされるスウェーデン法に照らして検討を進めているので，準拠法アプローチによっていると見られる。

　では，どう考えるべきか。両アプローチの使い分けの基準は，外国において裁判所等による個別，断定的な決定が行われているかによるべきであり，そのような決定があれば承認アプローチにより，承認されない場合には準拠法アプローチによるべきであろう。本件では，スウェーデンの裁判所がXをZの監護権者に任命する裁判を行っているから，Xの権限については，当該スウェーデンの裁判が家事事件手続法79条の2により承認されるかという枠組みで判断すべきであったと思われる。

(2)　スウェーデンの裁判は，在日スウェーデン公使であるXをZの監護権者に任命した。家事事件手続法79条の2によりこのスウェーデンの裁判が日本で承認されるとしても，この裁判は，Yらに対して，ZのXへの引渡しまで命じているわけではないから，そのような引渡しを求められるかについては準拠法を決定する必要がある。これは後見の問題として通則

法 35 条 1 項によりスウェーデン法によることになろう。ただし，通則法 42 条の公序は問題となり得る。仮に Z が Y らの下で安定的な生活を相当期間送ってきているとすれば，Z を Y から引き離して X への引渡しを命じることは，Z の最善の利益に反するとして，公序違反となることは十分考えられる（百選 95 も参照。なお，そのような状態になるならば，そもそもスウェーデンの裁判を承認して X の Z に対する監護権限を認めること自体が公序違反なので，この点からもスウェーデン裁判は承認されないとする余地もあろう）。

(3)　Z を監護権者とするスウェーデンの裁判が承認されなかった場合，親権者のいない Z について，日本における後見の事務を行う者がないときに当たり（通則法 35 条 2 項 1 号），Z の本国法のスウェーデン法ではなく日本法により後見人が選任される（民法 838 条以下）。

XIII　相続・遺言

(1)　相　続

67 事件　損害賠償債務の相続 ────────────

Q1　通則法のもとでの不法行為の準拠法

　本判決と同じように，不法行為の準拠法は，通則法 17 条によってもカリフォルニア州法となるが，通則法 20 条の例外条項の適用，とりわけ，不法行為の両当事者の同一常居所地法の優先が問題となる。本件の加害者 A と被害者 X はいずれも，事故当時カリフォルニア州に居住していたが，語学研修のためであった。かりに 3 か月程度の短期の研修のための滞在であれば，A と X の常居所は，カリフォルニア州には移っておらず，日本のままであったと判断される可能性がある。もしそうであれば，20 条により，不法行為準拠法は日本法となったであろう。

Q2　二重の性質決定

(1)　本判決は，本件債務の相続性を肯定しこれが相続によって Y らに承継されることを認めるには，不法行為準拠法も相続準拠法もともにこれを認

めていることが必要で，そのいずれか一方でもこれを認めないときは，結論としてそれを否定すべきとしている。つまり，不法行為準拠法であるカリフォルニア州法と相続準拠法である日本法を累積適用している。

(2)　相続は，夫婦財産制と同様に，一定の範囲に属する財産を一体として扱う制度である。この場合の統一的な財産の準拠法を総括準拠法といい，それらを構成する個々の財産の準拠法（例えば，それが物権であれば目的物所在地法）を個別準拠法という。両準拠法の規律が異なる場合にどうするかが問題となるところ，「個別準拠法は総括準拠法を破る」の原則によると，例えば，ある不動産について，総括準拠法である相続準拠法の要件を満たして相続対象となるとしても，個別準拠法である物権準拠法（不動産所在地法）が相続による承継を認めない場合には，その効果は生じず，相続の対象とならないとされる。

　この原則は従来の通説により主張されたが，明文の規定を有していたドイツとは異なり，規定を欠いている日本において，この原則が認められるべきかは，疑わしいと思われる。したがって，この説により本判決を支持する説はあまりないと言ってよいであろう。

(3)　法律関係の性質決定は，ある法的問題に適用される可能性がある複数の抵触規則のうちから，当該問題にいずれを適用して準拠法を決めるべきか，という問題である。本件では，相続（通則法 36 条）と不法行為（通則法 17 条以下）のいずれかが問題となっているが，いずれにも性質決定されるとすれば，準拠法を決めることができなくなる。このような理由から，二重の性質決定は許されないと考えられている。

Q3　個別準拠法のみによる説

　債権の法律行為による移転である債権譲渡の場合に債権の移転可能性自体は，当該債権の運命の問題とされ，その準拠法によると考えられており，債権の法律上の移転の問題も同様である。とすれば債権債務の法律上の移転の一例である相続の場合も，当該債権債務の準拠法により移転可能性が判断されるとの個別準拠法説によることも考えられる。

　これに対しては，様々な財産のうちどこまでが相続による移転の対象であるかという問題もここにはあるとすれば（一括して債権を譲渡する場合であれば，債

権者が有する複数の債権のうちどこまでを譲渡の対象とするかにあたる），それは相続準拠法が決めるべきであるから，相続準拠法も考慮すべきとなると思われる（次の Q4 参照）。

Q4　2 つの問題があるとみる見解

(1)　民法 896 条但書から，一身専属性のある権利義務でないことが求められる。

(2)　カリフォルニア州法における相続財産の移転は，2 段階で行われる清算主義による。すなわち，相続財産はいったん人格代表者（遺産管理人，遺言があれば遺言執行者）に帰属してこの者による積極財産（不動産・動産・債権等）・消極財産（債務）の管理・清算が第 1 段階の手続として行われ，清算（積極財産による債務の弁済）後になお積極財産が残る場合にのみ，第 2 段階の分配手続でそれが相続人に分配される（財産管理により消極財産が多いことが判明した場合には破産類似の処理が行われる）。本件では，第 1 段階でいったん人格代表者へと移転して，保険金等の積極財産と損害賠償債務との管理・清算が行われているので，カリフォルニア州法では損害賠償債務に一般的な移転可能性は認められている。

(3)　この有力説からは，上記(1)，(2)の検討結果を組みあわせると，本件損害賠償債務の相続は認められるとの結論になる。そこで，被告側弁護士としては，相続放棄を主張することが考えられる。相続放棄は，相続の問題として相続準拠法により（通則法 36 条），本件では日本法に照らしてその可否が判断される。またその方式は通則法 10 条による。本件では方式につき行為地法上も実質的成立要件（相続）の準拠法も日本法であるが，日本法の方式に従って，Y らは家庭裁判所への申述により放棄を行い（民法938 条），家裁はそれを受理していた。ただし，相続放棄を受理したことで放棄が有効になされたと確定的に判断されているわけではなく，訴訟においてその点を争うことができる（婚姻届を戸籍吏が受理しても，婚姻無効確認の訴えで婚姻の成立を争えるのと同様である）。本件訴訟においても，X は相続放棄の有効性を争っていた。ただ，本判決は損害賠償債務が相続されないと判断したので，相続放棄の有効性については判断しなかった。

68 事件　相続財産の範囲

Q1　遺言の準拠法と相続の準拠法との関係

⑴　通則法 37 条は遺言の成立及び「効力」の準拠法を定めるが，それは意思表示である遺言自体の成立及び効力を指すのであり，遺言の効力とは遺言の効力発生時期等の問題を指すに過ぎない。本件で問題となっているのは，遺言の内容である，金融資産をどのように相続させるかということについての解釈であるから，遺言の準拠法によるのではなく，相続の準拠法（通則法 36 条）による（ただし，本件も含めて，遺言成立時から死亡時までに本国法が変わっていない限り，36 条の準拠法と 37 条の準拠法は一致する）。

⑵　本件銀行預金の A による処分が，遺留分の侵害となり得るかについては，相続準拠法によることは明らかである。これを仮に預金債権の準拠法によらせるならば，被相続人が自己の本国法である相続準拠法上の遺留分についての制約を，遺産となるべき債権の準拠法の選択を操作することにより，回避することができることになってしまい，妥当ではない。

Q2　本判決の立場

判決は最初に，「亡 A の相続については，通則法 36 条により亡 A の本国法である日本法が準拠法となるから，どのような財産が亡 A の相続財産となるかについては相続準拠法である日本法によって定められる。他方，ある財産ないし権利が相続財産となるためには，相続の客体性，被相続性を有することが必要であるところ，相続の客体となり得るか否かは当該財産ないし権利の属性の問題であって，当該財産ないし権利に内在するものというべきであるから，法律行為の成立及び効力の問題として，通則法 7 条及び 8 条が定める準拠法によって判断されることになる」と判示する。この部分は，本件バンク・オブ・ハワイの預金が相続財産となるためには，相続準拠法と債権準拠法とが累積適用されるかのような書き振りである。ただし，本判決は債権準拠法であるハワイ州法上，本件預金は共同名義人の死亡時に生存名義人が所有するのであって，相続その他の事情による移転可能性はないと判断し，相続財産から外したので，本当に 67 事件のように相続準拠法である日本法を累積適用する趣旨であったのか否かは不明である。

　なお，67事件Q4記載の有力説のように，2つの問題にそれぞれ相続準拠法と預金債権の準拠法を適用した判決であるとの理解もある。また，本判決は上記の引用部分の後のところで，「以上のとおり，本件預金が相続の客体となり得るか否かは，ハワイ州法によって判断すべきであり，相続の客体となり得ない場合には，本件預金が亡Aの相続財産を構成することはないものというべきである」と判示して，これ以降はハワイ州法に基づく検討のみを行っている。ここからは，67事件Q3の個別準拠法説との理解も成り立ちうるところである。

69事件　相続財産の管理

Q1　包括承継主義と清算主義

(1)　英米法系の清算主義については，64事件のQ4(2)の解説参照。我が国の民法951条以下の管理手続は，相続人がいるか否か不明である場合に行われる例外的なものである。これに対して，英米法系の清算主義における遺産管理は，相続の第1段階として常に行われるものであり，人格代表者のもとで積極財産・消極財産の管理・清算を行うものである（積極財産の方が多い場合にのみ相続人への承継という第2段階が行われる）。両手続には細かな違いはいくつもあるが，大きな違いとして，上記のことから，日本の管理手続では，相続人の捜索が行われるが，英米法系の清算主義ではこのようなことは行われない。

(2)　本審判は，「相続人のあることが不分明な場合」に限定してではあるが，相続財産の管理及び相続債権者等のための清算をいかに行うかについては，管理財産の所在地法である日本法が準拠法であるとしている。本審判のように相続財産の管理については，財産所在地法によるとの少数説（本審判の上記のような限定は付けない見解もある）もある。この少数説の理由として，相続財産の管理は手続問題であって，属地的に行わざるをえないことなどが指摘されている。これに対して，通説は，相続制度の中から管理，清算制度を分離することができるか，またそれが妥当であるかは疑問であるとして，相続財産の管理も相続準拠法によるとしている。

(3)　実体法を前提にして実体権の実現のために手続法は作られている。ところが，渉外事件ではこの場合のように，実体準拠法が外国法になることがある。しかし，手続については，「手続は法廷地法による」の原則により，

手続が内国で行われる場合にはつねに法廷地法により進められる。このため，内国法と内容の異なる英米法上の管理・清算手続を行うために，そのための遺産管理人を日本の手続法で選任することは難しいとの見方もあり得る。これは適応問題である。もっとも通説は，可能な限り対応する方向で内国手続法を調整し，適応させて適用し，英米法上の遺産管理人の選任を我が国で行うべきであると考えている。

Q2　相続人不存在の財産の国庫帰属

相続人不存在の財産の国庫帰属の問題は，もはや相続ではないと考えるのが通説である。そこで，国家が領土権の作用としてその領域内に所在する無主の財産を先占するものと捉えて，財産所在地法によると考えている。なお，相続人が存在するかについては，相続準拠法による。

相続人が存在しない場合の相続財産の帰属も相続の問題と考えるならば，被相続人が日本人であれば，外国に所在する相続財産も，相続準拠法である日本民法 959 条により日本の国庫に帰属することになる。もっとも，当該財産の所在地国はこの結論を認めないであろう。ただし，通常の相続財産の場合であっても，このようなことは起こりうるのであり，相続分割主義（不動産相続については不動産所在地法による）に対する相続統一主義の，実効性を欠く場合があるという一般的な弱点の表れの一場合である。

70 事件　特別縁故者

Q1　特別縁故者への財産分与

⑴　多数説は，①特別縁故者は被相続人と一定の身分関係にある者に限らず，隣人や法人でもよいから，相続とは異質の制度であること，②この問題は，被相続人の本国より財産所在地と密接な関係を有することなどの理由を挙げている

⑵　上記⑴の①に対しては，国際私法上は，相続を被相続人と一定の特別な関係を有する者への財産承継と広く捉えることも可能であり，相続と性質決定する障害にはならない。②に対しては，そのようなことを言い出すと，相続全般について被相続人の本国より財産所在地とより密接な関係があると言えかねず，特別縁故者への財産分与だけ相続と性質決定しない理由と

しては決定的ではない。このように，少数説は反論している。

(3)　適用した実質法的結果の具体的妥当性は，上記(1)の多数説も正面から理由付けとして挙げてはいない。というのは，準拠法を決めるにあたって，それを適用するとどうかなるかを理由とすることは，国際私法における性質決定の議論として適切ではないという理解を反映している。また，このような議論をしようとしても，状況により妥当な結論は変わり得る。例えば，死亡した A が日本人で外国に財産を残しており内縁の妻 X が特別縁故者としての財産分与を求めた場合には，本審判の立場によると X の請求は認められないことになる。

　もっとも，選択的連結や累積的連結を行っていない抵触規則は，基本的には，実質法上の結果は指定された準拠法次第であって，結果に対しては中立的であるものの，そのような中立的な抵触規則を実際に事案に当てはめたところ，一定の方向の実質法的結果が導かれることはあり得る。例えば，養子縁組成立の準拠法は養子ではなく養親の本国法である（通則法 31 条 1 項）。ところで，イスラム法諸国には養子制度がない。そうすると，日本人養親が例えばパキスタン人を養子にするような場合，通則法 31 条 1 項は養子制度がないパキスタン法を適用せず，日本法を準拠法として養子縁組を成立させるという実質法的結果を導き出すことになる（ただし，日本についてはこのような事例が必ずしも多いとは言えないので，通則法 31 条 1 項がこのような結果を目指して立法されているとは言えないであろう）。

(2)　遺　言

71 事件　遺言の検認 ───────────────────────

Q1　遺言準拠法の適用範囲

　通則法 37 条の遺言の成立及び効力の準拠法は，意思表示である遺言自体の成立及び効力に適用される。具体的には，遺言の成立は，遺言能力や，意思表示の瑕疵による遺言の有効性などの問題である。注意すべきは，遺言の効力とは遺言の効力発生時期等の問題を指すに過ぎないという点である。例えば，遺言で認知ができるかという問題は，通則法 29 条によって定まる準拠法による。

つまり，遺言の実質的内容である遺贈，認知，後見人指定などの法律行為は，それぞれの法律行為の準拠法による。

Q2 遺言の検認

日本において検認が行われる場合，その手続は法廷地法によって行われる。検認が証拠保全のためだけであって実体法上の影響を有しないのであれば，法廷地手続法のみが問題となるだろう。これに対して実体法上の影響を有する場合であれば，その要件について準拠法が問題となるが，検認の目的や効果は各国法で大きく異なっている。そこで検認がどのような問題との関係で問題になるかに応じて，適用される準拠法は異なる。方式との関係で問題となる場合には遺言の方式の準拠法の問題であろうし，意思表示としての遺言の成立・効力で方式以外の点が問題となっている場合には通則法 37 条の問題であろう。認知や遺贈などの遺言の実質的内容をなす法律行為との関係で問題となる場合には，その遺言の実質的内容の準拠法の問題となるであろう。

$$\boxed{\text{XIV \ 氏 \ 名}}$$

72事件　氏の変更

Q1　氏の変更

(1) 本件のように X が帰化したという事情がなければ，本件のように離婚時に婚氏続称した X が後に，婚姻前に称していた氏でもない「B 川」に変更することは，社会生活上やむを得ない事情があるとは，なかなか認められないであろう。ただ，X は外国籍であり，婚姻後に帰化したため，事実上，相手方 A の戸籍に入籍するほかなく，したがって帰化時に自由に氏を設定する機会がなく，A の氏「A 山」となったという事情があったと思われる。そのために，今回の氏の変更許可審判申立時にはじめて，自己の意思で選択した氏「B 川」を設定してそれへの変更を求めているものとして，本決定はそれを認めた。

渉外事案において，準拠法が日本法となる場合には，外国法が準拠法となる場合と異なり，準拠法の適用に関する国際私法上の特段の問題は生じ

ない。ただ，日本法の適用において渉外的要素を考慮に入れて，純粋国内
事案とは異なる解釈がされる場合はないわけではない。例えば，最判昭和
49 年 12 月 24 日民集 28 巻 10 号 2152 頁では，遺言者の署名が存するが押
印を欠く英文の自筆証書遺言であっても，遺言者が遺言書作成の直前に帰
化した者で，印章を使用するのは官庁に提出する書類等特に先方から押印
を要求されるものに限られていた等の事情の下では，遺言書は有効と判断
されている。

(2)　X が外国人配偶者 A の氏への変更を希望する場合には，婚姻から 6 か
月以内であれば，家裁の許可を得ないで届出のみで氏の変更が認められる
（戸籍法 107 条 2 項）。この規定の前提には，日本人は外国人と婚姻しても，
その氏は当然に変更されるものではないとの戸籍実務の考えがある。夫婦
同姓（民法 750 条）となる日本社会において，外国人配偶者と氏を同じに
したい日本人の利益に配慮して戸籍法 107 条 2 項が設けられている。通常
の氏の変更の場合（戸籍法 107 条 1 項）と比べると，「やむを得ない事由」
という要件や，家裁の許可という手続なしに，届出のみで変更を認めてい
る。なお，外国人 A と X の結合姓や，（在日韓国・朝鮮人の場合によくある）
外国人 A の日本社会での通称への変更は，戸籍法 107 条 2 項の「配偶者
の称している氏」への変更に当たらないから，原則に戻って 1 項に基づく
ことが必要であるが，これらのいずれの場合についても，変更を許可した
審判例が見られる。

　X が戸籍法 107 条 2 項に従い，届出で A の称している氏に変更した後，
A と離婚や死別した場合に，変更前に称していた氏に戻したいときは，
離婚や配偶者死亡から 3 か月以内であれば，家裁の許可なしに届出のみで
変更できる（同条 3 項）。

73 事件　嫡出子の氏

Q1　父母の氏

(1)　A1 説によればこの場合，婚姻による氏の変動なので，婚姻の一般的効
力の準拠法による。通則法 25 条によると，本件では X₁ と X₂ に同一本国
法はないので同一常居所地法である日本法が準拠法になり，民法 750 条に
より，夫婦同姓で X₁ か X₂ のいずれかの姓を称することになる。もっと

も，当事者が日本人 X_2 の氏を選択したとしても，X_1 の本国である韓国では姓は変更されない。

これに対して A2 説によると，それぞれの当事者の本国法として，X_1 については韓国法，X_2 については日本法が準拠法となる。X_1 については韓国法では婚姻前の姓は婚姻後も変わらない。X_2 については日本法によるが，民法 750 条で夫婦同姓となるはずであるが，この夫婦が X_2 の氏にする合意をしても，X_1 の姓が変更されないので，結果として夫婦同姓にならない。もし，この夫婦が X_1 の氏にする合意をすれば，夫婦同姓とすることは可能である。なお，戸籍法 107 条 2 項が渉外的な婚姻の場合の民法 750 条の特則との理解によれば，民法 750 条は適用されず，X_2 の氏は戸籍法 107 条 2 項により処理される。すなわち，X_2 は婚姻後も当然には姓は変わらないが，婚姻から 6 か月以内であれば届出により X_1 の氏に変更することができる。

(2) 氏名公法理論（B 説）によれば，氏名については，国家による個人の登録制度である戸籍への登録の局面で問題となるのみであって公法的なものであるとされる。それゆえ日本人 X_2 の氏名をどのように戸籍に登録するかは，日本の戸籍法により処理される。X_1 と婚姻したことにより当然に氏が変動することはないが，戸籍法 107 条 2 項が適用され，X_1 の称する氏に，婚姻後 6 か月以内であれば届出により変更することはできる。なお，外国人と婚姻した日本人については民法 750 条の適用はないとされる。

Q2 子 の 氏

(1) A2 説によれば，子の本国法である日本法が準拠法となる。他方，A1 説によれば，出生による場合なので，親子間の法律関係の問題として通則法 32 条により，子と母 X_2 の同一本国法である日本法が準拠法となる。つまり，A1・A2 説によれば，いずれにせよ日本法が準拠法となる。日本法によると，嫡出子である本件の子は，「父母の氏」を称することになる（民法 790 条 1 項）。もっとも，この規定は民法 750 条により夫婦である父母が同一の氏を称していることが前提となっている。上記 Q1(1)記載の通り，A1・A2 説による場合，本件 X_1 と X_2 が同一の氏を称する結果になっている場合には，民法 790 条の適用において問題はなく，子はその氏を称すればよいが，X_1 と X_2 が異なる氏を称する結果になっている場合には，

民法790条をどのように適用すればよいかは問題となる。関連する2つの
問題（夫の氏と妻の氏，及び嫡出子の氏）を別個の単位法律関係に分けてい
ることから生じる適応問題である。本件の場合，実質法的な対応が実際的
であると思われるものの，具体的にどうするべきかははっきりしないが，
父母の氏のいずれかを子の氏と選ぶことを，父母に認めることが考えられ
る。

(2)　B説によれば，日本人である子の氏については日本法により，当然に，
日本人である母 X_2 の氏を取得する。

74事件　夫婦の氏

Q1　外国人の氏

(1)　戸籍は夫婦を単位として編成されるが，日本人と外国人が婚姻した場合
には，当該日本人単独での新戸籍が編成される（戸籍法16条3項）。配偶者
欄には当該外国人は記載されない。その理由は，戸籍は日本国民の身分登
録簿であるからである。しかし，日本人の戸籍の身分事項欄に，婚姻した
相手方として，また，生まれた子がいれば，その父又は母として，外国人
であってもその氏名が記載される。

(2)　本審判を受けて，日本人と外国人との間に出生した嫡出子の父母欄等の
戸籍の記載に関し，当該外国人が「その本国法に基づく効果として」日本
人配偶者の氏をその姓として称していることを認めるに足りる証明書等が
提出されたときは，外国人配偶者の姓を日本人配偶者の氏の漢字を用いて
表記することが戸籍実務で認められた。さらに，昭和59年11月1日民二
第5500号民事局長通達の解説では，子の父母欄の母の氏の記載を省略し
てかまわないとされている。これは，日本人夫婦の嫡出子についての戸籍
の記載と同様の扱いである。

　ところで，本審判は，学説の多数説（上記73事件のA2説）によってい
る。これによると，スイス人女性の姓について準拠法はスイス法であり，
それを適用した結果としての当該スイス人女性の姓を戸籍は記載すべきで
あると判断した。

　これに対して，戸籍実務の発想（氏名公法説）によれば，氏名は戸籍へ
の記載の問題に過ぎず，日本の戸籍をどのように運用するかは公法として

の戸籍法によるとされる。基本的には戸籍には日本国民しか登録されない
が，本件のように，外国人の氏名を戸籍に表記する必要がある場合もある。
その際の表記をどうするかは，公法としての日本の戸籍法が決めることで
あって，その外国人の本国における表記と一致させておくことが運用上望
ましいと考えて，できる範囲でそのようにする（用いるのはカタカナ）。本
国法は，氏名の準拠法として適用されるのではなく，それが本国で適用さ
れた結果事実として当該外国人の氏名がどのようになっているかを，戸籍
実務としては事実として記載できる範囲で反映させているにすぎない。

Q2　氏名変更事件の国際裁判管轄

　73 事件の B 説によれば，外国国籍の確認を求める訴えは当該外国の専属管
轄であるとされる（最判昭和 24 年 12 月 20 日民集 3 巻 12 号 507 頁）のと同様に，
外国人の氏名の変更について日本の裁判所に国際裁判管轄は認められないこと
になろう。これに対して，A 説では，婚姻など通常の場合と同じように考え
ればよいことになる。家事事件手続法 3 条の 2 以下に明文規定は置かれていな
いので，解釈により，日本と事件との関連を示す一定の管轄原因が認められれ
ば，日本に国際裁判管轄が認められることになろう。

XV　国際民事手続法

(1)　裁判権免除

75 事件　裁判権免除

Q1　裁判権免除の意義

　本判決は，裁判権免除の理由について，「国家がそれぞれ独立した主権を有
し，互いに平等であることから，相互に主権を尊重するため」であると判示し
ている。一国の裁判権はその主権の一作用としてされるものであるから，外国
国家を裁判権に服させることは，主権の独立・平等に反するとされる。もっと
も，本判決が判示している通り，かつての絶対免除主義は国際慣習法上存在し
なくなり，各国の国家実行は制限免除主義に移行している。「制限」とは，免
除されるのが主権的行為に限られるという趣旨であり，例えば外国国家の通貨

政策によって損害を被ったからといって，当該外国に対する訴訟について他の国が裁判権を行使できるわけではない。また，軍隊の活動についても同様であり，米軍による夜間離発着の差止めを求めた裁判について，最判平成14年4月12日民集56巻4号729頁は裁判権免除を認めている。国連国家免除条約（日本は受諾しているが，未発効）を踏まえて立法された対外国民事裁判権法は，制限免除主義を原則として，不法行為その他についても規定を置き，日本の裁判権の範囲を明確化したものである。

Q2　私法的・業務管理的行為と裁判権免除

(1)　本件では，パキスタン・イスラム共和国の国防省の関連会社であり当該国家の代理人であるA社と日本企業との間で締結されたコンピュータの売買契約から生じた売買代金債務を消費貸借の目的とする準消費貸借契約に基づく貸金返還請求が問題となっている。

(2)　本判決は，あてはめの部分においてではあるが，「Yのこれらの行為は，その性質上，私人でも行うことが可能な商業取引であるから，その目的のいかんにかかわらず，私法的ないし業務管理的な行為に当たる」としており，行為の性質を重視して判断する立場を採用している。対外国民事裁判権法でも，「商業的取引」について，「民事又は商事に係る物品の売買，役務の調達，金銭の貸借その他の事項についての契約又は取引（労働契約を除く。）をいう」と性質による定義をしており（8条1項），例えば「民事又は商事に係る物品の売買」であれば，その目的は問わない規定振りになっている。このことからすれば，本件における売買契約の目的物（私人でも購入が可能な高性能コンピュータ）が軍事目的に使用されるとしても結論は異ならず，外国等は裁判権から免除されないことになろう。

Q3　裁判権免除の放棄

(1)　本判決は，「私人との間の書面による契約に含まれた明文の規定」が必要であるとしている。対外国民事裁判権法も，契約において日本の裁判権に服することを合意する場合には，書面により明示的になされることを必要とする（5条）。なお，かつての大判昭和3年12月28日民集7巻1128頁では，放棄は国家から国家に対する意思表示でなければならないとされ，

国家と私人との契約で放棄するのは足りないとされていたが，今日ではこれも過去のものとなっている。

(2) 対外国民事裁判権法 5 条 1 項によれば，外国等が「特定の事項又は事件に関して裁判権に服することについての同意を明示的にした場合」には，裁判権から免除されない。したがって，日本の裁判所を管轄裁判所とする旨の国際裁判管轄合意は，日本の裁判権に服する意思表示となり，当該外国は裁判権免除を放棄したといえる。他方，同条 2 項は，「外国等が特定の事項又は事件に関して日本国の法令を適用することについて同意したことは，前項の同意と解してはならない」と規定している。すなわち，日本法を準拠法とする旨の合意により，裁判権免除を放棄としたとはいえない。

(2) 国際裁判管轄

76 事件　法人に対する訴え ─────────────────

Q1　裁判権と国際裁判管轄

本判決でも判示されているように，「裁判権」とは，一般に国家の主権の一作用として特定の事件又は人に対して行使される裁判を行う権限のことである。このような裁判権は，国家による主権行使の一つであり，国際法上の制約に服する。裁判権免除（百選 75）は，このような裁判権に対する国際法上の制約の一例である。

民事事件についての国際裁判管轄とは，国際法上の裁判権が認められる事件について，どのような関連を有する場合に実際に裁判を行うことが民事手続法上の正義（あるいはそれを具体化したルール）に照らして妥当か，また外国の主権への配慮に基づき（専属管轄の場合）適切かという観点からの一定の制約を自己抑制的に課したものである。国際裁判管轄を基礎付ける関連性は多くの場合に場所的な関連性であるが，合意管轄や応訴管轄のように，当事者の判断によって国際裁判管轄に服することもある。このような国際裁判管轄の問題は，外国の主権への配慮といった特殊な要素を除くと，国内における裁判所間の場所的な管轄権の配分の問題に関係する国内土地管轄に類する問題であり，国際的な視点からの場所的な権限の配分の問題であるということができる。なお，国

際裁判管轄については，国家又は裁判所の権限という観点から「国際裁判管轄権」や「日本の裁判所の管轄権」と呼ばれることもある。

　上記のような整理は講学上のものであり，本判決の用語法とは異なっている。というのは，本判決では，裁判権について判示した上で，「その例外として」，「この点に関する国際裁判管轄」と判示していることから，両者を同じ平面で捉えていると解されるからである。

　いずれにせよ，国際裁判管轄の規律については，各国がそれぞれ自己抑制するとすれば，それぞれの考慮要素は異なることになり，結果として国際裁判管轄を広く認める国と狭くしか認めない国が出てくる。そこで，それらを平準化することが望ましいとの考えのもと，条約による統一や各国が従うべき国際的基準の醸成に向けた活動がされてきた。すなわち，本判決のいう「よるべき条約」や「一般に承認された明確な国際法上の原則」による統一的な規律を目指す活動である。実際，例えば EU においてはブラッセル I bis 規則等による域内での統一が実現しているし，より広く一般的な条約に国際裁判管轄に関する規定が置かれている。日本が締約国となっているものとしては，例えば，「国際航空運送に関するモントリオール条約」がある（33 条）。したがって，本判決が「よるべき条約」が全くないかのように判示しているのは言い過ぎである（本判決当時には，上記のモントリオール条約の前身であるワルソー条約があり，その中にも国際裁判管轄規定が存在した）。とはいえ，国際的に妥当している一般的な国際裁判管轄の規律が存在しないのは事実であり，基本的には各国の国内法によってそれぞれの国際裁判管轄の範囲を定めている。その結果，既述の通り，各国が国際裁判管轄を認める範囲は広狭様々である（そのため，外国判決の承認・執行の要件である民訴法 118 条 1 号は，判決をした外国裁判所が国際裁判管轄を認めたことを日本の国際民事訴訟法の観点からチェックしている）。

　日本は，本判決の後，国際裁判管轄に関する立法を行った。すなわち，平成 23 年の民訴法の改正により同法 3 条の 2 以下に，平成 30 年の人訴法等の改正により，人訴法 3 条の 2 以下及び家事事件手続法 3 条の 2 以下に，それぞれ国際裁判管轄規定が置かれた。

　民訴法 3 条の 2 から 3 条の 12 で登場する「管轄権」は，それらの規定が置かれている第 1 編第 2 章第 1 節の節名になっている「日本の裁判所の管轄権」，すなわち国際裁判管轄を意味している。同法 4 条以下の土地管轄に関する規定

においても，「管轄」「管轄裁判所」「管轄権」という文言が登場するが，これ
らは日本の裁判所が国際裁判管轄を有することを前提としつつ，国内の裁判所
間の管轄配分に関する規律に基づいて定まる管轄を指している。その結果，場
合によっては，ある事件について「日本の裁判所の管轄権」，すなわち国際裁
判管轄は日本に認められるが，国内のいずれの裁判所も当該事件について国内
裁判所間の管轄配分の規律上の管轄を有しないということが生ずる。そこで，
そのような場合には，民訴法10条の2に基づいて最高裁判所規則で定める地
（民事訴訟規則6条の2が定める東京都千代田区）を管轄する裁判所の管轄に属する
ことが規定されている。

　もっとも，制定法上は，講学上の国際法上の裁判権とは異なる意味で「裁判
権」という語が用いられている。すなわち，民訴法3条の7第4号における
「裁判権を行うこと」とは，国際法上の裁判権だけではなく，国際裁判管轄も
行使することであり，実際にそれが可能かを問題としている。同様に，同法
118条1号における外国裁判所の「裁判権が認められること」とは，日本の国
際民事訴訟法の観点から判決を下した外国裁判所に裁判権及び国際裁判管轄が
認められることを指している。具体的には，外国裁判所の裁判権の行使が，日
本が想定する国際法上の民事裁判権免除の規律に違反するものではないかのみ
ならず，日本の国際民事訴訟法の観点から，判決を下した国が適切な法廷地と
して国際裁判管轄（いわゆる間接管轄）を有するかをチェックすることをも意味
している。このように，民訴法で「裁判権」の用語が用いられる場合，条文ご
とにどのような制約に服しているのかという点を見極める必要がある。

　なお，対外国民事裁判権法は，前述の日本の裁判権に対する国際法上の制約
である裁判権免除に関する日本の裁判所での規律を定める法である。同法で用
いられる「裁判権」は，冒頭で説明したとおりの意義であるが，民事裁判権の
概念については，「裁判権のうち刑事に係るもの以外のもの」と消極的に定義
されている（同法1条）。

Q2　国際裁判管轄規定を基礎付ける理念

　民訴法中の国際裁判管轄規定との関係においても，当事者間の公平，裁判の
適正・迅速を期するという理念は考慮されている（なお，民訴法3条の9では，
裁量移送を規定する民訴法17条と同様に当事者間の「衡平」の文言が用いられている

が，当事者間の「公平」と意味が大きく変わることはないと考えられる）。例えば，被告の本拠（住所・主たる事務所又は営業所）が日本国内にある場合に日本の裁判所の国際裁判管轄を認める民訴法3条の2の規定は，被告の手続的保護を実現するものであり，当事者間の公平を背景としている。また，民訴法3条の3の規定は，各類型の訴えについて一定の要素によって日本との客観的関連が認められる場合に国際裁判管轄を認める規定であり，そのような関連性は，日本の裁判所が当事者双方にとって公平な裁判所であることや，裁判の適正・迅速を期する点で適切な裁判所であることを基礎付けている。さらに，民訴法3条の7の合意管轄や3条の8の応訴管轄は，当事者の意思を基礎として国際裁判管轄を認めるが，当事者双方が一定の裁判所での裁判に応じる意思があるとすれば，そこでの裁判は基本的には当事者間の公平に適う裁判であるということができよう。

　このような「当事者間の公平，裁判の適正・迅速を期するという理念」は，国内裁判所間の場所的な管轄の配分を行う国内土地管轄規定（民訴法4条以下）と共通する理念である。ただし，不法行為地管轄（民訴法3条の3第8号・5条9号）のように，同じ管轄原因についても国際裁判管轄と国内土地管轄とで規定が異なっている場合があることからも明らかなように，国内土地管轄と共通の理念に基礎付けられるといっても，国際裁判管轄については問題の国際性に応じた配慮がされていることに注意が必要である。国内裁判所間では裁量移送が可能である（民訴法17条）結果，各裁判所に広範な管轄を設定していても問題がない（移送によって適切な裁判所での審理を実現することができる）のに対して，日本の裁判所から外国の裁判所への国際的な移送をすることはできないため，民訴法3条の9が置かれているとはいえ，各規定において抑制的に管轄原因が設定されている。

　また，「当事者間の公平，裁判の適正・迅速を期するという理念」以外の考え方を背景としている国際裁判管轄規定もある。例えば，消費者契約及び個別労働関係民事紛争に関する国際裁判管轄規定（民訴法3条の4）は，より実質的に弱者（消費者・労働者）保護を実現している。

　さらに，専属管轄を定める民訴法3条の5は，他の国際裁判管轄規定と異なる考え方を背景とする規定である。会社の組織に関する訴え等を対象とする同条1項，登記又は登録に関する訴えを対象とする同条2項，設定の登録によっ

て発生する知的財産権の存否又は効力に関する訴えを対象とする同条3項の規定は，それぞれ，日本の裁判所における審理が裁判の適正・迅速を期するという理念に基礎付けられると説明することは可能であるが，これらの理念だけでは，外国の裁判所の管轄権を否定することは困難であろう。これらの規定は，日本の公益の維持や国家的利益の尊重・実現という考え方を背景として，それらの事項について日本の裁判所における審理を確実とすること，特に，日本の裁判所で審理することによって日本法の確実な適用を確保することを目的としていると理解することが適切であろう。このように背景とする考え方が他の国際裁判管轄規定と大きく異なるからこそ，これらの規定の対象となる訴えについては，他の民訴法の国際裁判管轄規定は適用されないこととされている（民訴法3条の10）。

Q3 現行民訴法中の国際裁判管轄規定の適用

　本件事案に対して現行民訴法中の国際裁判管轄規定が適用されるとすれば，以下の通りとなろう。なお，本件はマレーシアの国内航空運送に関して発生した損害賠償請求の事案であるが，仮に，死亡したAが当事者となっていた運送契約が国際航空運送に関するものであり，Aがその一部として国内線に搭乗していたとすると，「国際航空運送についてのある規則の統一に関する条約」（モントリオール条約。当時はその前身のワルソー条約）の国際裁判管轄規定が適用される。

　(1)　現行民訴法の国際裁判管轄規定の中で，被告の営業所が日本にあることを管轄原因とする規定は，民訴法3条の2第3項及び民訴法3条の3第4号である。

　　民訴法3条の2第3項における「主たる事務所又は営業所」は，被告の本拠，すなわち世界の中での主たる事務所又は営業所を意味し，日本国内における被告の主たる事務所又は営業所（民訴法4条5項参照）とは異なる。そのため，本件におけるYの主たる事務所又は営業所はマレーシアにあることから，同項に基づいて国際裁判管轄を認めることはできない。

　　また，被告の日本にある「事務所又は営業所における業務に関する」訴えであれば，民訴法3条の3第4号により当該事務所又は営業所が日本にあることに基づいて国際裁判管轄を認めることができる。しかし，本件訴

えは，被害者である A がマレーシア国内の Y の営業所で購入した航空券を使ってマレーシアの国内線に搭乗していたときに発生した事故に関するものであることからすると，日本の営業所の業務に関する訴えとは言い難いであろう。

　これらの点からすると，少なくとも Y の営業所が東京にあることを理由として本件訴えについての国際裁判管轄を認めることはできないと考えられる。

(2)　A が消費者であった場合には，本件における旅客運送契約は消費者契約となり，A の死亡による逸失利益等の損害の損害賠償請求権に関しては，それを相続によって取得した X 等から Y に対する訴えについても，民訴法 3 条の 4 第 1 項に規定される消費者契約に関する「消費者からの事業者に対する訴え」に該当すると考えられる。そして，旅客運送契約締結時の A の住所が日本であった考えられるため，国際裁判管轄を認めることができるであろう。ただし，国際裁判管轄を否定すべき特別の事情（民訴法 3 条の 9）の有無については検討を要する。マレーシア国内での航空機事故に関する事案であり，かつ，証拠もマレーシアに所在することが想定されるとすれば，特別の事情を認めて訴えを却下することも考えられるであろう。

　なお，民訴法 3 条の 4 第 1 項では，消費者契約締結時のみならず，訴え提起時の消費者の住所が日本にあることも管轄原因としているが，本件のように消費者契約を直接に締結した消費者が死亡した場合に，同項が訴えを提起する相続人である X らの住所が日本にあることで国際裁判管轄を認めるかについては，必ずしも明らかではない。消費者側に立つ当事者の利益の保護のためにはこれを肯定する可能性もあろうが，X らが直接に消費者契約の当事者であったわけではないため，事業者側からは不意打ちになることに加え，相続人が複数国に住所を有するからといって，それぞれの国にそこに住む相続人の相続分に係る請求について国際裁判管轄を認めることは妥当とは言えないであろう。また，仮に A の消費者契約締結時の住所が外国にあったとすると，本件における契約に対して日本の消費者保護法制を適用すべき積極的な理由も見出しがたいため（訴え提起時の消費者の住所が日本にあることを管轄原因とすることの理由としては，訴え提起時に日

本に住所がある消費者に対して日本の消費者保護法制による保護を与えることも挙げられている)，訴え提起時の X らの住所が日本にあることでは国際裁判管轄は認められないと解される。

(3)　損害賠償請求の訴えは，民訴法 3 条の 3 第 3 号に規定される「財産権上の訴え」であり，「金銭の支払を請求するもの」であるため，差し押さえることができる被告の財産が日本国内にあるときに，訴えについて日本の裁判所の国際裁判管轄が認められることとなる。この点，(i)の敷金返還請求権も(ii)の Y 所有の備品についても差し押さえることができる Y の財産といえるため，同号に基づいて国際裁判管轄を認める可能性がある。なお，(i)の敷金返還請求権については，それが債権であるため所在地が日本国内にあるといえるかが問題となるが，不動産の貸主が日本に主たる営業所を有する日本法人であれば，そのような債務者に対する債権は，債務者の住所地に所在すると解することでよいであろう (民事保全法 12 条 4 項参照)。

　　ただし，民訴法 3 条の 3 第 3 号には括弧書があり，「その財産の価額が著しく低いときを除く」とされている。同号が日本にある財産に対する強制執行による円滑な紛争の解決を実現する趣旨で財産所在地管轄を認めている趣旨からすると，日本にある財産の価額が著しく低く，それに対する強制執行が紛争の解決に寄与しない場合にまで，国際裁判管轄を認めることが妥当でないためである。どのような場合に「価額が著しく低い」といえるかは解釈に委ねられているが，一般的には，強制執行をして債権を回収するに足りる絶対的な価値を有するか否かという観点から判断すべきであり，請求金額との均衡を問題とするものではないとされる (絶対説)。ただし，請求金額との均衡を問題とする考え方 (相対説) もあり得るであろうし，一定の絶対的な価値がある場合に加えて，(低額の) 請求金額との均衡が認められる財産がある場合にも，国際裁判管轄を認める考え方もあり得るであろう。

　　本件では約 4000 万円の損害賠償請求がされていたのに対して，(i)のように約 1 億円の価額の財産が所在していれば，十分な価額があることに異論はないであろう。(ii)のように 500 万円程度であったとすると検討を要するが，請求全体をカバーしていないとしても，500 万円程度であれば紛

争の解決に一定の意義を有すると考えられるため，同号の括弧書には当たらず，国際裁判管轄は原則的に肯定されると考えられる（ただし，民訴法3条の9の特別の事情によって訴えを却下する可能性は残るであろう）。

77 事件　契約債務履行地管轄

Q1　売買契約中の代金支払方法の合意

本件における代金支払請求の訴えは，民訴法3条の3第1号が対象とする契約上の債務の履行の請求を目的とする訴えであり，「当該債務」すなわち請求に係る契約上の債務の履行地が日本国内にあることが管轄原因となる。ただし，国際裁判管轄が認められるためには，単に「当該債務」の履行地が日本国内にあることのみならず，履行地を当事者が契約で定めていたこと又は当事者が契約準拠法を選択していたことが必要であり，このことによって，当事者の予見可能性に配慮した規定となっている。

本件では，紛争が発生した後にXがYに対して送付した請求書に，代金の振込先として東京に所在する銀行の支店の口座が記載されていたのみであり，履行地の合意があったと認定されることはなかった。しかし，仮に，売買契約中に被告の原告に対する代金の支払方法として当該口座への振込みによることが規定されていたとすると，契約において履行地を日本国内に定めていたと評価することができ，国際裁判管轄を認めることができたであろう。

このように，契約における代金の支払方法としての銀行口座への振込みの定めは，振込先の口座所在地を代金支払債務の履行地とする合意を含むと考えられる。ただし，振込先において現実の履行行為がされるわけではなく，その地との関連性が十分に大きいとは言えないことから，契約の内容によっては振込先の口座所在地が日本国内であったとしても代金支払債務の履行地を定めたとはいえないと解する余地を残す考え方もあり得るであろう（国内管轄との関係であるが，銀行振込みにおいて口座所在地を履行地としなかった裁判例として，大阪高決平成10年4月30日判タ998号259頁や，東京高決平成11年9月7日判タ1083号280頁がある）。

Q2　YによるXに対する損害賠償請求

Xが商品提供義務を怠ったことを理由とするYによる損害賠償請求の訴え

については，契約上の債務の不履行による損害賠償の請求を目的とする訴えであり，民訴法3条の3第1号の対象となる。そして，Yの損害賠償請求の訴えに関して「当該債務」となる商品提供義務については，契約中で米国にあるYの倉庫での引渡しが約されていたのであるから，当該債務の履行地が契約において米国国内に定められていたといえる。また，米国の国際裁判管轄を否定すべき特別の事情もないので，間接管轄が認められる。

なお，米国は連邦国家であり，連邦憲法に定められた連邦の司法権は限定的であり，それに抵触しない限り，州の司法制度は独立していると考えられるので，米国内に管轄原因となる事実があればよいというわけではなく，判決裁判所が所属する州にその事実が存在することが必要となると考えられる。他方で，連邦裁判所で判決が下された場合には，理論的には米国の領域の中に管轄原因となる事実が存在すればよいこととなる。このような考え方に対して，米国内の司法制度の分立はあくまで米国の国内問題に過ぎないとして，州・連邦のいずれの裁判所で判決が下された場合にも，米国の領域内に管轄原因があればよいとの考え方もある（芳賀雅顯『外国判決の承認・執行』〔慶應義塾出版会，2018年〕75頁以下参照）。

78事件　事業活動地管轄

Q1　個別労働関係民事紛争

本件訴えは，民訴法3条の4第2項の「労働契約の存否その他の労働関係に関する事項について個々の労働者と事業主との間に生じた民事に関する紛争」（個別労働関係民事紛争）に該当するが，本件における労務の提供の地はグアムであり，日本国内にはなかったため検討がされなかった（原告側からの主張もなかった）と考えられる。

Q2　事業活動地管轄

本判決では，Yは「日本において事業を行う者」に該当するが，本件における雇用契約が日本における業務に関するものではなく，「日本における業務に関する」訴えには該当しないと判断し，国際裁判管轄を否定した。後者の点について，Yは日本におけるウエディング事業及びツアー商品に係る旅行事業を行っているものの，その人事業務等の対内的活動は「事業」には当たらないと

本判決では判断された。なお，本判決のいう「人事業務」とは，Ａの日本語
のホームページ上でＹが従業員の募集広告を掲載し，採用面接等も日本で行
っていたことを指しており，このような対内的活動は「事業」に該当しないと
判断された。この判断は合理的であろう。仮に人事業務を「事業」と解した場
合には，日本における採用活動等が事業に関する「日本における業務」に当然
に該当することとなるため，それのみで雇用契約全般に関する裁判について日
本の裁判所の国際裁判管轄が認められてしまうが，これは民訴法３条の４第２
項が置かれている趣旨を超えるものであり，問題である。

79 事件　不法行為地管轄(1)──警告書の送付

Q1　本件における客観的事実関係

(1)　不法行為地管轄については，「不法行為があった」（民訴法３条の３第８
号）ことが管轄原因事実であるとともに請求原因事実でもあり，両者が符
合する。そして，国際裁判管轄の判断の段階（本案判断を行う権限があるか
ないかが不分明な段階）で本案判断自体をすることはできないことから，国
際裁判管轄の認定のためにどのように「不法行為があった」と認定すべき
かが問題となる。この点について，本判決は「被告が我が国においてした
行為により原告の法益について損害が生じたとの客観的事実関係」の証明
で足りるとして，いわゆる客観的事実証明説を採用した。

警告書の送付による損害の賠償請求については，「Ｙが本件警告書を我
が国内において宛先各社に到達させたことによりＸの業務が妨害された」
との認定に基づいて「客観的事実関係は明らか」とされた。日本の民法上
の要件事実は，①原告の被侵害利益の存在（Ｘの業務遂行に関する利益），②
被侵害利益に対する被告の行為（Ｙによる警告書の送付），③損害の発生，
④被告の行為と原告の利益に対する結果の発生との間の相当因果関係のほ
か，⑤違法性阻却事由がないこと，⑥被告に故意・過失があること，であ
る。そして，①から④は管轄判断における客観的事実と基本的に一致する
が（ただし，管轄判断においては，③について，あくまで法益侵害と評価され得る
結果，すなわち損害発生の原因となり得る事実で足りるとされ，④についても，事
実的因果関係で足りるとされる点では異なる），⑤・⑥の要件は国際裁判管轄
の判断の段階では問題とされていない点で異なっている。これらの相違点

は，客観的事実関係証明説が基本的に客観的事実関係として不法行為の基礎にある事実関係と日本との関係性があれば日本の裁判権の行使を正当とする十分な法的関連があるとする考え方であり，⑤・⑥は事実的な関係性を基礎付けるものではないためである。

(2)　Yの主張する契約が真正なものであることは，民法上の要件事実としてはあくまで違法性阻却事由として位置付けられるものであり，(1)で述べたように，その点の証明がなくても，訴えと日本との間の十分な法的関連を認めることができるからである。

　　しかし，契約が真正に成立したものであるとすれば，Yは自らの権利に対する侵害を防止するために警告書を送付したに過ぎず，Xの正当な業務行為を妨害したとはいえない（不法行為があったとは言い難い）ことに鑑みると，これを全く検討せずに不法行為地管轄を認めることについては批判もあり得る。本判決が曖昧であるとして退けた「一応の証明」説によれば，判断要素を限定することなく，本案審理を必要ならしめる程度の事案であるか否かを判断するので，契約の成立の真正性の点も含めて判断することになる。

(3)　本案が外国法に基づいて判断されるのであれば，それとの平仄を重視し，管轄の判断は，外国法上の不法行為の成立要件を前提にして考えるべきであるとの見解もあり得る。しかし，これに対しては，国際裁判管轄の判断は，あくまで日本の国際民事手続法の観点から日本との関連性を検討すべきであるとの見解もあり得る。

　　例えば，東京地判令和2年10月23日判例集未登載（令和元年（ワ）23389号）では，原告の元夫の不貞行為の相手を被告とする不貞行為に基づく損害賠償請求について，日本で不貞行為が行われたものの，婚姻共同生活の平和の維持という権利又は法的保護に値する利益に対する結果の発生地が不貞行為期間中の原告の生活の本拠があったカリフォルニア州であることから不法行為の準拠法はカリフォルニア州法となると判断され，同法によれば不貞行為によっては訴権が発生しない（カリフォルニア州民法43.5条）ため，請求を棄却する判決が下された。この事案では国際裁判管轄は問題とならなかったが，仮に，不法行為地管轄が問題となり，準拠外国法上の不法行為の成立に関する客観的事実関係を証明すべきと解するな

らば，カリフォルニア州法上不貞行為によっては訴権が発生せず，法益侵害がないとの本案判断を前提とする限り，不法行為地管轄の発生の余地はないことになる。これに対して，日本法を前提とする客観的事実関係を問題とするならば，不法行為地管轄が認められるであろう。なお，この点が実際に争われた事例も，不法行為地管轄の認定に当たって外国法上の要件を前提として判断した裁判例も見当たらない。

Q2　プライバシー権の侵害・名誉毀損に関する訴えの場合の客観的事実関係

東京地判平成 28 年 11 月 30 日判タ 1438 号 186 頁（百選 36）では，インターネットウェブサイト上に掲示された情報の単純な閲覧可能性ではなく，情報の内容について問題文記載の要件を付して，不法行為地管轄の判断における不法行為があったか否かの判断を行っていた。このような限定をしないと，他人に関する情報をインターネット上で公開した場合には，内容の如何にかかわらず，当該他人がプライバシー権の侵害・名誉毀損を主張するだけで，閲覧可能性がある地で結果が発生したとして国際裁判管轄が認められることとなってしまう。そのため，本判決では，プライバシー権の侵害・名誉又は信用の毀損の結果が発生しているといえるかについて，一般人を基準とする情報の受止め方等の要件を加えて，国際裁判管轄の判断における結果発生地の認定を行ったものと考えられる。

このような判断の仕方は，本判決の採用した客観的事実証明説から乖離しており，一応の証明説（Q1(2)）による判断であるとの評価もあり得よう。外国に本拠を有する被告にとって日本での応訴の負担が重いことに鑑みれば，少なくとも日本社会の一般人を基準にして，プライバシーに関する情報であること（プライバシー権の侵害）や，社会的に否定的な評価を与える情報であること（名誉等の毀損）は，管轄の判断の際にも一定程度審理すべきであろう（百選 84 の事案では，閲覧可能性のみで結果の発生を認めた原審を維持したとも解されるものの，原告が贈賄等を繰り返していたとみられること等を記載した情報であったことからそれが閲覧されれば名誉等が毀損されること自体については明白であったため，情報の内容については問題とならなかったと解することが妥当であろう）。

Q3 契約債務履行地管轄における客観的事実関係

不法行為地管轄の判断に当たって，「不法行為があった」（民訴法3条の3第8号）ことについて客観的事実関係の証明で足りるとしたのは，不法行為地管轄については，そのような客観的事実関係によって訴えと日本との法的関連が確認できるからであり，このような判断が契約債務履行地管轄等，他の管轄原因の判断に当然に妥当するわけではない。義務履行地が日本にあることに基づく国際裁判管轄の判断に当たって「原告と被告の間に当該債務の発生原因である契約が締結されたという客観的事実関係が証明されることが必要」とする裁判例（東京地判平成21年11月17日判タ1321号267頁。民訴法3条の3第1号が置かれる前の事例である）もあったが，これに対しては批判的な見解が多い。

この問題を検討するに当たっては，民訴法3条の3第1号の管轄原因が，「契約において定められた当該債務の履行地」や「契約において選択された地の法」によって定まる「当該債務の履行地」である点に注目すべきである。確かに，債務の存在の認定のためには契約の成立が判断されなければならないものの，管轄原因として重要となるのは，当事者が契約債務の履行地を定めたことや，契約中で準拠法を選択したことである。そして，これらについての当事者の意思さえ確認することができ，定められた債務の履行地や契約準拠法によって指定される債務の履行地が日本国内にあれば，日本での裁判は当事者双方の予見可能性の点からも問題はないと考えられる。その際，実体法上債務が存在するか否かは直接には訴えと日本との関連性を左右する要素ではないので，契約自体が成立したかどうかは国際裁判管轄の判断に当たっては審理する必要がなく，契約の成立自体を客観的事実関係の証明によって認定するかといった議論は不要である。

他方で，「契約において定められた当該債務の履行地」を管轄原因とする場合には，そのような履行地の合意が有効にされているか否か（詐欺・錯誤がないと言えるか等）は契約準拠法に照らして判断する必要があろう。この点を単なる契約書の記載等の外形のみにより認定するのでは不十分である。

また，「契約において選択された地の法」によって定まる「債務の履行地」を管轄原因にする場合にも，同様に，契約準拠法の選択については，通則法7条又は9条による有効な準拠法選択がされたことの認定が必要となり，その準拠法上の法定義務履行地の認定も必要であると考えられる。

Q4　管轄原因としての加害行為地・結果発生地

　本判決では，日本で加害行為が行われた場合について証明すべき客観的事実関係とはなにかが問題となっていたが，現行の民訴法3条の3第8号に規定される不法行為地管轄を含め，「不法行為があった地」には加害行為地のみならず結果発生地も含まれる。最判平成26年4月24日民集68巻4号329頁（百選92）は，間接管轄についてではあるが，「不法行為に基づく損害賠償請求訴訟の場合，原則として，被告が日本国内でした行為により原告の権利利益について損害が生じたか，被告がした行為により原告の権利利益について日本国内で損害が生じたとの客観的事実関係が証明されれば足りる」と判示しており，日本国内で結果が発生した場合についても，対象とすることを明示している。

　なお，本判決においては，香港から警告書が発送された事案であったものの，到達地が日本国内であることから，日本国内に加害行為地があることを理由に不法行為地管轄が認められた。しかし，この点には批判も強く，むしろ加害行為地は発送が行われた香港ではないかとする見解もある。ただし，そのように理解した場合にも，業務妨害という結果が日本国内で発生したといえる以上，結果発生地が日本国内にあることに基づいて，請求①にかかる訴えの不法行為地管轄は認められたと考えられる。

Q5　併 合 請 求

　各国の裁判においては，適用される手続法や使用される言語が異なり得るし，場合によっては，実体判断に適用される準拠法が異なることもあり得るため，国際裁判管轄の規律については，渉外的な法律問題の当事者の利益に対する配慮，特に，被告の手続的保護に対する慎重な配慮が必要となる。本来日本の裁判所で審理されない（国際裁判管轄が認められない）請求について併合請求であることに基づいて国際裁判管轄を認めて審理を行うことについても，国内管轄の場合と比べてより慎重でなければならず，請求間に密接な関係又は関連があることを要件とすることで，併合審理が適切である場合に限定している。

80 事件　不法行為地管轄(2)——特許権侵害 ─────────

Q1　不法行為地管轄と差止請求

　⑴　差止請求の訴えも，「権利利益が侵害され又はそのおそれがあることを

理由とする」点で不法行為に基づく損害賠償請求の訴えと実質的に異なら
ないので，差止請求についても不法行為に関する訴えに含めることは妥当
であろう。間接管轄についてではあるが，最判平成 26 年 4 月 24 日民集
68 巻 4 号 329 頁（百選 92）でも同様の判断がされている。また，国内管轄
について同様の判断をしたものとして最判平成 16 年 4 月 8 日民集 58 巻 4
号 826 頁がある。

　なお，最判平成 14 年 9 月 26 日民集 56 巻 7 号 1551 頁（百選 41）は，
「米国特許権に基づく差止め及び廃棄請求は，……不法行為に基づく請求
とは趣旨も性格も異にする」と判示しているが，これは実体問題について
の準拠法決定に関することであり，管轄の判断に当たっては上記の通り同
じ扱いでよい。

(2)　最判平成 13 年 6 月 8 日民集 55 巻 4 号 27 頁（百選 79）の考え方に従う
　ならば，本件差止請求の訴えについて証明すべき客観的事実関係は，①原
　告が特許権を有すること（被侵害法益の存在），②原告の特許権に関する被
　告の行為（Y によるその製品について譲渡の申出）がされたこと，③原告の特
　許権の侵害という結果（譲渡の申出によって X の特許権を侵害という結果）が
　発生していること，④被告の行為と原告の特許権の侵害との事実的因果関
　係となる。本件について見ると，①の X が特許権を有していることは，
　登録原簿の記載から確認できる事項である。③の特許権の侵害という結果
　については，あくまで「法益侵害と評価され得る結果，すなわち損害発生
　の原因となり得る事実」（髙部眞紀子・最判解民事篇平成 13 年度（下）495 頁）
　とされており，損害の発生自体について証明が求められているわけではな
　いので，特許発明の技術的範囲に含まれる（と X によって主張される）Y の
　物品の譲渡の申出が受領されることで当然に発生すると考えられるため，
　むしろ申出の発信行為が受領されたことを結果と解して③の権利侵害に代
　えて認定することも可能であろう（これは④の認定でもある）。結局，本判
　決が判示しているように，「申出の発信行為又はその受領という結果の発
　生が客観的事実関係として日本国内においてなされたか否か」がポイント
　である。

　　なお，特許無効の抗弁が提出され，本案で特許権が無効であると判断さ
　れる可能性や，また，Y の製品が X の特許発明の技術的範囲に含まれな

いとして特許権の侵害が否定される可能性はあるが，管轄判断の段階，す
なわち事案と日本との関連性を判断する段階では，これらについての判断
は必要ないと解される。もっとも，79 事件の Q1(1)の解説で触れた一応の
証明説では，これらの点も全く無視すべきではないとされている。

Q2　インターネットにおける不法行為

　本件における被告の（加害）行為は，インターネットを用いた申出の発信行
為である。最判平成 13 年 6 月 8 日民集 55 巻 4 号 727 頁（百選 79）では，香港
から日本への警告書の送付行為について，加害行為地が日本であるとする判断
がされていたが，インターネットを用いた発信行為についても同様の考え方に
よるならば，譲渡の申出が到達した日本を加害行為地と解することとなろう。
しかし，Y による現実の行為が行われたのは発信地であり，加害行為者と関連
する発信地を加害行為地と解するべきである。このように理解しなければ，イ
ンターネット上に一定の情報を発信した場合には，それが世界に向けて発信さ
れるものであることから，全世界で（加害）行為が行われたこととなるが，そ
のような扱いは適切とはいえない。

　本件における被告の行為の結果は申出の受領であり，結果発生地は，インタ
ーネットを用いて発信された情報（申出）が閲覧可能である地，すなわち情報
の受信地を指すと考えられる。問題は，日本から情報が閲覧可能であるだけで
結果の発生（情報の受信）を認定して管轄を認めてよいか，それとも，結果の
発生の認定について閲覧可能性以上のこと（例えば日本を主要なターゲットの一つ
としていること）を要するかである。この点について，本判決では，日本から
閲覧可能であることのみではなく，日本から問合せをすることができたことや，
Y の業務担当者が日本で営業活動を行っているとみられること等も総合的に考
慮して，「申出の発信行為又はその受領という結果が，我が国において生じた」
と判断しており，結果である「申出の受領」について，単なるインターネット
上での閲覧可能性のみではなく，実際に日本で情報が Y 製品の顧客等に受領
されたかを慎重に認定していた。他方で，閲覧可能性のみで事案と日本との事
実的な関係性を肯定することは可能であり，国際裁判管轄の審理の簡潔性・明
確性を確保しようとすれば，閲覧可能性のみで結果の発生を認定することも考
えられる。

　なお，民訴法 3 条の 3 第 8 号の下では日本での結果発生についての予見可能
性が必要とされるが，単なる閲覧可能性によって結果の発生を認定することが
できると解する限り，インターネットを利用した情報伝達の場合には常に予見
は可能であって管轄肯定の歯止めとはならない。そのため，現行民訴法の下で
閲覧可能性のみで結果の発生を認定する見解を採るとすると，管轄を否定する
には，3 条の 9 に頼らざるを得ない。およそ日本と無関係な形でウェブサイト
上に情報が掲載されただけであれば，3 条の 9 による訴え却下ということもあ
り得るであろう。

81 事件　合 意 管 轄

Q1　国際裁判管轄に関する管轄合意の方式

　(1)　本判決は，このような判断をした理由について，管轄合意に書面を要求
　　している規定の「法意が当事者の意思の明確を期するためのものにほかな
　　らず，また諸外国の立法例は，裁判管轄の合意の方式として必ずしも書面
　　によることを要求せず，船荷証券に荷送人の署名を必要としないものが多
　　いこと，及び迅速を要する渉外的取引の安全を顧慮」してのことであると
　　判示している。船荷証券が貨物と引き替えに船長により発行されるもので
　　あることから，これに双方当事者の署名を要求することは実務上困難であ
　　り，諸外国での管轄合意の取扱いとの齟齬を生じさせることから，国際的
　　な商慣行を尊重したものである。

　(2)　民訴法 3 条の 7 第 2 項も書面性を要求しているところ，(1)の事情は同じ
　　であり，本判決の判旨 I はそのまま妥当すると考えられる。

Q2　管轄合意の実質的成立要件

　(1)　民訴法 3 条の 7 第 2 項で「一定の法律関係に基づく訴え」に関する合意
　　でなければならないとされている理由は，どのような紛争について管轄合
　　意の効力が及ぶかについての当事者の予見可能性を確保するためである。
　　本件の船荷証券の裏面約款の管轄合意条項は，「この運送契約による一切
　　の訴」と定めており，特定の契約に関する紛争に限定しているので，この
　　要件は満たされている。
　　　東京高判令和 2 年 7 月 22 日判時 2491 号 10 頁の事例では，外国裁判所

が専属的管轄権を有する管轄合意が対象とする紛争について，「紛争につ
いて別の書面による契約が適用されない限り，紛争が本契約に起因もしく
は関連して生じているかどうかにかかわらず，本条の条件が適用される」
と規定されていた。このような合意では，どのような紛争が管轄合意の対
象となるか不分明であり，上記の要件を満たしていない。もっとも，管轄
合意を無効とする必要があるのは，当該契約と無関係な紛争についてこの
管轄合意のみに基づいて訴えが提起された場合だけであり，同判決でも，
当該契約に関する訴えであったので，管轄合意の効力は認められた。

(2)　詐欺・錯誤を理由として管轄合意の有効性が争われた場合，そのような
問題の判断については，①法廷地の国際民事手続法上の問題として，それ
によって直接に判断する考え方と，②管轄合意も契約の一条項であるから，
通則法 7 条以下の規定によって定まる契約の準拠法により判断するとの考
え方がある。この点，管轄合意が訴訟法上の効力を有する合意であったと
しても，その意思表示に関する問題については，通常，他の契約条項につ
いての意思表示の問題と区別する合理的な理由はなく，当該契約の準拠法
によって規律すべきであると考えられる（もちろん，管轄合意条項だけを分
離して準拠法を定めていれば，それによる）。もっとも，これについては債権
的法律行為ではなく，手続法上の合意に通則法 7 条以下の規定を適用する
ことができるのかという理論上の問題があり，手続法独自に準拠法を定め
ることもできるが，民訴法 3 条の 7 第 1 項は通則法に準拠法決定を委ねて
いるという説明をすることが考えられる。

　　なお，類似の問題である仲裁合意の成立及び効力について，最判平成 9
年 9 月 4 日民集 51 巻 8 号 3657 頁（百選 106）は，国際私法（当時の法例 7
条）により準拠法を定めており，上記の考え方はこれと整合的である（106
事件の Q1 参照）。

(3)　本判決は，「はなはだしく不合理で公序法に違反するとき等」には管轄
合意を無効とする余地を残している。民訴法 3 条の 7 の下でも，明文では
このことは定められていないが，日本における公序の維持のため，このよ
うな例外的扱いすることを否定するものではないとされている。専属的管
轄合意で指定された外国が両当事者とも紛争とも無関係な遠隔の地であっ
て，権利行使を妨げる目的があるような場合や，日本の国際裁判管轄を否

定することで日本の強行法規（特に絶対的強行法規）を潜脱することになってしまうような場合などである（消費者事件等については，82 事件の Q2 の解説参照）。

(4)　日本の裁判権に専属的に服するものでないことの要件を満たす必要があるのは，日本の裁判所にのみ国際裁判管轄を認める法定専属管轄規定（民訴法 3 条の 5 参照）によって実現しようとする日本の公序・公益を維持するためである。民訴法 3 条の 10 はこのことを定めている。

Q3　外国裁判所についての専属的管轄合意の効力

指定された外国の裁判所が，その外国法上，当該事件につき管轄権を有することの要件を満たす必要があるのは，裁判を受ける権利を確保するためである。当該外国が管轄合意に基づいて管轄を認めないとしても，他の管轄原因に基づいて本案審理をするのであれば，それでも差し支えない。民訴法 3 条の 7 第 4 項は，このことを定めるとともに（同項の「法律上」とは，指定された外国の国際民事訴訟法上，という趣旨である）指定された裁判所で事実上裁判をすることができることも要件とされている。例えば，戦争や内戦によって指定された裁判所で実際に裁判をすることができないとすれば，当事者の裁判を受ける権利を確保するためにも，管轄合意の援用を認めるべきでないからである。

Q4　専属的管轄合意と付加的管轄合意

本判決は，「Y の本店所在地であるアムステルダム市の裁判所及びその営業所所在地を管轄するわが国の裁判所がいずれも法定の管轄権を有すると解されるところ，本件管轄約款はそのうち前者のみを残して他の裁判書の管轄権を排除する趣旨であることが明らかであり，かような管轄の合意は専属的合意と解するのが相当」であると判示している。専属的・付加的のいずれの合意であるかは，一次的には当事者の意思によって定まる問題である。しかし，必ずしも当事者の意思が明らかでないこともあるため，例えば，2005 年にハーグ国際私法会議で採択された「管轄合意に関する条約」3 条 b 号では，「1 つの締約国の裁判所又は 1 つの締約国の 1 つ若しくは複数の特定の裁判所を選択する管轄合意は，当事者が明示的に別段の定めをしない限り，専属的なものとみなす」と定めている。民訴法には同様の規定は存在しないところ，日本の裁判所

の管轄を排除する意思であることが明確でない限り，付加的な合意と推定するとの見解と，他方，わざわざ管轄合意をしているのは，その地を専属管轄とするのが通常の意思であるとし，原則として専属管轄合意と推定するとの見解がある。本判決が管轄合意の方式の判断において国際社会の一般的な扱いを重視したように，この点についても国際的な潮流を尊重することが適切であるため，後者の見解が妥当であろう。

82 事件　消費者事件の合意管轄

Q1　消費者契約における管轄合意の効力

　民訴法 3 条の 7 第 5 項では，事業者が管轄合意に基づく主張を行う場合には，「消費者契約の締結の時において消費者が住所を有していた国の裁判所に訴えを提起することができる旨の合意」（同項 1 号）に基づいて当該裁判所に訴えを提起することのみが認められる。そのため，この規定が適用されれば，消費者である X らが消費者契約の締結の時に住所を有していなかった米国ネヴァダ州の裁判所を指定する管轄合意をしていたとしても，事業者はその効力を主張することはできず，専属的管轄合意を妨訴抗弁として援用することはできないことになる。

Q2　公序法要件の意義

　民訴法に国際裁判管轄規定を追加した「民事訴訟法及び民事保全法の一部を改正する法律」（平成 23 年法律第 36 号）の経過措置は同法の附則 2 条に規定され，原則的に「この法律の施行の際現に係属している訴訟の日本の裁判所の管轄権及び管轄に関しては，適用しない」（同条 1 項）とすることで，訴訟係属の発生時期を基準として新法の適用範囲を定めた。そのため，同法の施行日である平成 24 年 4 月 1 日以後に訴訟が係属した本件事案に対しては，基本的に現行民訴法の国際裁判管轄規定が適用されることとなり，民訴法 3 条の 4 第 1 項が適用された。これに対して，管轄合意を規定する民訴法 3 条の 7 については，改正法の附則 2 条 1 項の適用は否定され，同条 2 項で，「この法律の施行前にした特定の国の裁判所に訴えを提起することができる旨の合意については，適用しない」と規定された。これは，管轄合意を行った当事者の予見可能性を確保するために，管轄合意をした時を基準として新法の適用範囲を定める趣旨で

ある。そのため，新法の施行日前にされた本件の管轄合意に対しては，現行の民訴法3条の7の適用はなかった。

　上記のことから，本件合意管轄については，民訴法3条の7における消費者契約であるか否かは論点にはならず，最判昭和50年11月28日民集29巻10号1554頁（百選81）の示した「はなはだしく不合理で公序法に違反するとき等」でないことという公序法要件によってYの妨訴抗弁の主張を否定した。公序法要件については，日本の絶対的強行法規の適用が回避される専属的管轄合意についてのみに限定すべきであるとの有力説がある。この見解によれば，本判決は法改正の過渡期の判断としては許容されるとしても，基本的には，はなはだしく不合理で公序法に違反するとき等には該当しないと判断されるであろう。

　他方で，そのような場合に公序法要件の適用を限定せずに，当事者間に交渉力の格差があり，優越的な地位を不当に利用して管轄合意が締結されたような場合にも適用されるべきであるとの見解もある。この見解によれば，交渉力に格差のある大企業と中小企業との間の管轄合意の効力を否定する可能性がある。例えば，東京高判令和2年7月22日判時2491号10頁においても，日本の中小企業と契約の相手方である米国の規模の極めて大きい企業との間の管轄合意について，優越的な地位を不当に利用したものであったかが問題となった。結論としては，原告である日本法人は，「一般消費者であるとか，個人事業者やそれに類する極めて小規模の事業者であるものではなく」一定の規模を有する企業であり，取引上の地位を不当に利用したことを認めるに足りる証拠はないとされたが，このような判断は，仮に一方当事者が個人事業主やそれに類する極めて小規模の事業者であるとすれば，公序法要件を満たさない（はなはだしく不合理で公序法に違反するとき等に該当する）可能性もあり得ることを含意したものと理解することも可能であろう。

83 事件　特別の事情の考慮(1)──預託金の返還

Q1　「特段の事情」と「特別の事情」

(1)　現行法の下では，そもそも民訴法3条の2から3条の8に規定される管轄原因はいずれも認められず，管轄が否定されたであろう。なお，3条の3第1号について付言すると，本件請求は，契約から直接に生じた債権で

はなく，Ｙによる預託金の管理に不信感を募らせたＸが契約を解除した
ことによる預託金の残金を不当利得であるとしてその返還を求めるもので
あると考えられる。これは同法3条の3第1号の「契約上の債務に関して
……生じた不当利得に係る請求」ではあるが，日本に履行地があるか否か
が問題となる「当該債務」は，「契約上の債務」であって，これは自動車
の買付けをし，代金を精算する義務であることからその履行地はドイツで
あり，日本ではない。ただし，本件請求について，契約から直接に生ずる
預託金返還債務の履行を求めているとする理解もある。しかし，この理解
によっても，本件契約において日本国内の地をそのような返還債務の履行
場所とすることも，準拠法を定めることも（少なくとも明示的には）されて
いなかったため，やはり同条に基づいて国際裁判管轄が認められることは
ない。

(2) 民訴法3条の9による訴えの却下をする際の「特別の事情」が存在する
のに，裁判所が裁量により管轄を認めることは，日本では手続法上の正義
に反すると解される。特別の事情が認められれば，国際裁判管轄を否定す
べきである。なお，民訴法3条の9の条文の文言上，訴えを却下すること
が「できる」と規定されているが，これはそのような権限があるという趣
旨であり，裁量を認める趣旨ではない。

　なお，この点については，92事件Q1も参照。

Q2　緊急管轄

　民訴法3条の9は，管轄が認められるべき場合に，例外的にこれを否定す
るためのものである。逆に，通常の管轄規定では管轄が認められない場合に，例
外的に管轄（緊急管轄）を認めることを定める規定は民訴法には存在しない。
しかし，日本から見れば甲国に管轄があるとされ，日本での訴えを却下すべき
場合において，甲国においては裁判を行うことができない事情があるとき，そ
のまま訴えを却下することは裁判を受ける権利の否定（正義の否定）となるの
ではないかと考えられる。そのようなときに緊急管轄を認めることを民訴法は
禁止しているとは解されない。とはいえ，これは真に裁判を受ける権利の確保
のために必要な場合という極めて例外的な場合に限定されるべきである。

　なお，人事訴訟事件の国際裁判管轄に関する緊急管轄については，最判平成

8年6月24日民集50巻7号1451頁（87事件）の設問に対する解説参照。

84事件　特別の事情の考慮(2)
──ウェブサイト上での名誉・信用毀損──

Q1　国際裁判管轄を肯定する管轄原因と特別の事情

　民訴法3条の9に基づく訴えの却下については，明文で適用除外されている場合いかなる管轄原因であれ，日本の裁判所が管轄権を有することとなる場合は，特別の事情の有無がチェックされる。3条の2の規定に基づいて管轄が認められる場合も同様である（東京地判平成30年1月24日判タ1465号250頁参照）。明文で3条の9の適用が除外されているのは，同条括弧書の日本の裁判所の専属管轄を定める管轄合意がある場合と，3条の10が定めている法令に日本の裁判所の管轄権の専属に関する定めがある場合（民訴法3条の5参照）である。前者は，日本の当事者が日本の裁判所の専属管轄を定めることについて外国の当事者と交渉する場合に，そのような条項を採用しても訴えが却下されるリスクがあると問題であるとの指摘を受けて，不利な立場に置かれることを防ぐという目的から定められたものである。後者は，もし日本の裁判所が専属管轄がある訴えを特別の事情によって却下してしまうと，たとえ外国で裁判をすることができたとしても，その判決は間接管轄が否定されて日本で承認されないことになり，実効性のある紛争解決をすることができなくなってしまうため，定められたものである。

Q2　外国訴訟係属と特別の事情

　特別の事情の判断に当たっては，「事案の性質，応訴による被告の負担の程度，証拠の所在地」が例示列挙されている（民訴法3条の9）。関連する請求についての外国訴訟係属が考慮すべき「その他の事情」に当たるかについては，検討を要する。国際裁判管轄の有無は，本来，請求に係る事案と日本との場所的な関連性を根拠として判断すべきものであると考えると，外国訴訟係属の存在は日本との関連性を示すわけではないので，考慮すべき事情ではないとも考えられる。しかし，国際裁判管轄の判断は日本と諸外国との間の管轄配分の問題であると考えるならば，外国裁判所における一体的な解決が適切であるとの考慮をすることができるとも考えられる。特に内外の裁判所での原告が同一で

ある場合には，外国裁判所における防御活動に加えて日本での防御活動を強いることは，「応訴による被告の負担の程度」という例示された事項に該当するということができそうである。これらの点に鑑みれば，本件において特別の事情の判断に当たって，米国における訴訟係属を考慮したことは妥当であろう。

　ところで，本件訴えは名誉・信用毀損を理由とする損害賠償請求であり，米国訴訟とは異なる審理対象についての訴えであったため，厳格な意味での国際訴訟競合（同一当事者間での同一の審理対象に関する複数国の裁判所での訴訟の競合。この点については，102事件Q2を参照）の状態ではなかった。国際訴訟競合については，外国裁判所で下される判決の日本における承認による既判力の抵触を回避するという観点から，日本での訴えについて訴えの利益を欠くとして却下すること（特に，民訴法142条を類推適用して，外国裁判所で将来下される判決の日本における承認が予測される限りで，日本での訴えを却下すること）も可能であるが，関連請求の場合には既判力の抵触は生じないので，必要な場合には，民訴法3条の9によって調整すべきであろう。

85事件　民事保全事件 ───────────────────

Q1　民事保全事件と管轄合意・仲裁合意

(1)　民事保全法11条によれば，①「日本の裁判所に本案の訴えを提起することができるとき」又は②「仮に差し押さえるべき物若しくは係争物が日本国内にあるとき」のいずれかでなければ管轄は認められない。①については，本件事案では韓国のプサンの裁判所を指定する管轄合意条項があり，それが有効である限りにおいては本案の訴えについて日本に管轄はないので，該当しない。これに対して，債務者の船舶が日本に入港していたため，②に基づく管轄は肯定される。

　　なお，本決定は，管轄を否定すべき特段の事情を検討しているところ，現行法の下でも，民事保全法7条によれば，民訴法の規定が準用されるので，民訴法3条の9は準用されると解される。もっとも，仮に差し押さえるべき物が日本国内にあるにもかかわらず，日本の裁判所の国際裁判管轄を否定すべき特別の事情があると判断されることはほとんどないであろう。

(2)　本決定で本案についての外国の裁判所の判決の日本における執行可能性を要件としたのは，保全手続の本案に対する付随性から，仮差押えをした

物に対して本案判決を得て強制執行をすることが必要であるところ，外国本案判決が日本で執行できないのであれば意味がないと考えたものと思われる。

　しかし，現行の民事保全法は，本案についての外国裁判所の判決の日本における執行可能性を要件としていない。民事保全手続にも準用される民訴法3条の9の特別の事情として執行可能性を考慮する可能性は否定されないものの，本決定と異なり，この点を要件としないという趣旨で立法がされたものと解される。その理由としては，一般に，通常の訴えについての国際裁判管轄の判断において，その判決が実効的に実現することができるのか否かは問題とされないように，保全の申立ての段階で，それが実効的か否かは考慮すべきではないと考えられるからである（仮に，「仮に差し押さえるべき物若しくは係争物が日本国内にあるとき」に保全の管轄を認める場合に，外国本案判決の日本における執行可能性を要件とするとすれば，本案の裁判が提起されていないこともあり，複数の国に本案の管轄が認められることもあり得ることから，執行可能性の判断は困難であろう。また，仮に差し押さえるべき物又は係争物が日本に所在する場合には，専属的管轄合意や仲裁合意がされた事案を除けば，民訴法3条の3第3号によってほとんどの事案で日本の裁判所の国際裁判管轄が認められるであろう）。

　なお，従来の学説においても指摘されるように，このような外国裁判所の本案判決の執行可能性は，本案起訴命令の判断，仮差押えの取消しの判断等との関係では考慮される可能性がある。

(3)　韓国のプサンを仲裁地とする仲裁合意がされていた場合，それが有効である限り，日本の裁判所に本案の訴えを提起することができないが，差し押さえるべき物又は係争物が日本国内にあれば，保全の訴えについて日本に管轄は認められると考えられる。

　なお，仲裁合意がされている場合について，仲裁合意がなければ本案の国際裁判管轄が日本の裁判所に認められる場合に保全事件の国際裁判管轄を認めるべきとする考え方もあり得るが，実際に日本の裁判所では本案についての審理がされない以上，このような解釈は妥当でない（東京地判平成19年8月28日判時1991号89頁参照）。

Q2　民事保全事件と本案管轄

　民事保全法 11 条は，日本の裁判所に本案の訴えを提起することができるときには，日本の裁判所に国際裁判管轄を認めている。保全手続の本案に対する付随性がその理由である。なお，この場合，保全命令の執行はそのままではできないことになるが，そもそも執行可能性は発令の要件ではなく，また，事後的に債務者の船舶が日本の港に入港する可能性もあるので，全く執行できないわけではない。

86 事件　離婚事件(1)——被告が行方不明の場合 ——————

Q1　人事訴訟事件の国際裁判管轄

　本判決は，離婚事件の国際裁判管轄について，①原則的に被告の住所が日本にある場合に国際裁判管轄を認めること，②被告の住所が日本になくても，原告が遺棄された場合，被告が行方不明である場合その他これに準ずる場合については，原告の住所が日本にあれば，国際裁判管轄を認めると判示している。

　人訴法の国際裁判管轄規定を分析すると，人訴法 3 条の 2 第 1 号から第 4 号までの規定は，概ね，被告となる当事者の住所が日本にある場合に日本の裁判所の国際裁判管轄を認めることについて，離婚を含む様々な人事訴訟について規定したものであると評価することができよう。また，同条 7 号では「日本の裁判所が審理及び裁判をすることが当事者間の衡平を図り，又は適正かつ迅速な審理の実現を確保することとなる特別の事情があると認められるとき」に管轄を認めており，原告となる身分関係の当事者が日本に住所を有しており，他の一方が行方不明である場合が掲げられている。これらは例示列挙であるので，必ずしも原告が遺棄された場合を排除するものではないと考えられるが，被告の意図的な行動であって，日本では離婚原因とされる「遺棄」を管轄原因として取り上げることに対しては従来から批判があったことも，これを挙げていない背景事情ということができよう。

　なお，上記で触れたもの以外の管轄原因について見ると，人訴法 3 条の 2 第 5 号に規定される本国管轄（身分関係の当事者の双方が日本国籍を有すること）は，本判決は触れていない。また，日本人と外国人が当事者となる離婚についての最判平成 8 年 6 月 24 日民集 50 巻 7 号 145 頁（百選 87）においても，国籍には触れずに判断がされた。しかし，戸籍制度に示されるように，日本国として日

本人の身分関係には強い関心を有しており，双方当事者が日本の国籍を有する場合に日本で裁判を行うことは当事者間の衡平に適うと考えられたため，当事者のいずれの住所も日本国内になくても，双方の当事者が日本の国籍を有することに基づいて人事事件の管轄を認める5号の規定が設けられた。

　また，人訴法3条の2第6号に規定される最後の共通の住所という管轄原因についても，本判決では明示されていない。しかし，かつて人訴法に存在した離婚事件の国内土地管轄規定を参考に，学説上はこの管轄原因を認めるべきであるとの見解があり，このような見解に沿った6号の規定が設けられた。本判決で示された「原告が遺棄された場合」に関しても，日本に最後の共通の住所を有していた夫婦の一方が他方の配偶者を日本に残して国外に移動した場合については，人訴法の下でも日本の国際裁判管轄が肯定されるであろう（逆に，外国で原告が遺棄された後に日本に移動してきた場合に日本に国際裁判管轄を認めてよいかという問題については，東京高判平成30年7月11日判時2392号3頁〔百選88〕参照）。

　以上のように，現行人訴法中の国際裁判管轄規定とは異なるものであるが，全体的に捉えるならば，本判決が示した国際裁判管轄の判断枠組みと多くの点で共通し，最判平成8年6月24日民集50巻7号1451頁（百選87）と併せて，従来の判例法を基本的に踏襲していると評価することができるであろう。

Q2　被告が行方不明の場合

　身分関係の当事者の一方である被告が行方不明の場合，身分関係の当事者の他の一方である原告にとっては，被告の住所がある国での裁判をすることはできない。このような場合について，あくまで被告となる身分関係の当事者と一定の国との関係性を重視して，行方不明となる前に被告が最後の住所を有していた国に国際裁判管轄を認めるのみとすることも考えられる（民訴法3条の2第1項参照）。しかし，被告が最後に住所を有していた外国で裁判をしたとしても，被告が行方不明であるとすると当該外国の裁判手続においても公示送達が実施されると想定され，そうすると下される外国判決は民訴法118条2号要件を満たさず，日本で承認されないこととなり，結局，日本での法律問題の解決のためには日本の裁判所で裁判をせざるを得ないこととなる。そうすると，被告が行方不明である場合については，原告となる当事者の身分関係について適切か

つ迅速に保護を与えるため，端的に原告の住所がある日本での裁判を認める方が合理的であると考えられる。

　もっとも，被告の手続的保護に鑑みるならば，被告が行方不明であるとの認定は慎重に行わなければならない。例えば，本件事案においても，被告が韓国に住所を有していた蓋然性は高く，仮に，韓国で裁判を行えば被告の住所又は居所が明らかとなって送達をすることができたとすれば，被告の住所がない日本の裁判所に例外的に国際裁判管轄を認める必要はなかったであろう。本件の手続で実際にどの程度の調査が行われたのかは不明であるが，十分な調査をしても被告の住所又は居所が明らかとならない場合にのみ行方不明と認定すべきであると考えられる。

87 事件　離婚事件⑵──被告住所地国の判決が承認できない場合 ─

Q1　日本で効力を有しない確定した外国離婚判決の存在

　⑴　管轄を肯定する理由は，本判決が判示するように，離婚を求める原告の権利の保護に欠けることのないようするためである。仮に日本での訴えについて管轄を否定して却下したとすれば，ドイツで下された離婚判決の効力が承認されない上に，ドイツでは既に離婚していることから改めて離婚の訴えを提起することもできない。そうすると，日本に住所を有するＸが離婚を求めることができない（特に，日本で有効なＹとの離婚を実現することができない）状態を救うためには，日本の裁判所に離婚請求訴訟についての管轄を認める以外に方法はないと考えられる。

　⑵　人訴法3条の2第7号は本判例法理を念頭においたものであり，本判決と同じ結論が導かれる。

Q2　緊 急 管 轄

　現行法の下で緊急管轄が認められるかということは，人訴法3条の2各号によって国際裁判管轄がないとされるにもかかわらず，日本の国際裁判管轄を肯定することができるかということになる。人訴法3条の2第7号で本件のような場合が取り込まれていることから，緊急管轄を認めるべき場合は非常に限られると思われるが，同号は日本に住所を有する身分関係の当事者の一方からの訴えについて定めていることから，原告が日本に住所を有しない場合にあえて

管轄を認めるべき場合（外国に住所を有する日本人が，当該外国で裁判をすることができない特殊な事情があるような場合）には，緊急管轄を認める必要があり得るように思われる。

Q3　離婚に伴う親権者の指定の裁判の国際裁判管轄

　人訴法3条の4第1項は，離婚の訴えの国際裁判管轄が認められれば，離婚に伴う親権者の指定の裁判についても管轄を認める旨規定している。これは，少なくとも日本法が準拠法となる場合には，離婚の裁判とともに親権者の指定を行う必要があり，それに対応するために常に管轄を認める必要があるからである。もっとも，親権者指定事件では子の最善の利益を判断するのに相応しい裁判所であることが重要であることから，離婚事件について管轄を有する裁判所は必ずしもそうではないとの批判があり得る。特に離婚の裁判と同時に親権者指定をしなくてもよいような場合には，3条の5により，親権者指定の申立てについてのみ管轄を否定することはあり得よう。

　なお，親権者指定だけが申し立てられた場合には，家事事件手続法3条の8により，子の住所が日本になければ管轄は認められない（89事件Q1参照）。

88事件　離婚無効確認事件 ─────────────────

Q1　国際裁判管轄を認める特別の事情

　本判決では，原告が米国で遺棄されたことに加えて，「(2)から(7)までに記載の事情」が考慮されているが，これらの事情のうち，(2)のX及び亡A並びに補助参加人Bと日本との関係や，(3)のX及びBの裁判への対応の負担，更に(7)の外国裁判の係属については，3条の2第7号の国際裁判管轄を認める「特別の事情」の判断においても考慮すべきと考えられる。しかし，他の事情については，認定どおりに考慮することには疑問がある。まず，(4)で考慮されている事情（証拠として用いられる書面の作成言語が日本語であり，英語への翻訳の手間や費用がかかること，英語により作成された証拠は既に日本語による翻訳文が添付されていること）は，裁判の適正・迅速を期するという観点から国際裁判管轄の判断の際にも考慮され得るものの，英語に翻訳した場合に「日本や日本人の慣習及び文化並びに日本の教育を受けた女性の自己主張の極端な抑制の傾向を知らない者には，意味内容の正確な理解が困難」という部分は，その適否もさること

ながら，日本の国際裁判管轄を基礎付ける事情とはいえないであろう。また，⑸の事情（日本法による離婚の方式が無効であること，日本人女性が自己主張を極端に抑制する傾向があること等が，米国の裁判所で適切に判断されないおそれがあること）も，もしこれを理由に日本の国際裁判管轄を肯定するとすれば，管轄を否定する場合は極めて限られることになってしまうため，⑷と同じく日本の国際裁判管轄を基礎付ける事情とはいえない。⑹の事情（離婚の準拠法がカリフォルニア州法であることが日本の裁判所による審理を困難にするとはいえないこと）も，渉外的事案の裁判では外国法の適用が当然に想定される以上，このことが日本に国際裁判管轄を認める判断を補強するとは言い難い。

Q2　本国管轄

　AもXも日本国籍を有していた時点で日本の裁判所で離婚の訴えを提起していたとすれば，人訴法3条の2第5号により国際裁判管轄が認められる。日本人については，日本として戸籍の管理上の関心があり，当事者としても戸籍訂正をすることは大切であると一般には考えられているので，国籍管轄を肯定するこのルールが導入された。もっとも，戸籍を重視すると，身分関係の当事者の一方が日本国籍を有するのみでも管轄を認めるべきことになるが，当事者間の衡平の観点から問題であるため，当事者双方が日本国籍を有する場合に限定したと説明されている。

　なお，人訴法3条の2第5号については，外国在住の日本人夫婦の一方が離婚の訴えを提起する際に，住所地国と日本のいずれが自らに有利な判断を下すかを考えて法廷地を決定するフォーラム・ショッピング（法廷地漁り）を助長するリスクがあるとの指摘がある。そのため，この設問の事実関係においてAが日本での裁判を選択して訴えを提起したとしても，人訴法3条の5による訴えの却下という可能性があることに留意すべきである。

89事件　親権者指定申立事件 ————————————

Q1　親権者の指定の家事事件の国際裁判管轄

　家事事件手続法3条の8は，親権に関する事件等について，「子の住所（住所がない場合又は住所が知れない場合には，居所）が日本国内にあるとき」に限って管轄を認めており，相手方の住所地国には管轄は認めていない。本決定

は相手方であるＹの住所が日本にあることを管轄原因として管轄を認めたが，3条の8によれば，Ａが出生以来Ｘとともにフィリピンに在住している本件では日本の裁判所の国際裁判管轄は認められない。3条の8は，子の福祉の実現のためには子の住所地国での裁判所で子の生活状況を踏まえて判断すべきであるとの政策判断に基づくものである。そして，子の住所地国でされた裁判については，79条の2によって準用される民訴法118条の要件を具備すれば，日本で承認されることとなる（少なくとも，間接管轄の要件は満たされる）。なお，仮に，子の住所地国での裁判が承認されないことが予想される場合には，緊急管轄として日本で裁判を行うことが許容されるであろう。

90 事件　養子縁組事件

Q1　特別養子縁組申立事件の国際裁判管轄

　家事事件手続法3条の5では，居所は管轄原因とはされていない。同条によれば，「養親となるべき者又は養子となるべき者の住所（住所がない場合又は住所が知れない場合には，居所）が日本国内にあるとき」に国際裁判管轄を認めているが（括弧書は，世界のどこにも住所がない場合又は住所が知れない場合に限られる），ＸらもＡもベトナムに住所を有していることは明らかであるため，「住所がない場合又は住所が知れない場合」には該当しないので，この限りでは管轄は否定される。

　なお，国際裁判管轄の管轄原因としての住所は，基本的に生活の本拠を指すが，あくまで国際民事手続法上の住所である。本件では，Ｘ・Ａの住所はその生活の本拠であるベトナムにあると解されるが，事情次第では，「生活の本拠」を緩やかに解して国際裁判管轄を判断する余地もなくはないであろう。

Q2　本件のあるべき処理

(1)　Ｘら及びＡが住所を有するベトナムでされた断絶型養子縁組の成立を日本でも認めることがよいのであるが，ベトナムでは裁判所の決定等がされていないことから，日本ではベトナムで成立した断絶型養子縁組の承認という方法（承認アプローチ）ではなく，通則法31条により定まる準拠法に基づいてその成否を判断する方法（準拠法アプローチ）によるほかない。そうすると，養親の本国法である日本法によれば法律行為としての断絶型

養子縁組は認められないため，本件では，改めて日本での日本法上の特別養子縁組の成立を判断するほかなかったものと思われる。

(2)　本件審判は，Xらが日本の国籍を有することも指摘しているものの，家事事件手続法3条の5では国籍を管轄原因とはしていないため，この点に基づいて管轄を認めることはできない。そうすると，同条の適用上は，日本の裁判所に国際裁判管轄を認めることは難しい事案であると考えられる。しかし，従来から養子縁組の許可や成立の裁判については，国家の後見的役割として，管轄を広く認めて裁判所に養子縁組へ関与・介入することが適切である（もちろん，実際に養子縁組を許可・成立させるかは，裁判所の判断次第である）と解されてきたことからすると，本件のような場合には日本において特別養子縁組の成立の審判を行うため，緊急管轄を認めることも考えられよう（現行の家事事件手続法についても，一般に条理に基づいて緊急管轄を認める可能性があることは認められている）。緊急管轄を安易に肯定すべきではないとしても，日本人が養親となる事案であり，現行法の下では日本での管轄を否定することになるという結論は妥当とは言えず，日本において特別養子縁組を成立させる裁判をする以外に方法がないとすると，緊急管轄を認めることはやむを得ないと思われる。

　なお，本件において，ベトナムで成立した養子縁組について普通養子縁組として受理された理由は必ずしも明らかではないが，通則法31条により適用される日本法によれば，断絶型養子縁組は裁判によることが必要であるところ，そのような裁判がされていない本件では断絶型養子縁組の成立を認めることはできなかったことから，普通養子縁組としての成立が認められたと考えられる。

(3)　当　事　者

91 事件　当事者適格 ─────────────────────

Q1　当事者適格の準拠法

(1)　本判決は，「当事者適格の有無は，訴訟手続において，誰に当事者としての訴訟追行権限を認め，法的紛争の解決を有効かつ適切に行わせるのが

相当かという視点から判断されるべき事項であるから，手続法上の問題として」，法廷地法である我が国の民訴法によると判示している。もっとも，本件のように，実体法上の法律関係に基づき認められる訴訟担当については，「訴訟担当者と被担当者との関係を規律する当該実体法の内容を考慮すべき」であると判示しており，当事者適格の準拠法を法廷地法としつつ，その判断の前提として実体準拠法も参照するという立場といえよう。

　以上の考え方は，当事者能力，訴訟能力についても同様に妥当し得るが，これらについては民訴法に明文規定があるので，その解釈問題となる。すなわち，民訴法 28 条は，当事者能力，訴訟能力及び訴訟無能力者の法定代理は，別段の規定がない限り，「民法……その他の法令に従う」と定めている。これは，これらの訴訟法上の問題を実体法に委ねるという趣旨である。当事者能力は民法上の権利能力，訴訟能力は民法上の行為能力に対応するとされるが，必ずしも日本民法により判断しなければならないわけではない。「その他の法令」には通則法が含まれ，当事者能力は権利能力の準拠法，訴訟能力は行為能力の準拠法により判断される。民訴法 33 条が訴訟能力について本国法によることを前提としていることが，この解釈の一つの根拠となっている。

⑵　本判決は，法廷地法である我が国の民訴法を出発点とするが，X₁ を訴訟担当と認める場合，それは X₁ の不分割財産の管理者としての地位，すなわち実体法上の法律関係に基づき認められる。この実体法上の法律関係については実体準拠法であるフランス法を参照しており，共同不分割権利者による合意に代わるものとしての急速審理命令があることから，共同不分割権利者による合意に準じたもの，あるいはフランス民法の規定に由来するものとして，X₁ の管理者としての地位が認められている。このような実体法上の地位を有する X₁ に当事者適格を付与できるかどうかは我が国民訴法の枠組みにおいて検討されるものであるが，本判決は，任意的訴訟担当に関する最判昭和 45 年 11 月 11 日を参照し，訴訟担当を認めるにあたり，「弁護士代理の原則等に反しないことはもちろんのこと，他人による訴訟担当を認めるに足る合理的な必要性が要求される」とする。その上で，X₁ のフランス法に基づく上記実体法上の地位には，我が国の制度に照らしても訴訟追行権限を許容されるべき合理的な必要性があるとされ

たため，X_1 の当事者適格が認められた。このような判断過程からすると，本判決は X_1 の訴訟担当が法的なものか任意的なものかにつき判断していない。最判昭和 45 年は任意的訴訟担当に関するものであるが，外国法上の法定訴訟担当であれば，それをそのまま日本で許容することはできず，やはり日本の民訴法上許容できるものか否か審査する必要があろう。我が国における一般的な訴訟担当の許容性を判断する上で，最判昭和 45 年の基準によることは妥当だと考えられる。

(3)　当事者適格の問題は，実体法上の法律関係を考慮する必要があるとしても，あくまで手続問題であり（Q1(1)参照），クラス・アクションのような外国の訴訟法上の制度を日本で実施することはできない。問題となるとすれば，アメリカでクラス・アクションが行われ，訴訟担当者を自己の代表とは認めない旨（オプト・アウト）の意思表示をしなかったために，アメリカでは判決効が及ぶとされている日本在住の者の日本での権利行使に影響を与えるか（敗訴した場合に既判力により権利行使ができないとされるか）である。日本では任意的訴訟担当を認める旨（オプト・イン）の意思表示を要することから，オプト・アウト制度に基づく既判力の拡張は民訴法 118 条 3 項の手続的公序違反とされるのではないかと思われる。なお，日本においても適格消費者団体による訴訟制度が存在するが，原告となるのは内閣総理大臣が認定した特定適格消費者団体に限られていること，対象事案が限定されていること，あくまでも手続に加入した消費者の請求権についてのみ審理判断すること（オプト・イン型）という点で，米国におけるクラス・アクションとは大きく異なる。

(4)　外国判決の承認執行

92 事件　間接管轄(1)——営業秘密侵害 ─────────

Q1　間接管轄の判断基準

(1)　本判決は，「基本的に我が国の民訴法の定める国際裁判管轄に関する規定に準拠しつつ」，条理に照らして間接管轄の有無を判断するとしているので，我が国の基準によっている。その理由は，間接管轄が日本で判決を

承認するか否か見極めるための要件の一つであって，判決を下した裁判所による裁判権・国際裁判管轄の肯定が，国際法や日本の手続法上の正義に反するものでないことを確保するためだからである。また，そもそも当該裁判所は，自国の国際裁判管轄ルールに基づき管轄があると判断したからこそ判決を下しているはずであり，判決国の基準によるとすると間接管轄要件を課していることが無意味となってしまう。

(2)　本判決は，①我が国の民訴法の定める国際裁判管轄規定に準拠しつつ，②個々の事案における具体的事情に即して，外国裁判所の判決を我が国が承認するのが適当か否かという観点から，条理に照らして，間接管轄の有無を判断するとする。この①において参照する規定に3条の9が含まれるか否かであるが，これは，3条の9を国際裁判管轄の有無を決するものと考えるか，それとも，管轄の判断とは別の要素を考慮して管轄権行使を差し控える余地を残したものと考えるかによる。確かに，3条の9の文言は，国際裁判管轄が認められることは既に決まっており，その上で裁量的な訴えの却下をすることを認めているようにも読める。しかし，平成23年民訴法改正においては，3条の9が設けられることを前提に3条の2以下の管轄が定められたという経緯もあり，それぞれの管轄規定と3条の9とはセットで管轄の有無を定めていると解すべきであろう。このことから，多数説は，間接管轄について検討する際に参照する我が国の国際裁判管轄規定に，3条の9も含まれると解している。したがって，間接管轄の判断の際にも，外国裁判所の国際裁判管轄を否定すべき特別の事情がなかったか検討すべきである。

(3)　本問における外国判決は，我が国の民訴法の定める国際裁判管轄規定には存在しない管轄原因に基づいて国際裁判管轄を肯定し，判決を下している。しかし，間接管轄の判断は，判決国の裁判所が管轄を認めたという結論が承認国から見て許容されるべきかによるものであって，いかなる管轄ルールによって管轄を認めたかによるものではない。したがって，本問の事例に関する他の事情（例えば，被告の相当額の財産の所在）に鑑みれば日本の裁判所であっても管轄を肯定したであろう場合には，間接管轄を認めて差し支えないと思われる。なお，EU の裁判管轄規則（Regulation（EU）No 1215/2012）7条1号は以下の通り規定している。

(1)　(a) in matters relating to a contract, in the courts for the place of performance of the obligation in question;

(b) for the purpose of this provision and unless otherwise agreed, the place of performance of the obligation in question shall be

—in the case of the sale of goods, the place in a Member State where, under the contract, the goods were delivered or should have been delivered,

—in the case of the provision of services, the place in a Member State where, under the contract, the services were provided or should have been provided;

(c) if point (b) does not apply then point (a) applies; ...

　上記の EU のルールは，原則として，物品売買・役務提供契約については特徴的給付の履行地の管轄を肯定することを基本とする点で，日本の民訴法3条の3第1号とは異なる。したがって，問題文の事情からのみでは，間接管轄を肯定することはできないと考えられる。

　ただし，Q1 (2)解説における②の審査（個々の事案における具体的事情に即して，条理に照らしてなされる審査）において，3条の9の個別調整ではなされない審査も行われるならば，間接管轄が認められる余地がある。例えば，本問における特徴的給付の履行地の管轄のように，判決を下した裁判所が，我が国とは異なるが比較法上相当に有力で合理性のある管轄原因に基づいて管轄を認めている場合には，当該外国判決を承認するのが適当であるとして，間接管轄を肯定する余地があるとする見解がある。このような例を認めるのであれば，②の審査にも意義が認められるといえよう。もっとも，本判決は，②の審査については何らの基準も示していない。

Q2　営業秘密侵害における間接管轄

(1)　不法行為地管轄の趣旨としては，不法行為地は多くの証拠の所在地であることから審理に便宜であることや，被害者のみならず加害者もその地との一定の関係を有していること等が挙げられる。これらの趣旨が同様に当てはまる差止請求訴訟も3条の3第8号の「不法行為に関する訴え」に含まれると考えられる。本判決が引用する最判平成16年4月8日民集58巻4号825頁は国内土地管轄に関する判例であるところ，当事者の立証の便宜等を考慮して，民訴法5条9号には差止請求訴訟も含まれると判示したものである。

(2) 本判決は,「このような差止請求に関する訴えについては,違法行為により権利利益を侵害されるおそれがあるにすぎない者も提起することができる」ことを理由として,「民訴法3条の3第8号の『不法行為があった地』は,違法行為が行われるおそれのある地や,権利利益を侵害されるおそれのある地をも含むものと解するのが相当である」と判示している。「おそれ」がどの程度であればよいかという問題はあるものの,管轄の判断としては妥当な判断であると思われる。

(3) 本判決は,予防的差止請求に関する外国判決の間接管轄について,(2)における直接管轄の基準を反映し,「被告が原告の権利利益を侵害する行為を判決国内で行うおそれがあるか,原告の権利利益が判決国内で侵害されるおそれがあるとの客観的事実関係が証明されれば足りる」と判示している。客観的事実関係証明説を間接管轄についても採用する理由として,本判決は,「判決国の間接管轄を肯定するためであっても,基本的に民訴法3条の3第8号の規定に準拠する以上は,証明すべき事項につきこれと別異に解するのは相当ではない」ということを挙げている。これだけでは理由として十分でないように思われるが,最判平成13年6月8日が,不法行為の成立要件のうちどの要件が事案と法廷地の間の関連性とかかわりのあるものかを明らかにしたものと理解すれば,間接管轄の場合にも客観的事実関係証明説における審理が基本的に当てはまると考えられよう(他方,管轄原因事実と請求原因事実に関する審理の重複の解消という観点から客観的事実関係証明説を捉える立場によれば,事後的に間接管轄を判断する外国判決の承認の局面では,日本の管轄基準に照らして,判決国が不法行為地に該当するかのみ判断すれば足りるとされる)。もっとも,本判決で問題となっているのは予防的差止めであり,権利侵害の発生のおそれのみで事案と法廷地との関連性を認めるとすると,事案と法廷地との関連性が蓋然性を有するにすぎないものとなり得る。また,権利侵害の発生の「おそれ」の有無を判断する場合,当該権利侵害がどれほど差し迫っているかという評価まで必要となる。したがって,最判平成13年の基準は,事案と法廷地との現実的な関連性が存しない予防的差止めの場合にまで及ぶべきでないとの指摘もある。

(4) 最判平成13年における客観的事実関係証明説を前提とするとしても,管轄の判断において証明すべき客観的事実として,具体的にどこまで証明

する必要があるのかが問題となろう（詳細については，百選 79 参照）。本件
第一審判決は，日本法を前提として，AY 間の別件国内訴訟における判断
も考慮して，営業秘密の利用が不正であったことまで判断している。客観
的事実関係証明説が事案と法廷地との関連性とかかわりのある要件につい
てのみ証明を必要とする立場だと考えれば，被告の行為の存在とその場所
（加害行為地又は結果発生地）が判決国内にあることのみを証明するので十分
であり，問題文に掲げた本件第一審判決の認定は過剰であると考えられる。

93 事件　間接管轄(2)──専属管轄

Q1　知的財産権の登録に関する訴えを専属管轄としている理由

　本判決によれば，①知的財産権の登録に関する訴えは，実質的には，公簿に
一定の事項を記載することにより権利関係を公示することを目的とするもので
あり，公益性の高い公示制度と不可分の関係を有すること，②一国の登録の手
続に関する訴えについては，その国の裁判所がより迅速かつ適正に審理判断す
ることができること，③日本国内においてすべき登録について外国判決を得て
も，別途，我が国の裁判所の執行判決が必要になるなど，我が国の裁判所に直
接訴えを提起する場合に比べて手続が迂遠であることが理由であるとされる。
これらには批判的見解もある。すなわち，①に対しては，あくまでも私人間で
の紛争であり，専属管轄とするほどの公益性はないこと，②に対しては，日本
の知的財産権の登録実務がそれほど複雑でなく，登録手続等が国際的に相当程
度に調和されているため他国の裁判所が判断することにも特に困難はないこと，
③に対しては，執行判決を得ずとも相手方が任意に従う場合もあり得ることか
ら，迂遠さだけでは根拠として弱いこと等の批判である。これによれば，立法
論的にはこの規定は削除すべきであるということになろう。他方，立法論的に
もこの規定を支持するとすれば，他の事件類型との比較で程度問題に過ぎない
②・③の理由では専属管轄とするには弱く，①のみを挙げるべきであろう。

Q2　民訴法 3 条の 5 第 3 項の「存否及び効力」

　最判平成 14 年 9 月 26 日（百選 41。カードリーダー事件）では，特許権に基づ
く差止め及び廃棄請求に適用すべき法を判断する過程で，これらは特許権の
「効力」であるとし，特許登録国の法が適用されると判示されている（これに対

して特許権侵害に基づく損害賠償請求については法例 11 条（通則法 17 条）により準拠
法を定めるとしている）。他方，民訴法 3 条の 5 第 3 項では，特許権等の「存否
及び効力」に関する訴えはその登録国（規定上は登録が日本であれば日本）の裁
判所に専属すると定めている。前提として，日本の特許権は特許庁の行政処分
として付与されることから，特許権を対世的に無効とするためには特許庁に対
して特許無効の審判をすることとされ（特許法 123 条），その不服についても東
京高裁への取消訴訟を要する（同法 178 条）。したがって，日本の特許権無効確
認や特許権不存在確認等の訴えについては，そもそも裁判所への確認訴訟を提
起することは認められていない（このことから，この規定は主に外国特許権等につ
いての存否に関する訴えにおいて問題となるといえよう。Q3 参照。）。このように，
民訴法 3 条の 5 第 3 項の「存否及び効力」とは，成立や有効性を意味すると解
される。したがって，最判平成 14 年のいう「効力」とは意味が異なる。なお，
外国特許権に基づく差止め及び廃棄請求については，まさに最判平成 14 年が
管轄を肯定しているのであって，これらに民訴法 3 条の 5 第 3 項が適用されな
いことは立法過程での議論を参照しても明らかである。41 事件 Q1 も参照。

Q3　知的財産権の登録をすべき地が外国にある場合

　民訴法 3 条の 5 は，日本の裁判所に専属的な管轄がある場合を定めている。
他方，民訴法 3 条の 10 は，訴えについて法令に日本の裁判所の管轄権の専属
に関する定めがある場合，3 条の 5 以外の国際裁判管轄に関する規定の適用が
ないと規定する。これは，3 条の 5 が適用される訴えについて，当該規定によ
れば日本の裁判所に管轄権が認められない場合，3 条の 5 以外の規定によれば
日本の裁判所に管轄権が認められることとなるとき（例えば，被告の住所が日本
にあるとき）であっても，日本の裁判所の管轄権は認められないことも含意し
ていると理解される。民訴法 145 条 3 項において，3 条の 5 により我が国の裁
判所が専属管轄を有しない場合には，我が国の裁判所においてその請求につき
中間確認の訴えを行うことは認められないこと，民訴法 146 条 3 項但書におい
て，反訴に関して同様のことが規定されていることからも，3 条の 5 は外国裁
判所に専属管轄があり，日本の裁判所には管轄がない場合についても規定して
いることが前提となっていると理解することができる。以上の通り，3 条の 5
の規定は，日本から見て，外国裁判所が専属管轄を有する場合も定めていると

理解される。

　本件では，韓国訴訟において，台湾や米国等で登録された特許権の移転登録
等も請求されており，Xの請求が認容されているが，本判決は，本件韓国判決
のこの点に係る訴訟費用の負担を命じる部分について，韓国の裁判所の間接管
轄を否定している。これは，上記のことを踏まえ，登録すべき地が台湾や米国
にある知的財産権の登録に関する訴えについては，台湾や米国の裁判所が専属
管轄を有するとの理解を前提としていると解される。

94事件　送　達

Q1　送達要件における条約遵守性

　本判決においては「訴訟手続の明確と安定を図る見地」から，条約遵守性を
満たす必要があるとされている。具体的には，条約を遵守しない送達がなされ
た場合にその判決を承認しないことで，判決国と承認国の間の条約の遵守の実
効性を確保することを意味すると考えられる。また，条約遵守性を要件とする
ことによって，送達を受けた被告はその訴訟に応じなければならないか明確に
判断することもできる。なお，条約遵守性を必要とする理由を我が国の主権侵
害に求めると，民訴法118条2号後段で，被告が応訴すれば2号要件を満たす
ことになる（我が国の主権が侵害されたことを私人の態度で不問とする）ことが説明
困難ではないかと思われる。

Q2　送達条約10条(a)の留保

　日本は，送達条約10条(b)・(c)について，外国公務員や私人が我が国の領土
内で我が国の公務員に対して直接に指図をすることは我が国の主権の侵害に当
たるとの理由で留保していた。他方，(a)については，訴状等の直接郵送が主権
侵害にあたるとは考えず，留保しなかった。それゆえ，日本は直接郵送による
送達を認めているように理解され得る状況にあったところ，問題文にある通り，
2018年12月21日に(a)についても留保がなされた。したがって，送達条約締
約国から日本に向けてなされる直接郵送による送達は，民訴法118条2号要件
具備のための条約遵守性を満たさないことが明らかとなった。

Q3　送達要件における了知可能性・防御可能性

(1)　民訴法118条2号の要件が課されているのは，訴訟開始時に十分な手続保障を受けていない敗訴被告を保護する必要があるためである。例えば，被告が全く理解できない言語で記載された訴状・呼出状の送達では，了知可能性がなく，防御活動をとることができない。また，送達受領日から第1回期日までに十分な期間がない場合，訴状の内容を了知できたとしても，防御可能性を欠くものと考えられる。

(2)　送達要件について，判決国法に基づいて適式に送達がなされていたか審査すべきであるとする見解があるが，判決国法上の手続上の瑕疵には，送達に限らず様々な点があり，既に判決国では確定判決となっている以上，そういった点は原則として当該外国での再審等の手続に委ねるべき事項であると考えられる。

Q4　公 示 送 達

公示送達は，了知・防御可能性を欠くものと考えられるからである。もっとも，日本での裁判の場合にも公示送達を認めているように，公示送達によらざるを得ない場合もあり，公示送達によることを一切認めないとすれば裁判からの逃避が可能となってしまう。そのため，立法論としては，外国裁判所による公示送達を一律に排除するのではなく，日本でも公示送達を用いたであろう場合には除外するといった議論もあるが，解釈論としては無理であろう。

Q5　送達要件における「応訴」

本判決は，118条2号所定の被告が「応訴したこと」とは，「いわゆる応訴管轄が成立するための応訴とは異なり，被告が，防御の機会を与えられ，かつ，裁判所で防御のための方法をとったことを意味し，管轄違いの抗弁を提出したような場合もこれに含まれる」と判示している。これに対して，応訴管轄（3条の8）における応訴は，日本の裁判所が管轄権を有しない旨の抗弁を提出しないで本案について弁論をし，又は弁論準備手続において申述をすることを指すのであり，裁判所において日本の裁判所に国際裁判管轄がない旨を主張した場合，応訴管轄は成立しない。118条2号では，敗訴被告が訴訟開始時に防御権を行使する機会を与えられていたか否かが問題であるので，管轄がない旨の

抗弁を提出していれば防御権行使はできたわけであるから，118 条 2 号の要件を満たすことになる。他方，3 条の 8 の応訴管轄は，被告として管轄の争いを放棄し，本案について争うことを表明していると考えられる場合に生じるため，管轄がない旨の抗弁を提出している場合には応訴管轄は生じない。

Q6　日本から外国への送達

　日本から外国在住の被告への送達は，裁判長が，①その国の管轄官庁又は②その国に駐在する日本の大使，公使若しくは領事に嘱託してする（民訴法 108 条）。日本と米国の間には日米領事条約があり，また，両国とも送達条約の締約国であることから，中央当局送達と領事送達とが可能である。中央当局送達よりも領事送達の方が迅速であり，被告が日本語を解する場合には訳文の添付を要しないため負担も少ないが，領事送達では強制的に受領させることができない。また，公示送達は，108 条による送達ができない場合及び外国の管轄官庁に嘱託を発した後 6 か月を経過しても送達を証する書面の送付がない場合にすることができる（110 条）。なお，領事送達が奏功しなかったとしても，送達条約に基づく中央当局送達が可能であると見込まれる場合には公示送達によることができないとされている（福岡高那覇支判平成 21 年 5 月 29 日判タ 1307 号 302 頁）。

95 事件　公 序 (1)──子の引渡し ─────────────

Q1　外国判決承認要件の審査の基準時

　外国判決の自動承認の原則から，外国判決はその確定時に日本の承認要件を具備していればその時点において自動的に日本で承認され，その効力が生じると理解すれば，すでに承認されたはずの外国判決について，後の事情に基づき承認の可否を判断することには問題があると考えられる。しかし，自動承認原則の意義は，外国判決の承認のために特別の手続を要しないことにあるにすぎず，要件の審査時に初めて外国判決の承認の可否が確定するのであるから，審査時を基準として公序の審査を行うことにも問題はないのではなかろうか。なお，本件では承認要件としての実体的公序が問題となっているが，この意義が我が国の私法秩序の保護にあることからも，過去の判決時を基準とするのではなく，現在である審査時を基準とすべきであるように思われる。

Q2 外国判決確定後に生じた事情の考慮

(1) 本件外国判決は，子 A を X に引き渡すことを命ずるものであったが，本判決は，判決確定後の事情として，A の居住状況や年数，A の言語能力などを考慮している。

(2) 判決確定後に生じた事情を公序審査の枠組みでは考慮しないとする立場であっても，そのような事情によって執行が阻止されることがある。その方法としては，①これらの事情を請求異議事由として請求異議の訴えを提起すること，②執行判決請求訴訟内で抗弁として主張することがあるとされ，そのいずれを是とするかにつき学説は分かれている（百選 100 も参照）。なお，原審（東京地判平成 4 年 1 月 30 日家月 45 巻 9 号 65 頁）は本件の事情が請求異議事由に当たらず，抗弁にも理由がないとするが，子の引渡し請求であることから，請求異議事由として認めるべきはなかろうか。

96 事件　公 序 (2)──懲罰的損害賠償 ──────────

Q1 懲罰的損害賠償を命ずる外国判決の承認適格性

「懲罰的損害賠償は……我が国の法制度上は罰金に近い刑事法的性格を持つ」とし，「懲罰的損害賠償を命ずる米国の裁判所の判決をもって民事執行法，民事訴訟法の右各条〔民事執行法 24 条，民訴法 200 条（現 118 条）〕が予定する外国裁判所の判決といえるかどうか自体が疑問である」とした原審（東京高判平成 5 年 6 月 28 日判時 1471 号 89 頁）とは異なり，本判決は民訴法 200 条 3 号〔現 118 条 3 号〕についてのみ判断しており，外国判決の承認適格性には触れていない。したがって，最高裁は承認適格性を認めていると考えるのが素直な見方であろう。

Q2 懲罰的損害賠償を命ずる外国判決と公序

(1) 本判決は，我が国の不法行為に基づく損害賠償制度と，「加害者に対する制裁及び一般予防を本来的な目的とする懲罰的損害賠償の制度とは本質的に異な」り，相容れないと判示している。これは制度の性質を問題とするものであり，懲罰的損害賠償の額が法外であるか否かは問題としていないと考えられる。これに対して，懲罰的損害賠償の額が法外であって，我が国で許容される限度を超える部分についてのみ公序違反とする学説もあ

る。

(2)　本判決は，内国関連性に言及することなく，公序違反と判示している。これに対して，通則法 42 条の公序については，適用結果の異常性と内国関連性の相関関係により判断されるとされている。この点，本判決は，内国関連性の高い事案であったため，内国関連性に言及しなかったにすぎないと理解する見解と，判決効を認め執行力を与えるという外国判決の承認執行そのものが十分に内国関連性を有しており，この点は問題とする必要がないからであると理解する見解とがある。

(3)　この点は，懲罰的損害賠償を命ずる外国判決が承認適格性を有するか否かによる。懲罰的損害賠償を命ずる外国判決が公序に反するものにすぎず，承認適格性は認められるとすれば，日本でも懲罰的損害賠償制度が認められる場合には，公序違反とならないとの結論になり得よう。これに対して，懲罰的損害賠償を命ずる判決は民事判決とは言えず，承認適格性を有しないということ立場からは，日本に同様の制度があっても，結論は同じく承認執行を拒否することとなる。すなわち，日本の懲罰的損害賠償判決についても，外国での承認執行は期待すべきではないということになる（とはいえ，外国でどのように扱うかは当該外国が決めることである）。

Q3　懲罰的損害賠償を命ずる外国判決と一部弁済

最判令和 3 年 5 月 25 日によれば，日本で承認できないような判決債権は判決国においても存在しないものと扱うことになる。すなわち，本問における一部弁済が 6 万ドルだったとすると，その全額が補償の損害賠償部分に充当され，残額 4 万ドルについてのみ我が国で強制執行することができる。さらに，一部弁済が 12 万ドルだった場合には，2 万ドルについては非債弁済となり，日本で不当利得返還請求ができることになりそうである。このような判断に対しては，①補償的損害賠償部分と懲罰的損害賠償部分とに同率で充当されたとみるべきであるとする見解（日本においては懲罰部分に基づく強制執行は許さない点で，その債権は日本から見れば自然債務のようなものであるとする），②外国での強制執行は，当該外国の公権力行使であり，その結果の当否を日本で云々すべきではなく（日本に抵触する公権力行使があれば別とする），その反射的効果として，日本での不当利得返還請求は認められないとの見解などがある。

97事件　公序 (3)──手続的公序

Q1　判決書の不送達と手続的公序違反

(1)　本判決は,「訴訟当事者に判決の内容を了知させ又は了知する機会を実質的に与えることにより, 当該判決に対する不服申立ての機会を与えること」が我が国の訴訟法秩序の根幹を成す重要な手続であると判示している。そして,「外国判決の内容を了知させることが可能であったにもかかわらず, 実際には訴訟当事者にこれが了知されず又は了知する機会も実質的に与えられなかったことにより, 不服申立ての機会が与えられないまま当該外国判決が確定した場合」には公序違反になると判示している。

(2)　本判決は, 不服申立ての機会を与えることが我が国の法秩序の基本原則ないし基本理念であるとしているので, 不服申立ての機会が与えられないまま第一審限りで確定する外国判決は, 公序違反となるとも考えられる。しかし, 仲裁には上訴制度はないけれども, 仲裁判断には確定判決と同一の効力が与えられており, 第一審限りであるからといってそれだけで手続的公序違反にはならないとの見方があり得る。もっとも, これに対しては, 仲裁判断について, そのような手続によることを当事者が合意していることがポイントであるとすれば, 裁判の場合, 管轄合意をしているときには仲裁と同様に考えられるとしても, それ以外のときには, 被告は裁判制度に服さざるを得ない立場に置かれており, 仲裁と同様に考えることはできないとの見方もあり得る。

　　また, 本件で問題となっているのは, 被告が手続の進行を怠ったことを理由として下された被告敗訴の判決 (デフォルト・ジャッジメント) であり, そのような場合に判決書が送達されないことは, 必ずしも不合理とはいえないであろう。このように, 不服申立ての機会が与えられたか否かのみに着目して手続的公序の判断をすることには問題があると考えられる。

98事件　相互の保証(1)──ワシントン D. C. の場合

Q1　相互の保証の判断基準

　第1に, 判決国が我が国と全く同一の条件を定めていることは条約が存する場合でもないと期待できないこと, 第2に, 大審院判決のように解すると, 判

決国が相互の保証を条件とし，我が国よりも寛大な条件で我が国の判決を承認
する場合，当該判決国にとっては相互の保証がないことになり，結果として我
が国にとっても相互の保証を欠くことになること（両すくみになること）が，理
由として挙げられている。

Q2　部分的承認理論

　本判決は，判決国において，「我が国の裁判所がしたこれと同種類の判決が
同条〔民訴法 200 条（現 118 条）〕各号所定の条件と重要な点で異ならない条件の
もとに効力を有するものとされている」場合に，相互の保証があるとしている。
相互の保証要件が，輸出入の収支バランスのように，外国判決の効力の受け容
れについてバランスをとることを目的としているとすれば，判決国との間の全
面的な相互保証は必然ではなく，「同種類の判決」に限定してその部分につい
てのバランスを見るということはあり得ることであり，外国判決の承認執行を
促進する効果があると考えられる。他方で，このような部分的相互保証理論は，
ある類型の判決についてのみ相互の保証を肯定しつつも，その他の類型の判決
については相互の保証を否定する含みを残すことになるため，その有用性に疑
問を呈する見解や，これによることにより，かえって審理の負担が増加する点
を批判する見解もある。

　なお，学説上は，私法上の権利義務関係について国家間のバランスを持ち込
み，私人に不利益を与えることをテコとして自国の判決の外国での承認執行を
促進しようとする相互の保証の要件自体に批判的であり，立法論として削除す
べきであるとする見解が多い。これに対して，相互の保証は，本来であれば条
約を締結して相互の判決承認を確保することが出発点であるとすれば必須の要
件であること，今後，判決の承認執行に関する条約の締結を視野に入れると，
非締約国の判決が相互の保証なく承認執行されるのでは，条約締結のインセン
ティブにならないこと等の理由から，相互の保証の要件は立法論としても必要
であるとの見解もある。

Q3　人事・家事事件判決の承認要件としての相互の保証

　人訴法は民訴法の特例を定めるものであり（人訴法 1 条），いくつかの条文を
除き，民訴法の規定がそのまま適用されるところ（人訴法 29 条），民訴法 118

条は除外されていないので，そのまま適用される。他方，家事事件手続法には，家事事件については，その性質に反しない限り，民訴法118条の規定が準用される旨の規定がある（家事事件手続法79条の2）。かつての学説においては，跛行的な法律関係の発生を防止するため，国家の利益のバランスをとるためにある相互の保証の要件を人事・家事事件判決の承認要件として課すべきではないと議論もあったが，現在はこの点は上記の通り決着しており，立法論としても反対説は少数となっている。

99事件　相互の保証⑵——中国の場合

Q1　本判決における相互の保証

(1)　本判決は，互恵の原則による審査の意味する内容が文言からは明らかでなく，これが確定されない限りは，中国の民訴法と我が国の民訴法が同じことを承認要件として定めているか判断できないと判示している。その上で，互恵の原則に基づき外国判決を承認執行した事例がないこと，日本と中国との間には互恵関係が存在しないとの見解を示す最高人民法院の回答があること，中国の各人民法院は最高人民法院の司法解釈の内容に従い個別事案を判断すること，日本との間に互恵関係が存在しないということの意味が，日本において中国の判決が承認されたことがないことに尽きるという確たる認定判断もできないことを考慮し，中国における互恵の原則による審査とは，「同国との間で判決の承認に関する条約を締結せず，同国とともにそのような条約に加盟することもない国の裁判所がした判決については，諸事情を総合的に考慮して裁量的に承認の可否を判断する余地を留保する趣旨のものである」とする。これを前提とすると，我が国民訴法における相互の保証要件と重要な点で異ならない条件であるとはいえない。

(2)　本判決は，中国において外国判決の承認につき互恵の原則による審査が必要とされていること，最高人民法院により日本との間に互恵関係が存在しないと判断されていること等から，我が国と中国との間で相互の保証がないとしている。このように，日中間では，互いの判決の承認についてにらみ合いの状況が生じている。相互の保証要件には，外国判決の承認を認めない国に対し，その国の判決の承認を拒むことにより，内国判決を承認するよう間接的圧力を加えるという趣旨があるとされる。しかし，少なく

とも日中間においてそのような効果は認められず，むしろ相互の保証要件は，互いの判決を承認し得ない状況を作り出しているといえよう。なお，相互の保証要件のその他の意義については 98 事件 Q2 参照。

Q2　中国の離婚判決の承認可能性

　本判決も引用する百選 98 の基準によれば，「我が国の裁判所がしたこれと同種類の判決」についての承認要件が相互の保証の判断基準となる。離婚判決について，中国での外国離婚判決の承認要件が問題文記載の通りであるとすれば，日本の民訴法の承認要件と重要な点で異ならないものと考えられる。

100 事件　執行判決訴訟における相殺の抗弁 ─────────

Q1　外国判決の執行

　外国判決の承認とは既判力，形成力を我が国で認めることであり，特別の手続は必要とされていない。これに対して，強制執行を行うためには，債務名義が必要である（民事執行法 22 条）。裁判機関と執行機関を分離して，裁判機関は権利の存在を実質的な審理により確認し，執行機関は債務名義に基づき形式的な審査のみを行うとすることにより，迅速な強制執行手続の実現が図られている。外国判決の執行のために執行判決を得ることが必要とされているのは，このような仕組みの下で，当該外国判決が承認要件を具備しているか否かの判断を執行機関に任せるのは相当ではないためである。

Q2　執行判決訴訟における請求異議事由の主張

　本判決は，執行判決訴訟の中で相殺の抗弁の主張を認める理由として，実体を伴わない債務名義の作出は望ましくないこと，執行判決をした後に改めて請求異議の訴えによることは訴訟経済に反することを挙げている。執行判決訴訟も通常の訴訟手続によるものであるから，実体法上の請求権の存否についての争いに馴染まないとはいえず，本判決が指摘する通り，改めて請求異議の訴えによることはかえって訴訟経済に反することを考慮すると，本判決の立場は妥当であろう。学説上も，執行判決訴訟において請求異議事由の主張を認める立場が通説である。

Q3 専属的国際裁判管轄合意と相殺の抗弁

(1) 本判決は，相殺は防御方法にすぎず，訴えと同一の制限をする必然性が
ないこと，訴訟外での相殺を訴訟上主張することを制限するのは妥当でな
いことを前提に，訴訟上の相殺のみを禁止する必然性もないことから，専
属的管轄合意の適用範囲に含まれる債権を自働債権とする相殺を認めた。
確かに，訴訟外での相殺は可能であり，それにより受働債権が消滅し得る
にもかかわらず，これを訴訟上主張できないとすることには疑問であり，
訴訟上の相殺も同様に認める本判決の立場は妥当なものと考えられる。こ
れに対して，自働債権について裁判所が既判力ある判断をすることにより，
専属的管轄合意の趣旨や当事者の意思が害され得ることを重視すれば，本
件のような相殺は認められるべきでないとの批判もあり得るところである。

(2) 仲裁合意の主張も妨訴抗弁となるため，(1)と同様の問題が生じる。本判
決の理由づけは仲裁合意の場合にも当てはまるように思われ，そうである
ならば，仲裁合意の適用範囲に含まれる債権を自働債権とする相殺も訴訟
上認められることになろう。

Q4 外国における訴訟係属と相殺の抗弁

(1) 判例によれば，本訴及び別訴がともに日本の裁判所に係属している場合，
係属中の別訴において訴訟物となっている債権を自働債権として他の訴訟
において相殺の抗弁を主張することは，重複起訴を禁じた民訴法142条の
趣旨に反し，許されないとされている（最判平成3年12月17日民集45巻9
号1435頁）。相殺のために主張した請求の成立又は不成立の判断は，相殺
をもって対抗した額について既判力を有することとなるところ（民訴法
114条2項），相殺の抗弁の場合にも，重複起訴の場合と同様，矛盾する判
決が生じ，法的安定性を害することとなり得るためである。

(2) 本判決は，民訴法142条の「裁判所」に外国の裁判所が含まれないこと
を理由として，特段の事情がない限り，外国裁判所に係属中の別訴におい
て訴訟物となっている債権を自働債権とすることを認めている。国際訴訟
競合に関する裁判例において，民訴法142条の「裁判所」に外国裁判所が
含まれないとの理解は定着しているように思われるが，それでもなお，国
際訴訟競合については一定の規制を必要とする立場が有力である。本判決

の基準においても，「特段の事情」がある場合には，相殺が重複起訴に当たり又はその趣旨に反し許されないとする余地が残されていることから，この点において国際訴訟競合に関する議論を参照することが考えられよう。もっとも，訴訟上の相殺を主張するにあたり，自働債権について国際裁判管轄を要しないと考えられることや，先行して外国訴訟が係属しているとしても，それによって当該債権を自働債権とする訴訟上の相殺が無益となるとはいいがたいことを考慮すると，特段の事情が認められるのは，相当に限定的な場合に限られるのではなかろうか。

101 事件　扶養料の支払を命じる判決の執行

Q1　家事事件に関する外国判決の承認執行

(1)　ある外国の確定した裁判が，家事事件手続法 79 条の 2 にいう「家事事件についての確定した裁判」にあたるか否かは，その外国裁判の対象となる事項が，日本法において家事事件の対象となるものといえるか否かにより判断される。当該外国裁判の形式を基準とすると，訴訟事件と非訟事件のいずれに当たるか一見して明らかでないこともあり得ることが，その理由として挙げられている。そもそも，家事事件手続法の適用範囲が，日本法において家事事件の対象となるものの手続であると考えられること（家事事件手続法 1 条参照）も根拠となり得るように思われる。

(2)　本判決は，民訴法 118 条各号の要件を具備しているか順次判断し，本件外国扶養裁判の承認を認めている。その後，平成 30 年人訴法等改正により，外国裁判所の家事事件に関する裁判については，その性質に反しない限り，民訴法 118 条の規定を準用することが明文化された（家事事件手続法 79 条の 2）。118 条の各規定の準用が「その性質に反」する場合とはどのような場合かが問題となるところ，従来の学説に照らすと問題となりそうなのは，2 号と 4 号の要件である。まず，外国扶養裁判は相手方のある類型の事件に関してなされるものあるから，相手方保護のための送達要件（2 号）を課すことは妥当といえよう。また，相互の保証（4 号）は，国家間のバランスを問題とする要件であるので，事件類型により要不要は異ならないと考えられる。したがって，現行法の下でも，外国扶養裁判の承認には 118 条各号の要件すべての具備が必要であろう。

(3) 外国の裁判所でされた失踪宣告も承認の対象となると考えられ，その際には，その性質に反しない限り，民訴法118条の規定を準用することになる（家事事件手続法79条の2）。(2)とは異なり，争訟性が低く，相手方のない事件であるため，敗訴被告の保護のための送達要件（民訴法118条2号）は除外されよう。

Q2 扶養料請求事件に関する国際裁判管轄

　平成30年人訴法等改正により，扶養関係事件に関する国際裁判管轄ルールが新設され，子の監護に要する費用の分担に関する処分については，子の監護者又は子の住所等が日本国内にあるときに管轄権を有するとされた（家事事件手続法3条の10）。また，離婚等の訴えについて日本の裁判所が管轄権を有する場合，子の監護に関する処分についての裁判に係る事件についても管轄権を有するとする（人訴法3条の4）。本件においては，離婚の訴えにつき，訴え提起時においてYがその住所をカリフォルニア州に有していたのであるから，カリフォルニア州の裁判所に間接管轄が認められると考えられ（人訴法3条の2第1号，家事事件手続法79条の2，民訴法118条1号），これに附帯する養育費に関する請求についても，間接管轄が認められると考えられる。

(5) その他の手続上の諸問題

102事件　国際訴訟競合 ─────────────────

Q1 財産所在地管轄

　本判決は，民訴法3条の3第3号に基づく国際裁判管轄について判断することなく，仮にこれが認められるとしても，民訴法3条の9にいう特別の事情が存するため，日本の裁判所の管轄権を肯定することができないと判示している（このような判断方法は，全面的な利益衡量に等しく，法的安定性を害するおそれがあるとして，問題があり得ると指摘される。百選83も参照）。本件において，原告は，債務者たる原告の財産が日本国内にあることに基づき，財産所在地管轄が認められる旨主張していた。これは民訴法3条の3第3号後段に関する主張であるが，債務不存在確認訴訟は「金銭の支払を請求するもの」ではなく，また，当

該規定の趣旨が，日本に生活の本拠を有しない者に対する執行を確保するところにあることに照らすと，債務不存在確認訴訟には同号後段の適用がないと考えるべきであろう。他方，金銭債務の所在地が債務者の普通裁判籍の所在地になると考えると，同号前段の適用もあり得ることになる。もっとも，債務不存在確認訴訟につき同号前段の適用が可能であるとすると，常に原告住所地管轄を肯定することになりかねない。同号前段の趣旨も権利者の権利の実現，執行の円滑にあることから，やはり債務不存在確認訴訟には適用されないと考えるべきではなかろうか。

Q2　国際訴訟競合

(1)　国内での重複起訴については民訴法142条に規定が置かれ，裁判所に係属する事件については，当事者は，更に訴えを提起することができないとされているが，国際訴訟競合については規定がなく，民訴法142条の「裁判所」に外国裁判所は含まれないとの理解が裁判例において定着している。それでも，近時の裁判例は国際訴訟競合の状態にあることを考慮するものが多く，学説上も，国際訴訟競合の規制を必要とするものが一般的である。これは，国際的な訴訟競合においても，二重に応訴しなければならない当事者の負担，審理の重複による訴訟不経済，矛盾する判決が生じる危険を予め回避すべきだと考えられるからである。

(2)　本判決は，米国裁判所への訴訟係属を民訴法3条の9において考慮しており，特別の事情が存すると認められることから，日本の裁判所の管轄権を肯定することができないとしている。したがって，国際訴訟競合の状態にあることを国際裁判管轄の要件において考慮する立場と評価できよう。しかし，この管轄規制説に対しては，複数の国に管轄原因が認められ得る国際裁判管轄の前提と合致せず，また，二重起訴の不存在を管轄とは別の要件と位置づけている民訴法（142条参照）との整合性が問題になると批判されている。このような見地からは，すでに外国訴訟が係属しており，外国訴訟により下される判決の内国における承認が予測される場合には，訴えの利益がなくなるため，内国後訴を規制するとする承認予測説や，同様の発想に基づき，無益訴訟の禁止の観点から国際訴訟競合を規制する訴えの利益説が主張されている。

⑶ 民訴法３条の９は，日本の裁判所が審理及び裁判をすることが当事者間の衡平を害し，又は適正かつ迅速な審理の実現を妨げることとなる特別の事情があると認めるときに訴えを却下することができるというものである。外国の裁判所と日本の裁判所のどちらがより適切な裁判所かを比較し，外国の裁判所のほうがふさわしいことに基づき訴えを却下すべきであるとするプロパー・フォーラム説という見解も従来からあるが，これを民訴法３条の９の枠組みにおいて行うことには疑問があろう。すなわち，３条の９の下では，あくまでも，日本の裁判所において審理判断することが不適当か否かという観点から判断すべきである。また，同条による訴えの却下が例外的・限定的なものであると解されていることからすると，国際訴訟競合の規律としては不十分であると考えられる。

⑷ 仮に，中国が当該事件と密接に関連しているとしても，当該裁判所の判決が日本で承認されないことが予測される場合，当該中国裁判所での手続を我が国におけるものと同一視し，重複起訴の禁止の観点から内国後訴を規制することは妥当を欠くと考えられる。この点，承認予測説によれば，本問の場合には内国後訴を維持することになる。他方，プロバー・フォーラム説によるのであれば，中国の方がよりふさわしい裁判所である場合，我が国における承認可能性は考慮されず，内国後訴が規制され得ると考えられる。もっとも，本判決のように民訴法３条の９の枠組みの中で国際訴訟競合を扱う場合には，諸般の事情の一つとして承認予測の点が考慮される可能性は否定できないように思われる。なお，承認予測説に対しては，相互の保証要件は訴訟手続の途中でも判断可能であるが，その他の要件につき承認予測をすることが困難であるとの批判がされている。

103事件　内外判決の抵触

Q1　内国訴訟と外国訴訟が抵触した場合の処理

⑴ 外国判決の自動承認との関係で，公序要件審査の基準時をいかに考えるかが問題となり得る（95事件 Q1 参照）。公序の基準時を外国判決確定時とする立場によると，その時点でまだ確定していない内国判決との抵触を理由として公序違反とすることは困難である。他方，外国判決の自動承認とは単に特別の手続を要しないことを意味するとして，公序の基準時を承認

審査時と理解する立場によれば，承認審査時までに確定した内国判決との抵触を公序において考慮することも可能となろう。

(2)　本判決の立場によると，外国で給付訴訟を提起された者は，日本において債務不存在確認訴訟を提起することにより，外国での敗訴判決に基づく日本での執行を阻止することが可能となり得る。そのため，外国訴訟において不利な状況にある当事者や，敗訴した当事者による戦術的な内国訴訟の利用を誘発し，国際私法秩序の安定性を害することとなるとの批判がある。

(3)　この立場によれば，外国訴訟が先に確定した場合には公序違反の問題とならず，その判決は我が国において承認され得る。したがって，矛盾する確定判決が併存することになるが，内国判決同士が抵触する場合については，後の判決が優先し，かつ，後に確定した判決には再審事由が存するとされている（民訴法 338 条 1 項 10 号）。そのため，内外判決が抵触し，外国判決が先に確定した場合にも，内国判決に対する再審の訴えの問題になると考えられる。

(4)　内外判決の抵触は国際訴訟競合に起因することが多く，国際訴訟競合の規制と内外判決の抵触の処理は整合的になされるべきであるとの見解がある。もっとも，国際訴訟競合の規制につきいかなる立場を採るかによって，その処理方法は異なる（102 事件参照）。プロパー・フォーラム説によれば，外国訴訟と内国訴訟の先後にかかわりなく，いずれがより適切な裁判所であるかを検討し，より適切な裁判所で下された判決が優先されることになろう（日本の裁判所の方がより適切な裁判所であれば，外国判決は間接管轄を欠くことになると考えられる）。他方，承認予測説に立つのであれば，原則として先に係属した訴訟（本問の例においては，内国訴訟）を優先することになろう（ただし，外国訴訟が先に係属していても，内国後訴が外国判決よりも先に確定した場合には，例外的に内国判決を優先すべきであろう）。

104 事件　外国法不明の場合の処理 —————————

Q1　外国法の内容の確定

　裁判官は法を知るべき立場にあり，法の適用は裁判所の職責である。外国法が準拠法となる場合であっても，同様に扱うべきであり，当事者の自白により

本来とは異なる内容の法規範を基準とすることや，外国法の内容について当事者の主張がないことを理由として請求を棄却することは妥当でないと考えられる（とりわけ本件では，Yから反訴も提起されているのであるから，ジンバブエ法の内容がわからないからといって請求棄却とされるのは不適当であろう）。とはいえ，調査対象が外国法である以上，費用や時間の観点から限界があり，外国法の内容を不明とせざるを得ない場合もあろう。その場合には，外国法の内容不明の場合の処理が問題となる。

Q2　外国法の不明

(1)　本判決は，不明な部分を条理によって補うにあたって，1974年一部改正法によって改正された1943年法を手がかりとしている。そのため，ここでいう「条理」は，準拠法上の条理であるものと考えられる。あくまでもジンバブエ法の内容の確定（解釈）のために条理を用いたにすぎず，準拠法とされたジンバブエ法に代わる規範として条理を適用したわけではないといえよう。

(2)　一般に，外国法の不明の場合の処理については，①請求棄却説，②法廷地法説，③補充的連結説，④普遍的条理説といった見解が主張されている。これ以外に，⑤準拠外国法上の条理や⑥近似国法を参照するものもあるが，これらは，本件のようにある程度準拠外国法の内容が明らかになっている場合に不明な部分を推認するためであると考えられ，代替的な規範についての議論ではないと考えられる。他方，準拠外国法の内容が全く不明である場合，準拠外国法に代わる規範を用いる必要があるところ（①説は外国法の調査を裁判所の職責とする点〔Q1参照〕と相容れないと考えられる），まず，④世界共通の普遍的な条理を判断基準とするという立場は，そのような条理が観念できるか疑わしく，不明確である。また，判断が恣意的になりかねないとの批判もある。③補充的連結説は，常に使える方法ではない点に加え，再度異なる連結政策によって準拠法を導き出し，場合によっては準拠外国法の調査をやり直すことは適当でないと批判される。以上を考慮すると，②法廷地法説によるほかないと思われる。②に対しては内外法平等に反するとの批判があるが，いずれにせよ法廷地法の公序の枠内で外国法は適用されることに加え，法廷地となっていることから事案との間に一定

の関連性があること，すでに相当のコストをかけて外国法の調査をしていることを考慮すれば，やむを得ないのではなかろうか。

105 事件　外国法の適用違背と上告

Q1　外国法の解釈

外国法を解釈・適用する場合，日本の裁判所は，その外国でなされるのと同じようにその外国法を解釈・適用しなければならない。本件で問題となった韓国法では，日本法と同様に，親子関係不存在確認が認められており，また，韓国民法2条2項には権利の濫用を禁止する旨の規定がある。これらの規定は，韓国においてなされるように解釈されなければならない。しかし，本判決は，この権利濫用の解釈について，日本の判例法理と同様の解釈を行っている。そのため，本判決に対しては，韓国法を日本法の基準で解釈したのではないかとの批判がなされている。なお，本件のような「藁の上からの養子」の場合，韓国法上は養子縁組が認められることになるため，確認の利益を欠くとする見解もある。

Q2　外国法の適用違背と上告

(1)　外国法の適用違背は，「法令の解釈に関する重要な事項を含むものと認められる事件」として上告受理申立理由となり得る（民訴法318条1項）。外国法の調査・適用を課すことによる最高裁の負担を問題視する見解もかつては存在したが，外国法も事案に適用される判断基準として内国法と変わりないこと，最高裁はむしろ外国法について調査するための資源を有していること，国際化により最高裁の任務を内国法の解釈の統一に限る理由もないこと，外国法が適用される場合にも具体的事件における救済の必要は認められることなどから，外国法も「法令」に含まれるとするのが通説である。本判決も，現に上告を受理し，韓国民法に関し，「権利の濫用に当たらないとした原審の判断には，判決に影響を及ぼすことが明らかな法令の違反がある」としていることから，通説と同じ立場といえる。

(2)　上告受理申立理由は，「法令の解釈に関する重要な事項」を含むことであるため，この解釈が問題となる。この重要性は，基本的に，今後の事件処理一般についての重要性であるとされる。すなわち，問題となる法令が

日本で適用される頻度やその重要性を考慮して，上告受理申立理由がある
か否か判断されることになる。本件は韓国法上の親子関係の存否に関する
ものであったため，今後の日本における事件処理にとっても重要であった
と考えられる。これに対して，仮に日本でめったに問題とならない国の法
の解釈が問題となっていたとすれば，この重要性は否定されることになろ
う。もっとも，個々の事件処理における重要性（救済の必要性）も斟酌さ
れるべきであるとする見解もあり，これによれば，日本でめったに問題と
ならない国の法の解釈が問題になっているとしても，一律に上告が受理さ
れないことにはならないであろう。

(6) 国際商事仲裁

106 事件 国際商事仲裁

Q1 仲裁合意の主観的範囲の判断基準

　本判決は，仲裁合意の成立及び効力については国際私法（通則法に当てはめる
と7条～9条）によって準拠法を定めるとし，準拠法の明示の合意はなくても，
「仲裁地に関する合意の有無やその内容，主たる契約の内容その他諸般の事情
に照らし，当事者による黙示の準拠法の合意があると認められる」場合にはそ
れによるとし，本件では上告人が仲裁を申し立てる場合にはニューヨーク市が
仲裁地とされていることから，ニューヨーク市において適用される法（連邦仲
裁法）によるとした。そして，本判決は，この判断を示す前の部分で，「仲裁
は，当事者がその間の紛争の解決を第三者である仲裁人の仲裁判断にゆだねる
ことを合意し，右合意に基づいて，仲裁判断に当事者が拘束されることにより，
訴訟によることなく紛争を解決する手続であるところ，このような当事者間の
合意を基礎とする紛争解決手段としての仲裁の本質にかんがみれば」との理由
を示している。
　しかし，「当事者間の合意を基礎とする紛争解決手段としての仲裁の本質」
という理由付けは必ずしも説得的ではない。というのは，①裁判管轄の合意の
場合は，紛争解決手段は国家権力による裁判であるものの，合意自体の有効性
を判断する準拠法は国際私法により定まると一般には解されていること，②他

の例として，訴訟能力の準拠法についても，民訴法28条は「民法……その他の法令に従う」と定め，この「法令」には通則法が含まれると一般に解されていることなどから，仲裁に限らず，手続上の問題について，手続法が実体上の問題の判断に委ねることがあり，渉外性がある場合には，実体上の問題の判断のために国際私法により外国法が適用されることがあるからである（91事件Q1⑴参照）。

　この点，学説上は，ニューヨーク条約（「外国仲裁判断の承認及び執行に関する条約」）2条3項（「当事者がこの条にいう合意をした事項について訴えが提起されたときは，締約国の裁判所は，その合意が無効であるか，失効しているか，又は履行不能であると認める場合を除き，当事者の一方の請求により，仲裁に付託すべきことを当事者に命じなければならない。」）と，外国仲裁判断の承認拒否事由を定める5条1項⒜（「……合意が，当事者がその準拠法として指定した法令により若しくはその指定がなかったときは判断がされた国の法令により有効でないこと。」）とを合わせて解釈すれば，同条約には，仲裁合意の有効性について当事者自治によって指定される法により，当事者が指定していないときは仲裁地法によるとのルールが存在するとの主張がある（通則法と異なり，当事者自治が機能しないときは最密接関係地法によるのではなく，仲裁地法による）。なお，これらのニューヨーク条約の規定は仲裁法14条1項1号・45条2項2号に取り込まれている。

　いずれにしても，仲裁合意の主観的範囲の問題を本件の日本側当事者の主張のように法廷地法によるとすべきでない理由は，法廷地法によるということは問題となる国ごとに異なる基準が用いられることを意味し，まちまちの判断がされることを容認することになるからである。上記の当事者自治による説のうち，後者のニューヨーク条約を根拠とする方は，同条約締約国で一致した判断基準が用いられるようになる点がそのメリットである。

　ところで，最高裁は本判決の末尾に近い部分で，「当事者の申立てにより仲裁に付されるべき紛争の範囲と当事者の一方が訴訟を提起した場合に相手方が仲裁契約の存在を理由として妨訴抗弁を提出することができる紛争の範囲とは表裏一体の関係に立つべきものである」と判示している。このこと自体は至極当然なことであり，ある事項について仲裁合意の対象であるとして仲裁申立てができる以上は，その事項についての提訴は認められるべきではなく，逆に，提訴できる事項については仲裁の対象とされるべきはないとすることにより，

いずれかの紛争解決手段が用いられるべきかが整合的に定まるからである。そうでないと，裁判と仲裁が競合したり，裁判所で仲裁合意の存在を理由に却下された事項について仲裁申立てをすると仲裁が認められないという消極的抵触が生じてしまう。もっとも，本判決の文脈においては，すでに仲裁合意の主観的範囲についての判断をした後にこれを判示していることから，この部分は連邦仲裁法上仲裁合意が有効とされて仲裁がされる場合と日本での訴えが却下される場合とを同一の基準で判断すれば，両国で齟齬が生じないことを指摘しているだけであり，法廷地法によるとの考え方を排除する理由とはされていないとも解される。

Q2　仲裁合意の有効性について国際私法により定まる準拠法を適用することとその限界

(1)　仲裁合意の有効性は，司法制度としてどのような範囲で裁判によらない紛争解決を認めるかという政策判断によると考えられる。このように考えれば，仲裁法13条1項は，手続法である公法上の要請からくる制約，すなわち，一国の裁判権をどの範囲で確保するかという問題であって，契約準拠法を定める国際私法をオーバーライドして適用されると解される。

　　他方，契約の客観的範囲については，主観的範囲と同じ理由に基づいて，同じ基準によるべきであろう。すなわち，本判決によれば，仲裁契約の準拠法によるべきことになる。

(2)　手続法上の定めが優先される。方式については，仲裁法13条2項から5項に適合しないものは日本では有効な仲裁合意とは認められないことになり，通則法10条の適用は排除されていると解される。

Q3　交差型仲裁合意であること及び契約全体の準拠法との関係

(1)　本判決に従えば，アメリカ側当事者が申し立てる東京での仲裁については日本法によりその合意の成立及び効力が判断されるということになりそうである。ひとつの交差型仲裁合意について，2つの準拠法がそれぞれの仲裁に適用されるということ自体はあり得ないことではないものの，それが当事者の黙示の意思であるとまでいうことができるかについては疑問なしとしない。次の設問(2)の解説参照。

(2)　本件サーカス興行契約には準拠法条項は存在しない。そこで，黙示の準
拠法指定があるか否か，それもないとすれば通則法8条によればいずれの
地の法が準拠法となるかが問題となる。この作業をするには，まずは8条
により準拠法を定め，それと異なる法を黙示的に指定しているか否かを判
断するのが簡明である。8条2項に定める特徴的給付をするのはアメリカ
側当事者（サーカス団を派遣する側）であると解され，その事業所所在地は
本件では事実認定されていないが，アメリカのいずれかの州であろう。そ
の州がニューヨークと異なる場合，日本側当事者が申し立てる仲裁の仲裁
地がニューヨーク市とされていることから，アメリカ側当事者の事業所が
ある州法又はニューヨーク州法であると解される。他方，これと異なる地
の法を準拠法とする黙示の意思を見出すことはできないので，結局，上記
のいずれかの州法が本件サーカス興行契約の準拠法ということになろう。

　一般に，ある契約全体の準拠法について契約上明示されていない場合に，
その契約の一部分である仲裁条項について契約全体と異なる準拠法とする
旨の黙示の合意を認定することができることは稀であろう。本件について
も，例外的にそのような特別の合意を黙示的にしているということを認定
することはかなり無理があるように思われる。そのように考えると，本判
決がアメリカ連邦仲裁法を適用して仲裁合意の主観的範囲を定めたことは
よいとしても，その判断手順には問題があり，また，東京を仲裁地とする
仲裁の合意の準拠法が日本法となるというわけではないように思われる。

Q4　本件の本案を判断する準拠法

　本件の本案について日本の裁判所が判断する場合には，契約違反については
通則法7条から9条により準拠法が決定される。この点，Q2(2)の解説で触れ
たように，アメリカ側当事者の事務所がある州法又はニューヨーク州法が準拠
法とされると解される。不法行為責任についても，通則法17条・20条により，
同じ法によることになろう。

　他方，日本での仲裁による場合の本案の準拠法については，仲裁法36条に
より準拠法が決定される。同条1項は，「当事者が合意により定めるところに
よる」と定めており，2項は，「前項の合意がないときは，仲裁廷は，仲裁手
続に付された民事上の紛争に最も密接な関係がある国の法令」によると定めて

いるので，通則法7条・8条と基本的には同じである。ただし，通則法8条2項の特徴的給付の理論に基づく最密接関係地法の推定ルールは仲裁法にはない点で完全に同じではない。

　なお，本件では，裁判による場合も仲裁による場合にも準拠法はおそらく同じであろうと思われるが，仮に物権や会社の代表権などが問題となる場合にも，仲裁法36条1項・2項により準拠法が定められるのかという点については，それでは法的安定性を害するので，36条1項・2項は契約問題についてのみ適用され，それ以外の問題については仲裁においても通則法により準拠法を定めるべきであるとの見解がある。

　ちなみに，仲裁法36条3項は，「仲裁廷は，当事者双方の明示された求めがあるときは，前二項の規定にかかわらず，衡平と善により判断するものとする」と定めている。この点，通則法7条は「当事者が……選択した地の法による」と「地」を選択することを認めるものであって，適用「地」（法域）を有しない「衡平と善」による旨の合意は通則法7条の合意としては認められないとされていることとの対比で，適用される規範が裁判と仲裁とで大きく違いが生ずることになる。当事者としては，このような違いは，訴訟と仲裁とを使い分ける一つのポイントとなろう。

(7) 国 際 倒 産

107事件　国 際 倒 産

Q1 国際的な単一倒産主義と複数倒産主義

　倒産状況においては単なる私益を超える公益的な考慮が要請される。すなわち，倒産は，①倒産に瀕した債務者の事業が一国の経済構造の中でボトルネック的な位置を占めており，その事業がなくなることは他の多くの経済主体の活動を著しく阻害し，経済全体が回らなくなるおそれがあり得ること，②当該債務者が所在する地域にとって，直接の雇用のみならず，他への経済的波及効果が大きいため，当該債務者の事業がなくなることは社会不安の招来というリスクさえあり得ること，③当該債務者に対する債権者の中には弱小企業もあり，連鎖倒産のおそれがあり得ることなどから，各国の公益が絡む問題である。そ

のため，自国にとっての社会・経済上重大な影響がある倒産問題について，自国での手続をせずに外国の手続に委ねることができないとの政策判断をすることがあり得るところであり，特に，自国に弱小債権者がいる場合に，自国内の債務者の資産を他国の倒産手続に委ね，自国債権者に当該他国の手続に参加させることにはためらいがあること，以上のような事情があるからである。

　また，理想的な国際単一倒産主義の実現にはすべての国が同じ枠組みに参加することが必要であるが，すべての国がそのような枠組みを作る条約の締約国になることを確保することはできず，非締約国が存在することによって，債権者平等等の原則は破られ，この主義が破綻することは明らかである。そういった事情から，現実的な立法政策として，日本を含めて各国とも一定の場合には倒産管轄を認めて外国での倒産処理手続があっても自国での倒産手続の可能性を残しつつ，合理的な場合には外国倒産手続を承認し，またこれに援助を与えることとしている。

　なお，日本は，かつては日本の倒産手続は外国に及ばない代わりに，外国の倒産手続は日本には及ばないという鎖国的な法制度を有していた。しかし，この制度は経済の国際化という現実の前に不合理さがあらわとなり，国連国際商取引法委員会（UNCITRAL）が1997年に「国際倒産モデル法」を作成し，同年の国連総会でこれに基づいて各国での倒産法制の整備を勧告する決議をしたことを受け，日本は1999年から2004年の一連の倒産法制全体の見直しの中で，このモデル法に原則として準拠した法整備を行った。もっとも，完全に同じであるわけではなく，例えば，モデル法のように外国倒産の承認は自動的にされるわけではなく，日本での承認決定を条件としてその時点で承認する仕組みとしている。

Q2　外国倒産処理手続の承認

(1)　**承認の要件・効果**　外国倒産処理手続の承認申立人は，外国管財人又はそれがない場合には債務者であり（承認援助法2条1項8号・17条1項），一定の要件を満たして日本の裁判所の承認決定がされると，その決定の時から承認の効力が生ずる（同法22条。なお，民訴法118条による外国判決の承認は要件が具備されていれば特別の手続を要することなく日本での効力が認められる自動承認制度が採用されているのに対して，外国倒産処理手続の承認については

日本の裁判所の決定を要することとし，しかも，外国法上の個別執行禁止効等が当
然に日本で生ずるわけではなく，日本の裁判所による援助のための処分・命令を要
することとしているのは，倒産は多数の関係者の利害に影響を与えることから，承
認の効力発生時点を示すとともに，各国の倒産手続の効果の違いが大きいことから
日本の裁判所の処分等を介在させて効果を明確にするためである）。以上は，外
国主手続の承認でも外国従手続の承認でも同じである。

　これに対して，外国主手続の場合と外国従手続の場合とで，以下の点は
異なる。まず，外国主手続については，同一債務者について開始された国
内倒産手続があっても，援助の処分をすることが債権者の一般の利益に適
合すると認められること及び援助の処分をすることにより日本国内におい
て債権者の利益が不当に侵害されるおそれがないことという要件が具備さ
れれば，当該外国主手続は承認され，当該国内倒産手続は中止される（承
認援助法 57 条 1 項・2 項）。同様に，既に同一債務者についての外国従手続
が承認決定され，日本で承認援助手続が進行していても，事後に承認を求
められている当該外国主手続に援助の処分をすることが債権者の一般の利
益に適合すると認められないときを除き，当該外国主手続について承認決
定をし，既に進行していた外国従手続のための日本での承認援助手続は中
止される（同法 62 条）。

　他方，外国従手続については，同一債務者について開始された国内倒産
手続があれば（日本に当該債務者の主たる営業所があってもなくても同じであ
る）承認はされない（同法 57 条 1 項）。また，既に外国主手続が日本で承認
されていれば，同一債務者についての外国従手続は承認されず，既に承認
されているのが A 国の外国従手続である場合には，同一債務者について
の B 国の外国従手続は，それを承認して援助の処分をすることが債権者
の一般の利益に適合すると認められないときでない限り，承認されること
はない（同法 62 条）。

(2)　同一債務者について開始された国内倒産手続があっても，また既に承認
　　された外国従手続があっても，原則として，外国主手続での倒産処理が優
　　先されることから，債務者及び債権者から見て，また，倒産という社会に
　　与えるインパクト（倒産会社の従業員，主要取引先，会社の所在する地域経済へ
　　の影響を含む）という点から見ても，外国主手続によればしかるべく倒産

処理が行われることが期待されるものでなければならない。すなわち，債務者，債権者，社会の利害を適切に勘案して処理できる地であるべきである。また，国際倒産を対象とすることから，国際的に統一的な基準であることが望ましい。

　本決定は，外国主手続の基準となる「主たる営業所」の判断要素は，日本法が基礎とする UNCITRAL のモデル法における「COMI（Center of Main Interests）」の判断要素と一致することを前提に，国際的な統一基準という観点から，①いくつかの法域において，債務者の中枢又は本部といった要素がより重要と見られていること，②先行する EU において，COMI とは債務者が自己の利益を通常管理し，そのために第三者から認識可能な場所をいうとされていること等を指摘し，「債務者の中枢又は本部」を意味するとしている。そして，この基準に基づき，本件債務者は米国に登記上の本店を置き，ホームページ上でも米国を本店所在地と表現していること，イタリアの破産手続開始決定において海外に主たる所在地を有する企業であることが前提となっていること，米国勤務の経営陣が債務者にとって最も重要な財産であるソフトウェアを管理し，その営業活動を統括していたこと等を指摘し，「主たる営業所」は米国であると判断している。このような判断は妥当であると解される。

(3)　本決定は，外国主手続の基準となる「主たる営業所」がどこにあるかを判断する基準時についても，承認援助法1条が「債務者について国際的に整合のとれた財産の清算又は経済的再生を図ることを目的」としていることに鑑み，判断が各国において区々とならないように国際的な統一的な基準によることが望ましいとし，EU や米国での扱いを参考としている。そして，承認援助法上の承認の対象となる外国倒産処理手続は，開始申立てがされていれば足り，開始決定がされている必要がないこと（同17条2項）も指摘して，基準時は最初の倒産手続開始申立てがされた時点であると判断している。なお，これに対しては，日本から見て，いずれの外国手続に協力をするかを決めるのであるから，これを決める時点，すなわち本件における第2事件の承認の申立ての時点とすべきであるとの批判があるところである。

XVI 国　籍

108事件　国籍法と憲法 ─────────────

Q1　国籍取得の要件である親子関係の成否

(1)　国籍法における国籍取得の前提要件となる親子関係は，国籍法に別段の
定めがない限り，国籍法独自に決めるわけではなく，原則として，我が国
の国際私法が指定する準拠法に照らして判断されるとするのが通説であり，
実務上もそのようにされている。国籍法は公法であるが，私法上の法律関
係が国籍の得喪の要件とされている場合，国籍法独自のものを考えている
わけではなく，原則として，私法上の規律を前提としていると思われるか
らである。

(2)　本件事例のような，婚姻していない日本人父と外国人母から生まれた子
について，父と子の親子関係は非嫡出親子関係であるから，通則法29条
による。29条1項・2項によると，少なくとも父の本国法である日本法は
準拠法となるが，問題文にあるように日本法では民法784条が認知の遡及
効を認めているから，生後認知であっても国籍法2条1号の要件を満たす
ようにも思われる。しかし，上記(1)で述べたところで留保したように，親
子関係の存否は関係する我が国の国際私法が指定する準拠法に照らして判
断されるのが原則であるとしても，国籍法が別段の扱いをすることはあり，
国籍法2条1号の適用上は，私法上の認知の遡及効は及ばないとされてい
る。その形式的理由として，条文解釈上，もし生後認知の場合でも2条1
号により日本国籍の取得が認められるとすれば，生後認知がされた場合に
法務大臣への届出により日本国籍の取得を届出時に認める旨を定めている
3条の規定が無意味になるからである（3条の反対解釈）。また実質的理由
としては，生後認知により2条1号により自動的に日本国籍の取得を認め
るとすれば，出生後，認知があるまでの間，日本国籍の有無が確定しない
ことになり，子の身分関係が不安定となること，父からの認知があれば日
本国籍が付与されるとすれば，それは子にとっての国籍自由の原則に反す
るおそれがあることが指摘されている。

　なお，民法等の一部を改正する法律（令和4年法律第102号）による改正

で，国籍法 3 条に，「前 2 項の規定は，認知について反対の事実があるときは，適用しない」との 3 項が新設された（未施行）。認知による父子関係の成立について，通則法 29 条による父又は子の本国法の認知の準拠法の選択的適用により，認知時の子の本国法が外国法である場合，それによると血縁関係がない認知も無効とできないとされることも考えられるが，国籍法 3 条はあくまでも血統主義を前提とするものであることから，同条との関係ではそのような認知では国籍取得を認めないという趣旨であろう。東京地判平成 30 年 7 月 24 日判タ 1471 号 94 頁も，「国籍法 3 条 1 項にいう『認知』は，当該認知が認知の要件を具備しているか否かを判断するための準拠法のいかんにかかわらず，認知をする日本国民と被認知者との血縁上の父子関係を前提としてされたものであることを要するものというべきである」と判示している。

Q2　国籍法旧 3 条の違憲判断

(1) 国家による立法などの措置が基本権侵害となるか否かが問題となる場合の判断基準の厳しさについては二重の基準論によるかなどの議論があるが，その判断構造については，まずその措置の目的の正当性という目的審査が行われ，目的の点で問題なくても，次に規制手段が相当であるかという手段審査が行われるという判断枠組みになる。この枠組みに照らしてみると，本判決の多数意見は，国籍法旧 3 条の規制目的は「日本国民との法律上の親子関係の存在に加え我が国との密接な結び付きの指標となる一定の要件を設けて，これらを満たす場合に限り出生後における日本国籍の取得を認める」というもので，これは合理的根拠があるとしている（判旨Ⅱ）。しかし，そのために準正要件を課した同条は，立法当時は合理性があったとしても，今日では，「立法目的との合理的関連性の認められる範囲を著しく超える手段を採用しているものというほかなく，その結果，不合理な差別を生じさせているものといわざるを得ない」としている（判旨Ⅲ）。したがって，手段の点で相当でないとして憲法 14 条違反としたものである。

(2) 横尾裁判官ら 3 名の反対意見は，国籍法旧 3 条は立法目的の点で合理的であり，多数意見と異なって，規制手段の点でも今日でも問題ないとして，憲法違反でないとしている。

　なお，甲斐中辰夫裁判官ら２人の反対意見は，上記(1)の点については多数意見に賛成するにもかかわらず，結論には反対している。原告らは準正子ではく，認知はされたが父母が婚姻していないという子であり（グループＡ），国籍法旧３条で日本国籍が認められない。これに対して，認知されたのみならず父母が婚姻している準正子（グループＢ）は，国籍法旧３条で日本国籍が認められる。したがって，両グループ間にはこの点で差別がある。ただ，この差別を解消するには，グループＡにもグループＢ同様に日本国籍を認めるとの選択肢のほか，グループＡにもグループＢにも日本国籍を認めないとの選択肢もある。このどちらによるかは立法府の判断に委ねるべきである。この反対意見は以上のような見解であろう。これに対して，多数意見は，グループＡにもグループＢにも日本国籍を認めないとの選択肢（国籍法旧３条の規定を全部無効とする解釈）は採り得ないとして，認知及び父母の婚姻という国籍法旧３条の要件のうち，父母の婚姻の部分を除外することで，上記グループＡにもグループＢに同様に日本国籍を認めるとの解釈が相当とした（判旨Ⅳ）。

Q3　国籍法３条の改正

　本判決を受けて改正された国籍法３条１項では，認知のみが要件とされた。子の日本との密接な関連を示すものとして子が日本に住所を有することを要件とすることも考えられなかったわけではないが，採用されなかった。もっとも，同じく日本人父と外国人母から外国で子が生まれた次のような２つの場合を比較すると，国籍法12条との関係でバランスを欠くのではないかという疑問も指摘されている。

　まず，父母が婚姻しておらず，出生後に子が父から認知を受けた場合は，子は国籍法３条により届出により日本国籍を取得できる。この場合，子が日本に住所を有することは要件でないので，外国に居住したままで届出をし，日本国籍を取得してから来日することができる。

　これに対して，上記の父母が子の出生前に婚姻していたが，子について国籍留保がなされなかったため日本国籍が失われた場合（国籍法12条），この子は17条により届出により日本国籍の再取得が認められている。ただその際には，日本に住所を有することが要件となっている。したがって，外国に居住してい

るままで，届出をすることはできず，何らかの在留資格を得て来日して住所を
日本に有するようになってから届出をする必要がある。

　この 2 つの場合を比較すると，ややバランスを欠いているとみることもでき
ようか。なお，国籍法 12 条について憲法 14 条に反しないとした判決として，
最判平成 27 年 3 月 10 日民集 69 巻 2 号 265 頁がある。

109 事件　生後認知による国籍の生来取得

Q1　生後認知による国籍の生来取得

(1)　国籍法 2 条 1 号は本来，日本国民である父又は母と子との間に，法律上
　の親子関係が，「出生の時」にあることを国籍取得の要件としているから，
　外国人母と日本人父が婚姻していない場合には，胎児認知を受けていなけ
　れば同号の要件を満たさない。ところが，本件では母が婚姻していたため
　にその夫の子であるとの嫡出推定を受けて，胎児認知ができなかったとい
　う事情があった。そこで，例外的に，生後認知であっても国籍法 2 条 1 号
　による国籍取得を認めたものである。

(2)　本判決は，「客観的にみて，戸籍の記載上嫡出の推定がされなければ日
　本人である父により胎児認知がされたであろうと認めるべき特段の事情が
　ある場合」には，胎児認知がされた場合に準じて国籍法 2 条 1 号の適用を
　認める。そして特段の事情があるというためには，「母の夫と子との間の
　親子関係の不存在を確定するための法的手続が子の出生後遅滞なく執られ
　た上，右不存在が確定されて認知の届出を適法にすることができるように
　なった後速やかに認知の届出がされることを要する」と判示した。本判決
　の事例の場合，平成 4 年 9 月 15 日に X 出生→同年 11 月 4 日に AB は協
　議離婚→同年 12 月 18 日に BX 間の親子関係不存在確認の調停申立て→平
　成 5 年 4 月 27 日親子関係不存在確認の審判，同年 6 月 2 日同審判確定→
　同年 6 月 14 日 C は X を認知，という経緯をたどった。

　　これに対して，最判平成 15 年 6 月 12 日の事案では，平成 9 年 9 月 25
　日に AB 協議離婚→同年 9 月 26 日 X 出生→平成 10 年 6 月 15 日 A が BX
　間の親子関係不存在確認の提訴→同年 11 月 5 日不存在確認の判決確定→
　同年 11 月 9 日に X の認知届，という経緯をたどった。

　　「母の夫と子との間の親子関係の不存在を確定するための法的手続が子

の出生後遅滞なく執られた」かについてみると，本判決では出生後約1か月でなされたのに対して，最判平成15年では9か月近くかかってなされているので，最判平成15年では，遅滞なく，と言えるかは疑問の余地はある（これに対して，「右不存在が確定されて認知の届出を適法にすることができるようになった後速やかに認知の届出がされること」については，本判決では確定後12日，最判平成15年では4日でなされているので，問題はなかろう）。また，そもそも，最判平成15年では協議離婚後に子が出生しているので，「客観的にみて，戸籍の記載上嫡出の推定がされなければ日本人である父により胎児認知がされたであろうと認めるべき特段の事情がある場合」に当たるかも問題となりうるが，協議離婚成立翌日に子が出生しており，要件を満たすとされている。

(3)　最大判平成20年（百選108）及び国籍法3条の改正後に，本判決及び最判平成15年が先例としての価値をなお有するかについては議論が分かれている。この点，2条1号による国籍取得と3条による取得では，取得時期が異なるなどの違いもあり，必ずしも，生後認知による2条1号での例外的な国籍取得を認めるこれらの判決の先例的価値が失われるとは言えないのではないかと思われる。

110事件　「父母がともに知れないとき」の意義

Q1　「父母がともに知れないとき」の意義

(1)　国籍法2条1号・2号は血統主義を採用しているが，これだけのルールにすると，父母がともに無国籍である場合や父母がともに知れない場合，子は無国籍となってしまう。このような無国籍の発生可能性をできる限り除去し，出生時に無国籍となる子の発生を防止するために，2条3号は補充的に生地主義を採用している。ただし，例えば生地主義の国の国籍を有している者を父母として日本で出生した子のように，子が無国籍となる場合すべてについて2条3号は日本国籍を付与して無国籍を回避しようとするものではなく，この場合には子は日本国籍を取得しない。

(2)　本判決は，「父母がともに知れないとき」とは，「父及び母のいずれもが特定されないときをいい，ある者が父又は母である可能性が高くても，これを特定するには至らないときも，右の要件に当たる」と判示している。

具体的になにを「特定」しなければならないかが問題となるところ，本判決は，子を分娩した女性が個人として認識されているがその者の国籍等の身元が不明である本件を，母が知れない場合に当たると判示している。上記(1)に記載した2条3号の趣旨からすれば，事実上の母となる女性の身元が一定程度特定できたとしても，その者の国籍が明らかにならない限り，血統主義に基づく国籍の取得はできないから，本判決の趣旨に照らすと，上記の判示事項のように，「父母がともに知れないとき」とは，父母及びその国籍が知れないときを指すと解するのが妥当である。なお，父母が事実上判明していても，その者と法律上の親子関係が成立しないとされる場合にも，父母がともに知れないときに当たる。

(3)　本判決は，「父母がともに知れないとき」という要件に当たる事実が存在することの証明責任を，国籍の取得を主張する者に負わせている。もっとも，その証明責任は軽減されており，ある者が父又は母である可能性が高いということを国側が反証したとしても，特定に至らなければ反証に成功したとはいえず，父母がともに知れない場合に当たると判示されている。このように，一応父母と認められる者が存在することをうかがわせる事情を国が証明した場合に2条3号を適用しないとした原審の立場を否定したことは妥当であろう。父母が特定されなければ血統主義に基づく国籍の取得は困難であるにもかかわらず，そのように厳格に解することは2条3号の趣旨に合致しないからである。

　なお，本判決に対しては，父母がともに「知れない」という消極的要件を証明の対象とすることは困難であるとして，父又は母が知れていることの証明責任を国に負わせるべきであるとの見解もある。しかし，これを認めると国籍の取得を主張する者は日本において出生したことのみを証明すればよいことになり，補充的に生地主義を採用する2条3号の趣旨と合致しないと考えられる。

事 項 索 引

判 例 索 引

● 高等裁判所

●地方裁判所

判例百選で学ぶ国際私法
Casebook on Private International Law

2023 年 4 月 20 日 初版第 1 刷発行

著　者　　道垣内正人・中西康・竹下啓介・中村知里

発行者　　江草貞治

発行所　　株式会社有斐閣
　　　　　〒101-0051 東京都千代田区神田神保町 2-17
　　　　　https://www.yuhikaku.co.jp/

装　丁　　高野美緒子

印　刷　　大日本法令印刷株式会社

製　本　　大口製本印刷株式会社

装丁印刷　株式会社亨有堂印刷所